Volkswirtschafts-lehre für Betriebswirte

Bachelor-Basiswissen

von
Professor
Dr. Josef Puhani

3., aktualisierte Auflage

Oldenbourg Verlag München

Bibliografische Information der Deutschen Nationalbibliothek

Die Deutsche Nationalbibliothek verzeichnet diese Publikation in der Deutschen Nationalbibliografie; detaillierte bibliografische Daten sind im Internet über <http://dnb.d-nb.de> abrufbar.

© 2009 Oldenbourg Wissenschaftsverlag GmbH
Rosenheimer Straße 145, D-81671 München
Telefon: (089) 45051-0
oldenbourg.de

Lektorat: Wirtschafts- und Sozialwissenschaften, wiso@oldenbourg.de
Herstellung: Dr. Rolf Jäger
Coverentwurf: Kochan & Partner, München
Gedruckt auf säure- und chlorfreiem Papier
Gesamtherstellung: Books on Demand GmbH, Norderstedt

ISBN 978-3-486-59104-0

Vorwort zur dritten Auflage

Eine Einführung in die Volkswirtschaft für Praktiker im Betrieb kann keine Anleitung dafür sein, wie man ein Geschäft oder eine Bank führt, wie man sein Geld gut anlegt oder wie man an der Börse schnell reich wird
(Paul A. Samuelson).

Dennoch ist ein Überblick, wie die Wirtschaft als Ganzes funktioniert, für den einzelnen Betrieb, für seine Mitarbeiter und für den privaten Haushalt eine nützliche Grundlage für Verhaltensweisen und Entscheidungen.
Jedes Unternehmen, jedes Wirtschaftssubjekt ist abhängig von gesamt- und weltwirtschaftlichen Prozessen. Diese Abhängigkeiten in ihrer Komplexität zu durchschauen, ist jedoch nur ein Privileg von wenigen.

Diese elementare Einführung in die Volkswirtschaftslehre ist für Praktiker und für Studenten des Grundstudiums, insbesondere an Fachhochschulen, konzipiert, die im Rahmen ihres betriebswirtschaftlichen Studiums Zugang zu mikro- und makroökonomischen Zusammenhängen finden wollen.
In der vorliegenden dritten Auflage wurden einige Kapitel ergänzt, aktualisiert und neu überarbeitet.

Auswahl und Ordnung des Stoffes sind ausgerichtet auf Leser, die dafür knappe zeitliche Ressourcen zur Verfügung haben und trotz bleibender Lücken einen kompakten Einblick in Inhalte und Methoden der Volkswirtschaft gewinnen möchten.

Besonderen Dank schulde ich Herrn Dipl.-Betriebswirt (FH) Daniel Walzenbach, der in mühevoller Detailarbeit den Text und die Abbildungen in die vorliegende Form gebracht und wertvolle Hinweise gegeben hat.

Ludwigshafen, im März 2009

Josef Puhani

Inhaltsverzeichnis

1 Hauptfragen einer Volkswirtschaft   1

2 Entstehung des Nationaleinkommens   7

   2.1 Einkommensbildung in der Produktionswirtschaft   7

   2.2 Fall einer geschlossenen Volkswirtschaft ohne staatliche Aktivität   9

   2.3 Fall einer offenen Volkswirtschaft mit staatlicher Aktivität   13

3 Wirtschaftskreislauf   17

4 Wirtschaftsverfassung und soziale Marktwirtschaft   21

5 Preisbildung   27

   5.1 Nachfrage der Haushalte   27

   5.2 Angebot der Unternehmen   35

   5.3 Produktions- und Kostenfunktionen   40

      5.3.1 Produktionsfunktionen   41

         5.3.1.1 Produktionsfunktion mit linear-limitationalen Produktionsfaktoren   41

         5.3.1.2 Produktionsfunktion mit substitutionalen Produktionsfaktoren   42

            5.3.1.2.1 Produktionsfunktion bei partieller Faktorvariation (Ertragsgesetz)   42

            5.3.1.2.2 Produktionsfunktion mit zwei kontinuierlich substituierbaren Produktionsfaktoren   44

      5.3.2   Kostenfunktionen 50

             5.3.2.1   Kostenfunktion bei linear-limitationaler
                         Produktionsfunktion 50

             5.3.2.2   Kostenfunktion bei Gültigkeit des Ertragsgesetzes . . . 51

5.4   Marktformen 52

5.5   Preisbildung bei vollständiger Konkurrenz 52

5.6   Preisregulierung (Mindest- und Höchstpreise) 55

5.7   Preisbildung beim Angebotsmonopol 56

5.8   Preisdifferenzierung 58

5.9   Preisindizes 60

6   Geld, Inflation und Deflation   63

6.1   Geldfunktionen und Geldwert 63

6.2   Das Finanzsystem im Euro-Währungsgebiet 64

6.3   Die Europäische Zentralbank 65

      6.3.1   Ziele und Aufgaben 65

      6.3.2   Organisation 65

      6.3.3   Geldmengenbegriffe 66

      6.3.4   Strategie und geldpolitische Instrumente
             der Europäischen Zentralbank 66

             6.3.4.1   Zwei-Säulen-Strategie 66

             6.3.4.2   Geldpolitische Instrumente 67

                    6.3.4.2.1   Offenmarktgeschäfte 67

                    6.3.4.2.2   Ständige Fazilitäten 69

                    6.3.4.2.3   Mindestreserven 69

6.4   Geldschöpfung und Geldvernichtung 70

      6.4.1   Geldschöpfung und Geldvernichtung durch eine Zentralbank . . . 70

      6.4.2   Geldschöpfung und Geldvernichtung durch die Kreditinstitute . . 71

      6.4.3   Kredit- und Giralgeldschöpfungssprozess im System
             der Kreditinstitute 71

6.5   Inflation und Deflation 75

      6.5.1   Inflation 75

             6.5.1.1   Nachfrageinflation 76

             6.5.1.2   Kosteninflation 78

6.5.1.3   Monopolinduzierte Inflation   79

6.5.1.4   Wirkungen der Inflation   79

6.5.2   Deflation   82

6.5.2.1   Weltwirtschaftskrisen   82

6.5.2.2   Wirkungen der Deflation   86

6.5.2.2.1   Stabilisierende Wirkungen der Deflation   86

6.5.2.2.2   Depressive Wirkungen der Deflation   86

7   Elemente der Keynesianischen Theorie zur Erklärung der Höhe des Volkseinkommens

7   Elemente der Keynesianischen Theorie zur Erklärung der Höhe des Volkseinkommens   **87**

7.1   Konzepte zur Erklärung der Höhe des Volkseinkommens und der Beschäftigung   87

7.2   Gesamtwirtschaftliche Güternachfrage   91

7.2.1   Konsumnachfrage   91

7.2.2   Investitionsnachfrage   93

7.2.3   Staatsnachfrage   95

7.2.4   Auslandsnachfrage   95

7.3   Güterwirtschaftliches Gleichgewicht   96

7.4   Multiplikatorprozesse   97

7.5   Geldwirtschaftliches Gleichgewicht   100

7.6   Gesamtwirtschaftliches Gleichgewicht   104

7.7   Gleichgewicht auf dem Güter-, Geld- und Arbeitsmarkt (Totalmodell)   107

8   Arbeitslosigkeit   **111**

8.1   Ursachen der Arbeitslosigkeit   112

8.2   Wirtschaftspolitische Empfehlungen zum Abbau der Arbeitslosigkeit . .   113

9   Konjunktur und Wachstum   **117**

9.1   Begriffe   117

9.2   Konjunkturzyklen   117

9.3   Konjunkturindikatoren   119

9.4   Mittel der Konjunkturpolitik   120

9.5   Ein einfaches Konjunkturmodell   121

9.6   Bestimmungsfaktoren des Wachstums   123

9.7   Ein einfaches Wachstumsmodell   125

9.8   Grenzen des Wachstums   127

10 Internationale Wirtschaftsbeziehungen   **129**

    10.1 Wohlfahrtsgewinne durch internationale Arbeitsteilung 129

    10.2 Zahlungsbilanz 130

    10.3 Entwicklung des Weltwährungssystems 132

    10.4 Das Europäische Währungssystem (EWS) 134

    10.5 Devisenmarkt und Wechselkurs 135

    10.6 Europäische Wirtschafts- und Währungsunion 137

        10.6.1 Schritte zur Europäischen Einigung 137

        10.6.2 Chancen und Risiken der Europäischen Wirtschafts-
             und Währungsunion 142

    10.7 Globalisierung 143

Abbildungsverzeichnis   **147**

Index   **151**

Literaturverzeichnis   **157**

Kapitel 1

Hauptfragen einer Volkswirtschaft

Wirtschaften muss man deshalb, da Mittel zur Bedürfnisbefriedigung knapp sind.

Die Mittel zur Bedürfnisbefriedigung nennt man **Güter**. „Güter" ist im allgemeinen ein Oberbegriff für Sachgüter und Dienstleistungen.

Güter, die in einem Produktionsprozess eingesetzt werden, nennt man **Produktionsmittel**. Dauerhafte Produktionsmittel werden als **Produktionsfaktoren** bezeichnet. In der Volkswirtschaftslehre unterscheidet man die **Produktionsfaktoren** Arbeit, Boden und Kapital. Zum volkswirtschaftlichen Begriff „Kapital" (Kapitalstock, Realkapital) gehören Maschinen, Anlagen, Gebäude, Verkehrswege und auch das technische und sonstige Wissen (Know How) einer Volkswirtschaft, das oft als eigener Produktionsfaktor „Technischer Fortschritt" bezeichnet wird. Gelegentlich rechnet man den Boden mit zum Kapital.

Die Produktionsfaktoren, über die eine Volkswirtschaft verfügt, sind begrenzt, und damit die Güter, die maximal produziert werden können.

Diese Knappheit kann vermindert werden, wenn man entweder die Bedürfnisse einschränkt oder die Produktionsmöglichkeiten erhöht.
Eine ganz wesentliche Möglichkeit zur Erhöhung der Produktionsmöglichkeit besteht – unabhängig vom Wirtschaftssystem – in der **Arbeitsteilung**. Arbeitsteilung ermöglicht den Einsatz spezialisierter Maschinen und damit kostengünstige Massenproduktion; Menschen mit unterschiedlichsten Fähigkeiten können so im Produktionsprozess eingesetzt werden, dass sie ihre speziellen Fertigkeiten am besten ausschöpfen.

Arbeitsteilung schafft andererseits Abhängigkeiten zwischen Menschen und Betrieben und zwingt zu einer straffen Arbeitsdisziplin. Die Beziehung zum erstellten Produkt geht verloren, einseitige Beanspruchungen und vorgegebenes Arbeitstempo bei standardisierten Fertigungstechniken vermindern die Arbeitslust. Ist die Art und die Menge der Nachfrage im Voraus nicht bekannt, kann es zu Über- und Unterproduktion kommen.

Arbeitsteilung gibt es innerbetrieblich, zwischenbetrieblich und auch international, d. h. zwischen den einzelnen Volkswirtschaften und Wirtschaftsblöcken.

Infolge der Knappheit der Produktionsfaktoren und damit der Knappheit an produzierbaren Gütern entstehen mehrere zentrale Fragen:

- Was soll produziert werden? Welche Güter sollen in welchen Mengen produziert werden? Wer entscheidet darüber, was produziert werden soll?

- Wie soll produziert werden? Welche Produktionsverfahren sollen verwendet werden? Wer entscheidet über die Produktionsverfahren?

- Für wen soll produziert werden? Wer erhält welchen Anteil am Produktionsergebnis? Wer entscheidet über die Verteilung?

- Wo soll produziert werden? Wo ist der optimale Standort im nationalen und internationalen Rahmen?

- Wann soll produziert werden? Soll man in der Gegenwartsperiode möglichst viele Konsumgüter produzieren oder doch mehr Investitionsgüter, um damit in Zukunft mehr Konsumgüter herstellen zu können?

Soll die Lösung dieser Fragen durch eine zentrale Planungsinstanz oder dezentral durch Entscheidungen von Millionen von Unternehmen und Haushalten, gesteuert durch den Preis- und Gewinnmechanismus, geregelt werden?

Der Fragenkatalog, mit dem volkswirtschaftliche Probleme umschrieben werden können, ist nahezu unerschöpflich:

Warum verändern sich die Preise auf einzelnen Märkten? Wie kommt es zu Inflation oder Deflation? Wer produziert Geld und wie kommt es in Umlauf? Wodurch werden Geldmenge und Zinssatz bestimmt? Wie ist es möglich, dass Millionen arbeitslos werden können? Wieso wechseln wirtschaftlich gute und schlechte Zeiten? Wovon hängt das wirtschaftliche Wachstum ab? Wodurch sind die Handels- und Geldströme zwischen Inland und der Übrigen Welt (Ausland) bestimmt? Welche Möglichkeiten hat der Staat, wirtschaftspolitische Ziele zu realisieren?

Bei wirtschaftspolitischen Zielen kann man zwischen dem allgemeinen Ziel der Wohlfahrtsmaximierung (Maximierung der Lebensqualität) und messbaren wirtschaftspolitischen (Unter-)Zielen unterscheiden.

Sofern z. B. staatliche Maßnahmen die Wohlfahrt aller Bürger steigern, steigt unbestritten die Wohlfahrt der Gesellschaft. Dieser Idealfall dürfte allerdings in den seltensten Fällen beobachtbar sein. Man stelle sich eine Volkswirtschaft vor, die von der Außenwelt durch unüberwindbare Berge und an einer Engstelle durch einen hochwassererzeugenden See umgrenzt ist. Bei einer einzelwirtschaftlichen Lösung des Hochwasserproblems müsste jeder Bürger dieses Landes um sein Haus einen eigenen Damm bauen. Bei einer „staatlichen" Lösung könnten die Bürger beschließen, gemeinsam nur einen Damm an der Engstelle zu errichten. Jeder einzelne Bürger hätte dann weniger Mühen und Kosten als bei der Einzellösung. Man kann also zweifelsfrei von einer Wohlstandsmehrung in einer Gesellschaft nur dann sprechen, wenn der Nutzen von Bürgern steigt, ohne dass auch nur bei einem einzigen Bürger dessen Nutzen fällt.

Führen staatliche Maßnahmen, z. B. Erhöhung des Kindergeldes, zu Wohlfahrtssteigerungen bei einem Teil der Bürger, die andere zu bezahlen haben, kann man nicht mehr allgemein sagen, dass die Wohlfahrt der Gesellschaft gestiegen sei. Individuelle Nutzen sind nicht vergleichbar und lassen sich nicht zur gesellschaftlichen **Wohlfahrt** aufaddieren. Als Hilfsgröße zur Messung der gesellschaftlichen Wohlfahrt wird häufig das Nationaleinkommen pro Kopf herangezogen. Wie problematisch diese Messgröße ist, wird deutlich, wenn man neben dem materiellen Lebensstandard (Einkommen) auch Freizeit, Arbeitsklima, Umwelt, Lebenserwartung, Gesundheit, Bildungschancen, Freiheit und Möglichkeiten der Selbstverwirklichung zur Beurteilung der Lebensqualität mit heranzieht.

Letztlich kann also nicht festgestellt werden, ob „die Deutschen" oder „die Italiener" ein höheres Wohlfahrtsniveau haben.

Diverse Unterziele des Oberziels „Maximierung der Wohlfahrt der Gesellschaft" sind allerdings messbar, auch die im **Stabilitätsgesetz** der Bundesrepublik Deutschland verankerten wirtschaftspolitischen Ziele:

Das Gesetz zur Förderung der Stabilität und des Wachstums der Wirtschaft aus dem Jahre 1967 stellt in § 1 fest, dass Bund und Länder wirtschafts- und finanzpolitische Maßnahmen so zu treffen haben, „... dass sie im Rahmen der marktwirtschaftlichen Ordnung gleichzeitig zur Stabilität des Preisniveaus, zu einem hohen Beschäftigungsstand und außenwirtschaftlichem Gleichgewicht bei stetigem und angemessenem Wirtschaftswachstum beitragen."

Neben diesen Hauptzielen, denen manche noch das (erklärungsbedürftige) Ziel einer „gerechten Einkommensverteilung" hinzufügen, sind zusätzlich Zwischen-, Unterziele und auch Nebenziele konstruierbar.

Das Verhältnis der Ziele kann nun so sein, dass sie sich harmonisch, neutral oder konfliktär untereinander verhalten.

Harmonisch verhalten sich Ziele dann, wenn man sich mit dem Erreichen des Zieles A (z. B. hohes Wirtschaftswachstum) gleichzeitig dem Ziel B (z. B. Vollbeschäftigung) nähert.

Neutral wären Ziele dann, wenn mit Annäherung an Ziel A der Zielerreichungsgrad des Zieles B unverändert bleibt. Wegen allgemeiner Abhängigkeit wirtschaftspolitischer Prozesse untereinander (**Interdependenz**) ist eine Zielneutralität in der Praxis nicht gegeben.

Ein besonderes Problem mit großer praktischer und politischer Tragweite sind **Zielkonflikte**.

Sofern ein Ziel nur auf Kosten eines anderen Ziels verwirklicht werden kann, spricht man auch von Zielkonkurrenz. Den Zielkatalog des Stabilitätsgesetzes bezeichnet man als magisches Viereck. Mit der Beschreibung „magisch" bringt man zum Ausdruck, dass Wirtschaftspolitiker schon Fähigkeiten von Zauberern besitzen müssten, um gleichzeitig alle Ziele realisieren zu können.

Ob ein Zielkonflikt vorliegt, hängt häufig von der wirtschaftspolitischen Ausgangssituation ab: Eine Erhöhung der staatlichen Nachfrage nach Gütern (Ausbau von Verkehrswegen, Krankenhäusern, Schulen, Ausgaben für Forschung, Verteidigung, Umweltschutzmaßnahmen usw.) kann bei bestehender Massenarbeitslosigkeit dem Ziel der **Vollbeschäftigung** dienen, ohne kurzfristig das Ziel der **Preisstabilität** zu gefährden. Ist dagegen die Ausgangssituation durch Arbeitslosigkeit und Preisinflation gekennzeichnet, dann dürfte eine Erhöhung der staatlichen Nachfrage zwar die Arbeitslosigkeit abbauen, aber gleichzeitig die Inflationstendenzen verstärken.

Vor allem die angebliche Unvereinbarkeit der Ziele Vollbeschäftigung und Preisstabilität sind insbesondere in den Sechziger- und Siebzigerjahren (unter dem Stichwort „**Phillipskurve**") diskutiert worden. Schenkt man diesem umstrittenen Zusammenhang Glauben, so wären moderne Volkswirtschaften so geartet, dass eine Verbesserung der Beschäftigungssituation und damit auch des Wachstums durch etwas Inflation begünstigt wird. Die empirische Beobachtung für die Bundesrepublik Deutschland und auch andere Länder lassen allenfalls für bestimmte Perioden solche Vermutungen zu. Überwiegend betrachtet man heute Preisstabilität als notwendige Voraussetzung für störungsfreies Wachstum.

Wirtschaftspolitische Rezepte wie auch zugrundeliegende Theorien waren und sind dem Wandel unterworfen, der häufig durch Änderungen in der ökonomischen Realität initiiert wurde. Die Idealvorstellung könnte sein, für auftretende ökonomische Probleme sofort die Erklärungsmodelle und die erforderlichen wirtschaftspolitischen Instrumente bereitstellen zu können oder gar die Methoden geliefert zu bekommen, um Missverhältnisse von vornherein zu verhindern. Warum ist die Volkswirtschaftslehre nicht in der Lage, in jeder Situation praktische Problemlösungen zu liefern?

In den Wirtschaftswissenschaften haben wir es nicht mit streng determinierten Prozessen zu tun, sondern vielmehr mit Prozessen, bei denen es in der Regel keinen strengen Ursache-Wirkungs-Zusammenhang gibt. Ökonomische Prozesse sind geprägt von Verhaltensweisen und von Entscheidungen unter Unsicherheit sowie den Auswirkungen der Meinungskumulation. (Die Meinungsäußerung eines bekannten Börsen-Gurus kann ausreichen, um die „Lemminge" alle in dieselbe, aber nicht notwendigerweise richtige Richtung laufen zu lassen).

Nicht immer liegt der Grund in der Unzulänglichkeit der wissenschaftlichen Erkenntnis. Es mag auch vorkommen, dass Forschungsergebnisse nicht oder nicht schnell genug umgesetzt werden, weil sie politisch nicht opportun erscheinen.

Dieses Buch kann nicht helfen, diese Probleme zu lösen, aber möglicherweise dazu beitragen, dass der Leser aufgeschlossener und kritischer seine Zeitung liest, gesamtwirtschaftliche Zusammenhänge bei betriebswirtschaftlichen Entscheidungen mit ins Kalkül zieht, über den parteipolitischen Tellerrand blickt oder Zugang zum Studium der Volkswirtschaftslehre findet.

Die thematische und inhaltliche Breite ist auf Leser ausgerichtet, für die Zeit ein knappes Gut ist, aber auch punktuelle Einblicke in abstrakte Bereiche volkswirtschaftlicher Modelle nicht scheuen.

Wir werden uns zunächst damit beschäftigen, wie das Nationaleinkommen durch den Produktionsprozess entsteht, in welcher Beziehung die Sektoren einer Volkswirtschaft

zueinander stehen und in welche Wirtschaftsordnung sie eingebettet sind. Dann wenden wir uns der Frage zu, wie sich Preise auf den Märkten bilden, wobei wir uns auf die Marktform der vollständigen Konkurrenz und des Angebotsmonopols beschränken. Zuvor wollen wir zeigen, wie Nachfrage und Angebot auf den Märkten aus den einzelwirtschaftlichen Verhaltensweisen der privaten Haushalte und Unternehmen herleitbar sind. Im Kapitel 6 richten wir unser Augenmerk auf das Geld in einer Volkswirtschaft: Welche Funktionen hat Geld, wie wird im Wirtschaftsprozess Geld ständig geschöpft und vernichtet? Wie kann Inflation und Deflation entstehen und welche Auswirkungen hat sie? Wie können Zentralbanken Einfluss auf die Geldmenge, den Zinssatz und damit auf die Gütermärkte nehmen? In Kapitel 7 skizzieren wir die Keynesianische Theorie, die wohl bekannteste Theorie des 20. Jahrhunderts zur Erklärung der Höhe des Volkseinkommens und der Beschäftigung. In den Folgekapiteln beschäftigen wir uns mit dem Problem der Arbeitslosigkeit und geben einen kurzen Einblick in die Bereiche Konjunktur und Wachstum, um mit dem Kapitel „Internationale Wirtschaftsbeziehungen" zu schließen, in dem wir den Wohlstandseffekt des freien Außenhandels, die Erfassung der ökonomischen Transaktionen mit der Übrigen Welt, die Entwicklung des Welt-Währungssystems und der Europäischen Wirtschafts- und Währungsunion sowie die Globalisierung in den Vordergrund stellen.
Mit dem Thema „Öffentliche Finanzwirtschaft" (und vielen anderen Fragen) werden wir uns nicht auseinandersetzen.

Kapitel 2

Entstehung des Nationaleinkommens

Um Begriffe wie „**Nationaleinkommen**" (früher Sozialprodukt) oder „**Volkseinkommen**" besser zu verstehen, werden wir so vorgehen, dass wir zumindest in vereinfachter Weise den Prozess der Einkommensentstehung zunächst in einem einzelnen Produktionsunternehmen betrachten und dann die Einkommen in allen Produktionsunternehmen miteinander addieren.

Die Einkommensbildung in Haushalten (vgl. hierzu Kapitel 3) vernachlässigen wir.

Ferner gehen wir zunächst von der Vorstellung aus, dass es keine staatliche Aktivität und keine „Übrige Welt" (kein Ausland) gibt, mit dem Handels- oder sonstige Beziehungen bestehen (Annahme einer „geschlossenen Volkswirtschaft ohne staatliche Aktivität").

2.1 Einkommensbildung in der Produktionswirtschaft

Auf der Sollseite (Aufwandsseite) unseres „Produktionskontos" eines Unternehmens finden wir den in Geld ausgedrückten Verzehr an Gütern, der in einer Periode stattgefunden hat.

„**Abschreibung**" ist ein Ausdruck für die an dauerhaften Produktionsmitteln im Laufe der Periode eingetretene Wertminderung (steuerlich: AfA, d. h. Absetzung für Abnutzung).

Auf der Habenseite ist der in einer Periode erzielte Ertrag festgehalten, wobei wir hier neben dem Umsatz auch eine (hier positive) Bestandsänderung an Halb- und Fertigfabrikaten und selbsterstellte Anlagen berücksichtigen wollen.

Der in der betrachteten Periode ausgewiesene „**Gewinn**" ist die Differenz (der Saldo) zwischen dem Periodenertrag und dem Periodenaufwand (vgl. Abbildung 2.1).

Produktionskonto

Soll (Aufwand)   Haben (Ertrag)

1. Verbrauch an Roh- und
   Hilfsstoffen
2. Sonstige Vorleistungen
   (Reparaturen, Büromaterial)
3. Abschreibungen
4. Arbeitnehmerentgelt
   Pachten, Mieten
   Zinsen
 	
   Gewinn
	5. Verkäufe
	6. Lagerbestandsänderungen
	   an Halb- u. Fertigfabrikaten
	7. Selbsterstellte Anlagen

(Bruttowertschöpfung { Nettowertschöpfung { ... })

Produktionswert   Produktionswert

Abbildung 2.1: Produktionskonto I

Unter dem **Produktionswert** (Positionen 5, 6 und 7) versteht man die von einem Produktionsunternehmen pro Periode erzeugten Güter (Sachgüter und Dienstleistungen).

Die Bruttowertschöpfung erhält man, wenn man vom Produktionswert die **Vorleistungen** (Positionen 1 und 2) abzieht.

Die **Nettowertschöpfung** dieses Produktionsunternehmens ergibt sich, indem man von dem Produktionswert die Vorleistungen und die Abschreibungen abzieht:

$$
\begin{aligned}
\textbf{Nettowertschöpfung} =\ &\text{Produktionswert}\\
-\ &\text{Vorleistungen}\\
-\ &\text{Abschreibungen}
\end{aligned}
$$

Statt Position 4 können wir also auch den Begriff „**Nettowertschöpfung**" einsetzen. Nettowertschöpfung ist die Summe der in der betrachteten Periode geschaffenen kontraktbestimmten (Löhne, Pachten, Mieten, Zinsen) und residualbestimmten Einkommen (Gewinn).

Um weitere Zusammenhänge zu sehen, verändern wir unser obiges Produktionskonto: Da der Verbrauch an Roh- und Hilfsstoffen (Position 1) den Einkäufen abzüglich der Lagerbestandsänderung an Roh- und Hilfsstoffen entspricht, können wir Position 1 und 6 entsprechend ändern. Ferner fügen wir den selbsterstellten Anlagen (Position 7) die gekauften hinzu, müssen dann aber auf der Sollseite diese ebenfalls ergänzen (vgl. Abbildung 2.2).

Bildet man in Produktionskonto II die Summe aus Positionen 5 und 6, erhält man die **Bruttoinvestition** des Unternehmens in der betrachteten Periode:

$$
\begin{aligned}
\textbf{Bruttoinvestition} =\ &\text{Zugang an Anlagen (Bruttoanlageinvestition)}\\
+\ &\text{Lagerbestandsänderung (Vorratsinvestition)}
\end{aligned}
$$

Produktionskonto

Soll (Aufwand)	Haben (Ertrag)

1. Einkäufe von anderen Unternehmen
  a.) Roh- und Hilfsstoffe
  b.) Anlagen
  c.) Sonstige Vorleistungen
2. Abschreibungen
3. Nettowertschöpfung
	4. Verkäufe
	5. Lagerbestandsänderungen
	  a.) Roh- und Hilfsstoffe
	  b.) Halb- und Fertigfabrikate
	6. Zugang an Anlagen
	  a.) selbsterstellte Anlagen
	  b.) gekaufte Anlagen

Abbildung 2.2: Produktionskonto II

Somit können wir nun Produktionskonto II in Kurzform als Produktionskonto III schreiben (vgl. Abbildung 2.3).

Produktionskonto

Soll (Aufwand)	Haben (Ertrag)
1. Einkäufe von anderen Unternehmen 2. Abschreibungen 3. Nettowertschöpfung	4. Verkäufe 5. Bruttoinvestition

Abbildung 2.3: Produktionskonto III

Zieht man von der Bruttoinvestition die Abschreibungen ab, so erhält man die **Nettoinvestition**.

Die Nettowertschöpfung lässt sich dann wie folgt darstellen:

> **Nettowertschöpfung =**
>   Verkäufe
> −   Einkäufe von anderen Unternehmen
> +   Nettoinvestition

Man erinnere sich, dass diese Gleichung nur für ein Produktionsunternehmen gilt, das keine Beziehungen zur Übrigen Welt hat, keine Abgaben an den Staat oder die EU zahlen muss und auch keine Subventionen erhält (geschlossene Volkswirtschaft ohne staatliche Aktivität).

2.2 Fall einer geschlossenen Volkswirtschaft ohne staatliche Aktivität

Nun addieren wir die entsprechenden Positionen der Produktionskonten aller Unternehmen unserer Volkswirtschaft.

Man beachte hierbei, dass die Erstellung einer Dienstleistung (z. B. einer Bank oder eines Handelsunternehmens) in volkswirtschaftlichen Zusammenhängen auch als „Produktion" bezeichnet wird.

Summe aller Nettowertschöpfungen =
Summe aller Verkäufe
− Summe aller Einkäufe von Unternehmen
+ Summe aller Nettoinvestitionen

Die Summe aller „Verkäufe" kann man in einer **geschlossenen Volkswirtschaft** ohne staatliche Aktivität aufteilen in die Summe aller Verkäufe an Haushalte und in die Summe aller Verkäufe an andere Unternehmen dieser Volkswirtschaft:

Summe aller Nettowertschöpfungen =
Summe aller Verkäufe an Haushalte
+ Summe aller Verkäufe an Unternehmen
− Summe aller Einkäufe von Unternehmen
+ Summe aller Nettoinvestitionen

Nun ist aber in einer geschlossenen Volkswirtschaft ohne staatliche Aktivität die Summe aller Verkäufe an Unternehmen zwangsnotwendig gleich der Summe aller Einkäufe von Unternehmen.

Daraus folgt:

Summe aller Nettowertschöpfungen =
Summe aller Verkäufe an Haushalte
+ Summe aller Nettoinvestitionen

Die Summe aller Nettowertschöpfungen nennt man **Nettonationaleinkommen**.

Seit der Übernahme eines neuen „Europäischen Systems Volkswirtschaftlicher Gesamt-rechnungen" (ESVG) durch das Statistische Bundesamt wurde der bisher übliche Be-griff **Sozialprodukt** durch **Nationaleinkommen** ersetzt.

Bezeichnen wir das Nationaleinkommen mit Y, den Wert aller Verkäufe an Haushalte (Konsum) mit C und den Wert aller einzelwirtschaftlichen Nettoinvestitionen als die (volkswirtschaftliche) Nettoinvestition I, so gilt:

$$Y = C + I$$

Das Nettonationaleinkommen stellt die Gesamtheit aller der Volkswirtschaft in einer Periode letztendlich neu zugewachsenen Güter dar (Produktionswert abzüglich Vorleis-tungen und Abschreibungen).

Y in obiger Gleichung ist das **Nettonationaleinkommen**, da wir auf der rechten Seite der Gleichung die Nettoinvestition erfasst haben.

Hätten wir auf der rechten Seite der Gleichung nicht die Netto- sondern die Bruttoin-vestition erfasst, so bekämen wir auf der linken Seite der Gleichung das **Bruttonatio-naleinkommen**.

Nettonationaleinkommen =
Bruttonationaleinkommen
— Abschreibungen

Im Nationaleinkommen sind für den Eigenbedarf erstellte Güter und auch Güter, über die auf dem Wege des Naturaltausches verfügt wurde, nicht enthalten. Die Statistik rechnet allerdings in das Nationaleinkommen den Eigenverbrauch der Landwirtschaft und auch ein Mietäquivalent für das Wohnen im Eigenheim ein. Die Dienstleistungen von Hausfrauen oder Hausmännern werden in das statistisch berechnete Nationaleinkommen nicht einbezogen.

Die Gleichung $Y = C + I$ besagt, dass das gesamte Geldeinkommen in einer Periode zum Kauf von Konsumgütern seitens der Haushalte und für Nettoinvestitionen verwendet worden ist. Die folgenden Betrachtungen sind nur verständlich, wenn sich der Leser nochmals vergegenwärtigt, dass der volkswirtschaftliche Begriff der Investition sich zusammensetzt aus **Anlageinvestitionen** und **Vorratsinvestitionen** (Lagerbestandsveränderungen). Also stellen auch in einer Periode produzierte, aber nicht verkaufte Konsumgüter eine Investition im volkswirtschaftlichen Sinne dar. Da der nicht zum Kauf von Konsumgütern verwendete Teil des gesamten Einkommens als **volkswirtschaftliche Ersparnis** (S) der betreffenden Periode bezeichnet wird, gilt ferner $Y = C + S$. Aus $Y = C + I$ und aus $Y = C + S$ folgt:

$$I = S$$

Diese Gleichung besagt, dass in einer geschlossenen Volkswirtschaft ohne staatliche Aktivität in jedem Augenblick bzw. in jeder Periode beliebiger Länge **im Nachhinein (ex post)** der Wert der Nettoinvestition exakt dem Wert der Ersparnis entspricht, d. h. dass der nicht zum Kauf von Konsumgütern verwendete Teil des Nationaleinkommens zur Nettoinvestition verwendet worden ist.

Zur Veranschaulichung nehmen wir in der Ausgangssituation an, dass in einer betrachteten Periode nur Konsumgüter produziert worden sind und das gesamte Nationaleinkommen (100 Geldeinheiten) zum Kauf von Konsumgütern ausgegeben wird (**stationäre Volkswirtschaft**):
$$Y = C$$

In der nächsten Periode geschehe nun folgendes:
Die Haushalte verwenden nur mehr 80 Geldeinheiten zum Kauf von Konsumgütern und sparen 20 Geldeinheiten (vgl. Abbildung 2.5).
Die Unternehmen, die wie bisher damit gerechnet haben, dass 100 Geldeinheiten für Konsumgüter ausgegeben werden, bleiben nun auf einem Teil der Konsumgüter im Wert von 20 Geldeinheiten „sitzen", wenn sie in Erwartung der bisherigen Käufe im gleichen Umfang produziert haben. D. h. die Unternehmen haben in diesem Fall unfreiwillig (unbeabsichtigt) einen Lagerbestand an Konsumgütern aufgebaut und damit – da auch Lagerbestandsveränderungen als Investition bezeichnet werden – unfreiwillig investiert.

Hätten die Unternehmen mitbekommen, dass die Haushalte plötzlich in Höhe von 20 Geldeinheiten auf Konsum verzichten, hätten die Unternehmen einen Teil der Produktionsfaktoren in die Produktion von Investitionsgütern umlenken können, mit denen

Y=100

| Unternehmen (U) | Haushalte (HH) |

C=100

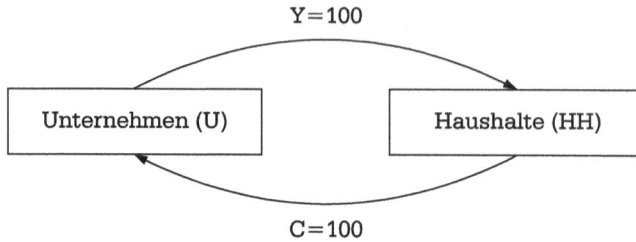

Abbildung 2.4: Stationäre Volkswirtschaft

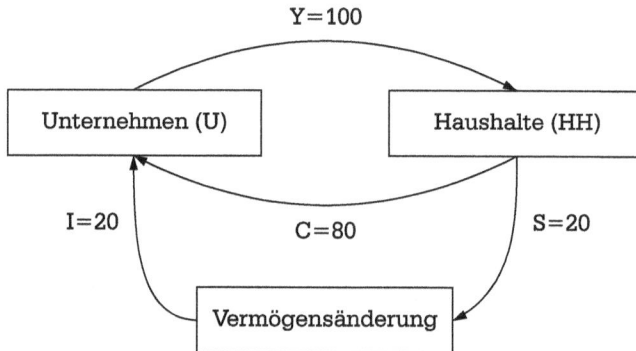

Y=100

| Unternehmen (U) | Haushalte (HH) |

I=20   C=80   S=20

| Vermögensänderung |

Abbildung 2.5: Volkswirtschaft mit unfreiwilliger Investition

in späteren Perioden mehr Konsumgüter produzierbar wären.

Ohne Störungen des Wirtschaftsablaufs könnten also die Unternehmen in Höhe von 20 Geldeinheiten Anlageinvestitionen planen, wenn die Haushalte eine Ersparnis von ebenfalls 20 Geldeinheiten planten.

In einer geschlossenen Volkswirtschaft ohne staatliche Aktivität gilt im Nachhinein (ex post) also immer

$$I_{geplant} + I_{ungeplant} = S_{geplant} + S_{ungeplant}$$

Die Ex-post-Gleichheit von I und S wird in jedem Augenblick bzw. in jeder Periode von beliebiger Länge dadurch hergestellt, dass in Höhe der Differenz zwischen geplanter Investition und geplanter Ersparnis entweder eine ungeplante Investition oder eine ungeplante Ersparnis auftreten.

Eine ungeplante Ersparnis würde sich in dem o. a. Modell dann ergeben, wenn – ausgehend von einer stationären Wirtschaft ($Y = C$) – die Unternehmen plötzlich mit gleichem Bestand an Produktionsfaktoren nur mehr für 80 Geldeinheiten Konsumgüter und für 20 Geldeinheiten Anlageinvestitionen erstellen, die Haushalte aber mit dem Gesamteinkommen von 100 Geldeinheiten Konsumgüter nachfragen, also nichts sparen wollen. Wenn als Folge davon die Preise für die Konsumgüter so stark steigen, dass für das Gesamteinkommen von 100 Geldeinheiten nur mehr 80 Prozent der ursprünglichen Menge an Konsumgütern gekauft werden können, so haben die Haushalte – ohne dies geplant zu haben – in dieser Höhe auf Konsum verzichtet, also gespart (im volkswirtschaftlichen Sinne). Die Ex-post-Gleichheit zwischen I und S wäre in diesem Fall durch ungeplante Ersparnis bewerkstelligt worden.

Im **Gleichgewicht** befindet sich eine geschlossene Volkswirtschaft ohne staatliche Aktivität dann, wenn die **geplante Investition** der **geplanten Ersparnis** entspricht. Dies ist nur eine theoretische Fiktion, die in der Realität nie gegeben ist.

2.3 Fall einer offenen Volkswirtschaft mit staatlicher Aktivität

In einer offenen Volkswirtschaft gibt es neben den Verkäufen an inländische Wirtschaftseinheiten (Haushalte und Unternehmen) auch Verkäufe an die Übrige Welt (an ausländische Wirtschaftseinheiten), die man allgemein als Ausfuhr (**Export**) bezeichnet. Analog treten neben die Einkäufe von inländischen Wirtschaftseinheiten die Einkäufe aus der Übrigen Welt, die man allgemein als Einfuhr (**Import**) bezeichnet.

> **Summe aller im Inland entstandenen Nettowertschöpfungen =**
>   Summe aller Verkäufe an Haushalte im Inland
> +   Summe aller Verkäufe an die Übrige Welt
> −   Summe aller Einkäufe von der Übrigen Welt
> +   Nettoinvestition

Die Summe aller im Inland entstandenen Nettowertschöpfungen, d. h. die Summe aller aus dem inländischen Produktionsprozess hervorgegangenen Einkommen, nennt man **Nettoinlandsprodukt**(NIP).

Um das **Nettonationaleinkommen** in einer offenen Volkswirtschaft aus dem Nettoinlandsprodukt zu erhalten, muss man zum Nettoinlandsprodukt noch die Einkommen hinzuzählen, die Inländer als Arbeitnehmerentgelt oder aus Unternehmens- und Vermögenseinkommen im Ausland erhalten (Faktoreinkommen aus der Übrigen Welt). Als Inländer bezeichnet man alle natürlichen und juristischen Personen, die ihren (Wohn-)Sitz im Inland haben. Abziehen muss man dagegen das Arbeitnehmerentgelt sowie Unternehmens- und Vermögenseinkommen, die Ausländern zufließen (Faktoreinkommen an die Übrige Welt).

Man könnte daher das **Nationaleinkommen** (Y) zur Unterscheidung vom **Inlandsprodukt** (Y^*) auch Inländerprodukt nennen.

Hätten wir oben die Abschreibungen nicht abgezogen, hätten wir also statt der Nettoinvestition die Bruttoinvestition verwendet, wäre das Resultat unserer Aggregierung das **Bruttoinlandsprodukt(BIP)** und – bei Berücksichtigung der Faktoreinkommen aus der und an die Übrige Welt – das **Bruttonationaleinkommen** gewesen.

Schließen wir der Einfachheit halber die an die Übrige Welt gezahlten Faktoreinkommen in den Wert der Einfuhr (Im) und die aus der Übrigen Welt empfangenen Faktoreinkommen in den Wert der Ausfuhr (Ex) ein, so gilt für das Nettonationaleinkommen (ohne staatliche Aktivität):

$$Y = C + I + (Ex - Im)$$

Berücksichtigen wir nun noch die ökonomische Aktivität des **Staates**, so können wir unser Produktionskonto gemäß Abbildung 2.6 darstellen.

Produktionskonto	
Soll (Aufwand)	Haben (Ertrag)
1. Einkäufe	5. Verkäufe (incl. Nettogütersteuern)
a.) von Unternehmen im Inland	a.) an private und öffentliche Haushalte im Inland
b.) von Wirtschaftseinheiten in der Übrigen Welt	b.) an Unternehmen im Inland
2. Produktions- und Import- abgaben	c.) an Unternehmen in der Übrigen Welt
3. Abschreibungen	6. Bruttoinvestitionen
4. Nettowertschöpfung	7. Subventionen

Abbildung 2.6: Produktionskonto IV

Der Begriff der **Produktions- und Importabgaben** ersetzt die frühere Bezeichnung Indirekte Steuern, die zuweilen auch als Kostensteuern bezeichnet wurden. Man versteht darunter solche Steuern und ähnliche Abgaben, die von öffentlichen (staatlichen) Haushalten bei Unternehmen erhoben werden und bei der Gewinnermittlung abzugsfähig sind.

Die **Produktions- und Importabgaben** unterteilt man in **Gütersteuern** und **Sonstige Produktionsabgaben.**
Zu den Gütersteuern gehören die Mehrwertsteuer, die Importabgaben (Zölle an die EU und Verbrauchssteuern auf Einfuhren) sowie die Sonstigen Gütersteuern. Zu den Sonstigen Gütersteuern gehören z. B. die Verbrauchssteuern (die aufkommensstärksten sind die Mineralölsteuer und die Tabaksteuer) sowie u. a. auch die Versicherungssteuer und die Grunderwerbssteuer.
Zu den Sonstigen Produktionsabgaben zählen z. B. die Gewerbesteuer, die Grundsteuer und die von Unternehmen bezahlte Kraftfahrzeugsteuer.

Subventionen sind Zahlungen öffentlicher Haushalte an Unternehmen, um Produktionsprozesse aufrechtzuerhalten, Preise niedrig zu halten oder Einkommen zu erhöhen. Die **Subventionen** unterteilt man in **Gütersubventionen** (z. B. Zuschüsse für den Personennahverkehr, Beihilfen und Erstattungen der EU) und **Sonstige Subventionen** (z. B. Zuschüsse für Arbeitsbeschaffungsmaßnahmen, Zuschüsse für die Verstromung von Steinkohle, Betriebsmittelzuschüsse an Hochschulkliniken).

Die in Produktionskonto IV angeführten „Nettogütersteuern" sind der Saldo aus Gütersteuern und Gütersubventionen.

Bei der Aggregation über alle Produktionskonten heben sich wieder die Einkäufe von inländischen Unternehmen und die Verkäufe an inländische Unternehmen auf und wir erhalten schließlich:

Summe aller Nettowertschöpfungen =
Summe aller Verkäufe an private und staatliche Haushalte
+ Summe aller privaten und staatlichen Nettoinvestitionen
+ Summe aller Subventionen
− Summe aller Produktions- und Importabgaben
+ Summe aller Verkäufe an Wirtschaftseinheiten der Übrigen Welt
− Summe aller Einkäufe von Wirtschaftseinheiten der Übrigen Welt

Bezeichnen wir die Summe aller Produktions- und Importabgaben mit T_{ind} und die Summe aller Subventionen mit Z, so erhalten wir folgende Gleichung für die Summe aller Nettowertschöpfungen in einer offenen Volkswirtschaft mit staatlicher Aktivität:

$$Y_f = C + I + (Ex - Im) + Z - T_{ind}$$

wobei hier $C = C_{pr} + C_{st}$ und $I = I_{pr} + I_{st}$.

Gehen wir wieder davon aus, dass die an die Übrige Welt gezahlten Faktoreinkommen im Import und die von der Übrigen Welt empfangenen Faktoreinkommen im Export enthalten sind, so bezeichnet man Y_f als **Nettonationaleinkommen zu Faktorkosten oder Volkseinkommen**.

Das **Volkseinkommen** gibt an, wie hoch das (Leistungs-)Einkommen der Inländer in einer Periode war. Das Volkseinkommen ist die Summe aus dem **Arbeitnehmerentgelt** sowie dem **Unternehmens- und Vermögenseinkommen** der Inländer.
Obwohl im Europäischen System Volkswirtschaftlicher Gesamtrechnungen der Begriff des Volkseinkommens nicht als Einkommensaggregat beschrieben ist, wird er dennoch vom Statistischen Bundesamt und der deutschen Literatur nach wie vor verwendet.

Zählt man zum Volkseinkommen die Nettoproduktionsabgaben hinzu, erhält man das **Nettonationaleinkommen zu Marktpreisen** (der Zusatz „zu Marktpreisen" wird meistens weggelassen) oder **Primäreinkommen** Y_m.

$$Y_m = Y_f + T_{ind} - Z = C + I + (Ex - Im)$$

Als Nettoproduktionsabgaben (Primäreinkommen des Staates) bezeichnet man den Saldo aus Produktions- und Importabgaben mit den Subventionen ($T_{ind} - Z$).

Um auf das **Nettoinlandsprodukt** (NIP) in einer offenen Volkswirtschaft mit staatlicher Aktivität zu kommen, muss man zum Nettonationaleinkommen (Primäreinkommen) noch den Saldo der Primäreinkommen an die Übrige Welt hinzufügen.
Dieser Saldo besteht aus der Summe der an die Übrige Welt geleisteten Primäreinkommen (Arbeitnehmerentgelt und Unternehmens- und Vermögenseinkommen, die Ausländern aus dem Inland zufließen, sowie an die EU geleistete Produktions- und Importabgaben) abzüglich der von der Übrigen Welt empfangenen Primäreinkommen (Arbeitnehmerentgelt und Unternehmens- und Vermögenseinkommen, die Inländern aus dem Ausland zufließen, sowie von der EU empfangene Subventionen).
Addiert man zum NIP die Abschreibungen, erhält man das **Bruttoinlandsprodukt** (BIP).

Kapitel 3

Wirtschaftskreislauf

Unter einem volkswirtschaftlichen Kreislauf versteht man ein Modell der wirtschaftlichen Beziehungen zwischen Gruppen von Wirtschaftseinheiten, wobei man solche Wirtschaftssubjekte zu jeweils einer Gruppe zusammenfasst, die in etwa gleichartige Aktionen ausführen. Bildet man nur wenige Gruppen, so spricht man von Sektoren. Bei diesem Vorgehen verschwinden die wirtschaftlichen Beziehungen zwischen den einzelnen Wirtschaftssubjekten eines Sektors. Dafür können aber gesamtwirtschaftliche (makroökonomische) Zusammenhänge deutlich und durchschaubar gemacht werden, die für die Wirtschaftspolitik von Bedeutung sind.

Welche Gruppen oder Sektoren man bildet, hängt von der Problemstellung ab.

In Abbildung 3.1 ist ein einfaches **Kreislaufschema** mit fünf Sektoren dargestellt, wobei nur die Geldströme skizziert sind. Jedem Geldstrom steht in entgegengesetzter Richtung ein Güterstrom gegenüber.
Am Ende einer Periode ist die Summe der Werte aller einem Sektor zufließenden Ströme gleich der Summe der Werte aller aus dem Sektor abfließenden Ströme.

Im Sektor (Private) **Haushalte** sind u. a. alle Wirtschaftssubjekte zusammengefasst, deren Tätigkeiten darin bestehen, dass sie

- als letzte Käufer von Konsumgütern (Gebrauchs- und Verbrauchsgütern) auftreten;

- sparen, d. h. auf Gegenwartskonsum verzichten;

- den Unternehmen und dem Staat Produktionsfaktoren (Arbeit, Boden, Realkapital, Know how) anbieten.

Während vor der Revision der Volkswirtschaftlichen Gesamtrechnung nur die Tätigkeit von Hausangestellten als „Produktion" bei den Privaten Haushalten galt, gehören nach der neuen Sektorabgrenzung des Europäischen Systems Volkswirtschaftlicher Gesamtrechnungen (ESVG) auch Einzelunternehmen und Selbständige zum Haushaltssektor, wie z. B. Handwerker, Landwirte, Ärzte.

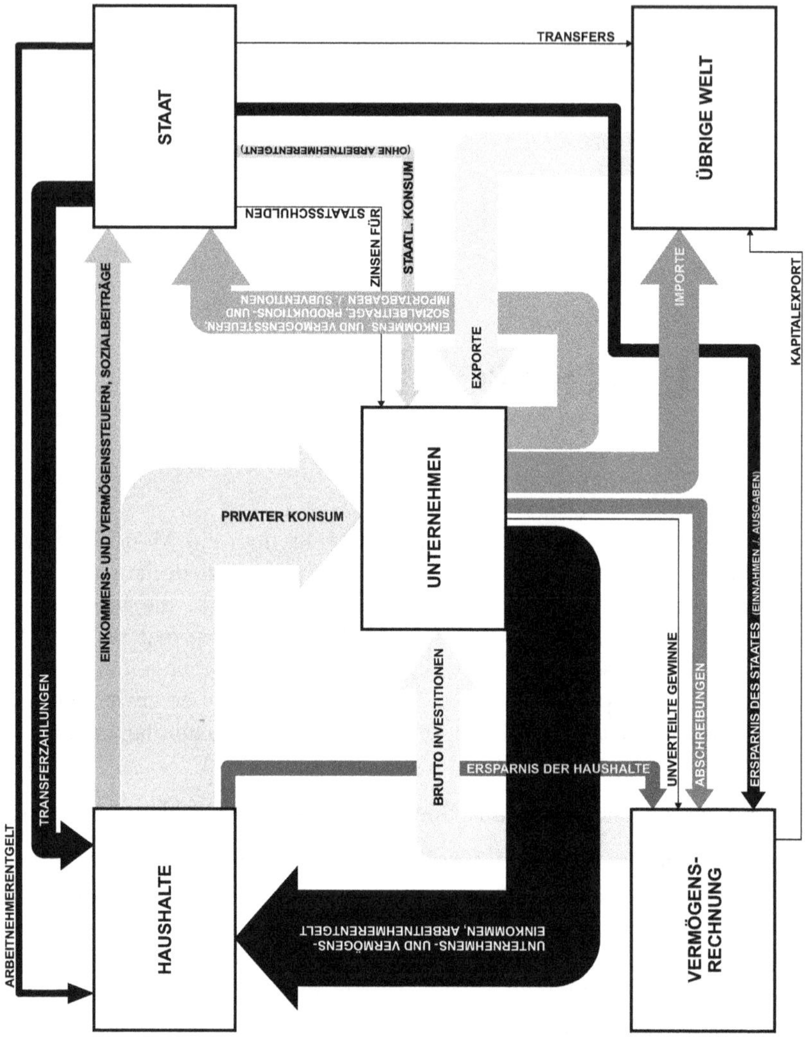

Abbildung 3.1: Der Wirtschaftskreislauf

Im Sektor **Unternehmen** sind alle (sonstigen) für den Markt produzierenden Wirtschaftssubjekte erfasst, die als Ziel die Erwirtschaftung von Gewinn oder zumindest Kostendeckung anstreben. Nach der ESVG gehören nur mehr die Kapitalgesllschaften (AG, GmbH) und die Personengesellschaften (OHG, KG) dazu, nicht mehr Einzelunternehmen und Selbständige.

Im Sektor **Staat** werden in der Regel die Gebietskörperschaften (Bund, Länder und Gemeinden), die Sozialversicherung, Hochschulen, Kammern u.ä. erfasst. Der Sektor Staat wird auch als „**Öffentlicher Haushalt**" bezeichnet.

Im Sektor **Übrige Welt** werden alle wirtschaftlichen Transaktionen zu ausländischen Wirtschaftseinheiten gebündelt.

Im Sektor **Vermögensrechnung**, der eigentlich ein **Vermögensänderungskonto** ist, werden nicht etwa irgendwelche Wirtschaftssubjekte zusammengefasst, sondern es handelt sich um ein Sammelkonto für Vorgänge, die eine Änderung des Volksvermögens darstellen (Ersparnis, Abschreibung, Investition).

Aufgabe der Volkswirtschaftlichen Gesamtrechnung ist es, ein solches System im Detail mit konkreten Zahlen zu versehen.

Eine besondere Form der Volkswirtschaftlichen Gesamtrechnung ist die Matrixdarstellung der **Input-Output-Rechnung**. Die inhaltliche Besonderheit besteht vor allem darin, dass der Sektor Unternehmen in einzelne Wirtschaftszweige laut amtlicher Statistik aufgespalten wird und somit auch die Lieferbeziehungen zwischen diesen Wirtschaftszweigen und innerhalb eines Wirtschaftszweiges aufgezeigt werden.

	INPUT ⇩ / OUTPUT ⇨	Vorleistungen				Endnachfrage					
		1 Wirtschaftszweig 1	2 Wirtschaftszweig 2	3 Wirtschaftszweig n	4 Zwischennachfrage (Summe 1–3)	5 Privater Konsum	6 Staatskonsum	7 Bruttoinvestition	8 Exporte	9 Gesamte Nachfrage (Summe 5–8)	10 Gesamter Output (Summe 4+9)
Vorleistungen	1 Wirtschaftszweig 1										
	2 Wirtschaftszweig 2										
	3 Wirtschaftszweig n										
	4 Summe 1–3										
Primäre Inputs	5 Abschreibungen										
	6 Nettoproduktionsabgaben (Produktions- und Importabgaben ./. Subventionen)										
	7 Arbeitnehmerentgelt										
	8 Unternehmens- und Vermögenseinkommen										
	9 Bruttowertschöpfung (Summe 5–8)										
	10 Importe										
	11 Gesamter Input (Summe 4+9+10)										

Abbildung 3.2: Das Input-Output-Schema

Die „**Klassifikation der Wirtschaftszweige**" (**WZ 2008**) ist die europäisch harmonisierte Grundsystematik des Statistischen Bundesamtes. Die WZ 2008 ist auf der ersten Ebene in die Abschnitte A bis U unterteilt (vgl. Abbildung 3.3).

Die 21 Abschnitte werden derzeit weiter in 88 Abteilungen, 272 Gruppen, 615 Klassen und 839 Unterklassen gegliedert (vgl. Abbildung 3.4).

	Abschnitte
A	Land und Forstwirtschaft, Fischerei
B	Bergbau und Gewinnung von Steinen und Erden
C	Verarbeitendes Gewerbe
D	Energieversorgung
E	Wasserversorgung; Abwasser- und Abfallentsorgung und Beseitigung von Umweltverschmutzungen
F	Baugewerbe
G	Handel; Instandhaltung und Reparatur von Kraftfahrzeugen
H	Verkehr und Lagerei
I	Gastgewerbe
J	Information und Kommunikation
K	Erbringung von Finanz- und Versicherungsdienstleistungen
L	Grundstücks- und Wohnungswesen
M	Erbringung von freiberuflichen, wissenschaftlichen und technischen Dienstleistungen
N	Erbringung von sonstigen wirtschaftlichen Dienstleistungen
O	Öffentliche Verwaltung, Verteidigung; Sozialversicherung
P	Erziehung und Unterricht
Q	Gesundheits- und Sozialwesen
R	Kunst, Unterhaltung und Erholung
S	Erbringung von sonstigen Dienstleistungen
T	Private Haushalte mit Hauspersonal; Herstellung von Waren und Erbringung von Dienstleistungen durch private Haushalte für den Eigenbedarf ohne ausgeprägten Schwerpunkt
U	Exterritoriale Organisationen und Körperschaften

Abbildung 3.3: Wirtschaftszweige

Gliederungsebene	Anzahl	Kode
Abschnitte	21	A-U
Abteilungen	88	01-99
Gruppen	272	01.1-99.0
Klassen	615	01.11-99.00
Unterklassen	839	01.11.0-99.00.0

Abbildung 3.4: Aufbau der WZ 2008
(Quelle: Statistisches Bundesamt; nicht alle Kodes sind besetzt)

Kapitel 4

Wirtschaftsverfassung und soziale Marktwirtschaft

Die Grundidee des klassischen **Wirtschaftsliberalismus** war die Forderung nach individueller Freiheit und Selbstbestimmung und geht auf **Adam Smith** (1723–1790) zurück.

Das Motto lautete: Laissez faire, laisser aller, le monde va de lui-même. Frei übersetzt: Lasst es machen und laufen, die Erde dreht sich von selbst.

Die Laissez-faire-Liberalen waren der Auffassung, dass dann, wenn jedes Individuum seine eigenen egoistischen Ziele zu erreichen versucht, automatisch auch der gesamtwirtschaftliche Wohlstand maximiert wird.

Egoismus und Profitstreben werden nicht nur toleriert, sondern als gesamtwirtschaftlich wünschenswert gefördert. Die Haushalte sollen sich bei ihren Konsumentscheidungen und die Unternehmen bei ihren Produktions- und Investitionsentscheidungen ausschließlich von Eigeninteressen leiten lassen.

Der Wohlstand der einzelnen und die Produktivität der Volkswirtschaft wird am besten gefördert, wenn das freie Spiel von Angebot und Nachfrage nicht durch dirigistische oder interventionistische Eingriffe des Staates gestört wird. Der Staat hat lediglich die wirtschaftliche Freiheit nach innen und außen zu garantieren und für die Verwaltung, die Rechtsordnung und die Infrastruktur zu sorgen.

Ferdinand Lasalle (1825–1864) sprach vom „**Nachtwächterstaat**" des Laissez-faire-Liberalismus.

Auf den ersten Blick scheint es sich beim klassischen Liberalismus um eine geradezu chaotische Wirtschaftsordnung mit Millionen von dezentral planenden Unternehmen und Haushalten zu handeln. Wer oder was sorgt für die Abstimmung der Einzelpläne, wer entscheidet über die Fragen was, wie und für wen produziert werden soll?

Die unsichtbare Hand („invisible hand"), welche die vorhandenen Produktionsfaktoren (Ressourcen) einer Volkswirtschaft in die Verwendung lenkt, die letztlich den Nachfragern den höchsten Nutzen stiftet, ist der **Preis**, der sich auf freien **Märkten** durch Angebot und Nachfrage bildet.

Die Koordination der Millionen von Einzelplänen erfolgt nicht durch eine zentrale Planungsinstanz, sondern durch den Marktmechanismus, der über den Regulator „Preis" Güter der optimalen Verwendung zuführt.

Der **Preis** zeigt die **Knappheit** der Güter an. Steigt die Nachfrage nach einem Gut, so wird bei kurzfristiger Konstanz des Angebots der Preis für dieses Gut steigen; der Produzent wird dann zur Maximierung seines Gewinns die Ausbringungsmenge erhöhen. Durch die Erhöhung seines eigenen Angebots sowie durch den Eintritt von Konkurrenzanbietern in den Markt wird der Preis ganz im Sinne der Konsumenten sinken, und es werden sich letztlich nur mehr diejenigen Unternehmen im Wettbewerb behaupten können, die am kostengünstigsten produzieren.

Dadurch wird erreicht, dass nur diejenigen Unternehmen knappe Produktionsfaktoren nachfragen, die diese mit höchster Rentabilität einsetzen können. Der Preis leitet die Produktionsfaktoren dorthin, wo sie besonders dringlich sind.

Die Nachfrager entscheiden letztlich durch ihre Käufe wie mit Stimmzetteln, was in einer Volkswirtschaft in welchen Mengen produziert wird.

Der **Wettbewerb** zwingt die Unternehmen fortwährend dazu, nach kostengünstigen Produktionsverfahren und Organisationsstrukturen, nach leistungsfähigeren Maschinen und nach neuartigen und besseren Materialien zu suchen.

Wie produziert wird, d. h. durch Einsatz welcher Produktionsfaktoren Güter erzeugt werden, hängt von der Relation der Preise des Produktionsfaktors Arbeit (Lohn), des Produktionsfaktors Kapital (Zins) und des Produktionsfaktors Boden (Grundrente) ab. Unternehmen mit dem Ziel der Gewinnmaximierung werden möglichst geringe Kosten anstreben. Ist z. B. der Produktionsfaktor Arbeit sehr teuer, wird – soweit möglich – Arbeit durch Kapital ersetzt.

Für wen in der Marktwirtschaft produziert wird, hängt von den erzielten Einkommen ab, da Güter nur derjenige kaufen kann, der Einkommen erzielt. Einkommen erzielt man nur, wenn man erfolgreich Produktionsfaktorleistungen anbieten kann. Wie hoch diese Einkommen aus Faktorleistungen sind, hängt einmal von der Menge und dem erzielten Preis für die Faktorleistung ab. Die Angebots- und Nachfragesituation auf den Faktormärkten entscheidet also über die Einkommenshöhe und damit auch, für wen produziert wird.

Wesentliche Merkmale einer marktwirtschaftlich-kapitalistischen **Wirtschaftsordnung** sind also:

- Konsumfreiheit

- Gewerbefreiheit

- Produktionsfreiheit

- Vertragsfreiheit

- Eigentum an Produktionsmitteln

- Leistungswettbewerb

- Dezentrale Planung

- Koordination der Einzelpläne über Märkte und Preise

Zwischen dem Modell einer marktwirtschaftlich-kapitalistischen Wirtschaftsordnung und historischen Realitäten wurde eine Reihe von Abweichungen offenkundig.
Der **Frühkapitalismus** in der Zeit der industriellen Revolution und der beginnenden Massenproduktion war geprägt von einem wachsenden Kapitaleinsatz. Die Anhäufung von Kapital in wenigen Händen bewirkte die Konzentration von wirtschaftlicher Macht. Die Vertragsfreiheit wurde auch zum Nachteil von Konkurrenten und Verbrauchern missbraucht. Absprachen zwischen Unternehmen beseitigten funktionsfähigen Wettbewerb und begünstigten die Monopolisierung der Märkte.
Die Konsumfreiheit, die Herrschaft der Konsumenten, wird dann in Frage gestellt, wenn die Bedürfnisse erst durch das Angebot geweckt werden.

Die liberale Vorstellung von unabhängigen, gleichberechtigten, selbständigen Individuen wurden durch ungleiche Einkommens- und Vermögensverteilungen konterkariert, da die Tatbestände, die auf der Grundlage des Leistungsprinzips zum Einkommens- und Vermögenserwerb führen, in der Bevölkerung ungleich verteilt sind (Geschicklichkeit, Intelligenz, Vermögen, Durchsetzungsvermögen usw.).

Bei **öffentlichen Gütern**, z. B. Rechtsordnung, Verwaltung, Verteidigung, Straßen, Hochwasserschutz, Leuchttürme, saubere Umwelt, versagt der Selbststeuerungsmechanismus (Marktversagen): individuelle Bedürfnisse werden nicht offen gelegt, da jeder hofft, diese Güter ohne Bezahlung mitbenutzen zu können, und somit würden diese Güter am Markt nicht angeboten. Da diese Güter aber gesellschaftlich notwendig sind, werden diese (zur Befriedigung kollektiver Bedürfnisse) vom Staat erstellt.
Öffentliche Güter sind dadurch charakterisiert, dass von deren Nutzung niemand ausgeschlossen werden kann oder soll (Nichtausschlussprinzip), und dass niemand schlechter gestellt wird, wenn gleichzeitig auch andere dieses Gut in Anspruch nehmen (Prinzip der Nichtrivalität). Bei Gütern wie z. B. Straßen oder einer Emissionen aufnehmenden Umwelt gilt das Prinzip der Nichtrivalität allerdings nur dann, wenn die Kapazitätsgrenzen nicht erreicht sind.

Der Selbststeuerungsmechanismus ist nur imstande, private Kosten und Erträge zu erfassen. Wenn ein Unternehmen durch Abwässer und Abgase die Umwelt schädigt, taucht dies in keiner privatwirtschaftlichen Bilanz auf, der Gesellschaft entstehen dadurch aber sogenannte **soziale Kosten**. Wünschenswert wäre, dass die verfügbaren Produktionsfaktoren so eingesetzt werden, dass die *Summe* aus privatwirtschaftlichen und sozialen Kosten minimiert wird.

Aus der Grundidee der rein marktwirtschaftlich-kapitalistischen Wirtschaftsordnung und den Abweichungen zwischen Modell und Wirklichkeit ist in der Bundesrepublik Deutschland die **Soziale Marktwirtschaft** entstanden. Entscheidende Vorarbeit haben die Ordoliberalen der „Freiburger Schule" (Eucken, Röpke, Rüstow u. a.) geleistet. Der Begriff stammt von Alfred Müller-Armack, der unter Ludwig Erhard Staatssekretär im Bundeswirtschaftsministerium war.

Eine Marktwirtschaft kann als sozial bezeichnet werden, wenn die leistungsorientierte Marktwirtschaft durch ein vielschichtiges System der sozialen Sicherheit ergänzt wird. Der Staat hat in der Sozialen Marktwirtschaft die Aufgabe, die Leistungsfähigkeit der Märkte zu erhalten und einen sozialen Ausgleich hinsichtlich Einkommen, Vermögen, Bildungschancen usw. zu schaffen.

Die gesellschaftlichen und wirtschaftlichen Aufgaben des Staates in der Sozialen Marktwirtschaft werden in der deutschen Literatur in Ordnungspolitik, Allokationspolitik, Prozesspolitik, Verteilungspolitik und Strukturpolitik gegliedert.

Die **Ordnungspolitik** besteht aus Gesetzen, Verordnungen und Richtlinien, die den Rahmen und die „Spielregeln" abstecken, in dem sich die wirtschaftlichen Aktivitäten der einzelnen Wirtschaftssubjekte und Gruppen entfalten können.
Im Grundgesetz haben sich die Verfassungsgeber auf eine bestimmte Wirtschaftsordnung nicht festgelegt, sondern auf eine nicht konkret definierte Mischform, die individuelle Freiheiten mit sozialen Verpflichtungen verbindet. Alle Menschen sind vor dem Gesetz gleich, jeder hat das Recht auf freie Entfaltung seiner Persönlichkeit, soweit er nicht andere Rechte verletzt. Alle Deutschen genießen Freizügigkeit, haben das Recht, Beruf, Arbeitsplatz und Ausbildungsstätte frei zu wählen. Das Eigentum und das Erbrecht werden gewährleistet. Sein Gebrauch soll zugleich dem Wohle der Allgemeinheit dienen. Eine Enteignung ist nur zum Wohle der Allgemeinheit zulässig und mit dem Recht auf Entschädigung verbunden. Nach Artikel 15 des Grundgesetzes können Grund und Boden, Naturschätze und Produktionsmittel zum Zwecke der Vergesellschaftung durch ein Gesetz, das Art und Ausmaß der Entschädigung regelt, in Gemeineigentum überführt werden.

Die Erkenntnis, dass der Wettbewerb ständig gefährdet ist, hat in der Bundesrepublik Deutschland im Jahre 1959 zum **Gesetz gegen Wettbewerbsbeschränkungen** (GWB, häufig kurz **Kartellgesetz** genannt) geführt.
Unter einem **Kartell** versteht man einen Vertrag zwischen juristisch und zum Teil auch wirtschaftlich selbständigen Unternehmen der gleichen Wirtschaftsstufe mit dem Ziel, den Wettbewerb zwischen den Vertragspartnern zu beschränken.
Nach dem GWB sind Kartelle grundsätzlich verboten; es gibt jedoch eine Reihe von im Gesetz aufgezählten Ausnahmen. Die Ausnahmen gehen soweit, dass praktisch das Kartellverbot die Ausnahme ist.

Gegen Wettbewerbsbeschränkungen kann das Kartellamt nur dann einschreiten, wenn Marktbeherrschung und Missbrauch der Marktmacht durch ein Unternehmen, eine Gruppe von Unternehmen oder einen Konzern vorliegen. Unter einem **Konzern** versteht man eine horizontale oder vertikale Zusammenfassung von mindestens zwei rechtlich selbständig bleibenden Unternehmen unter einheitlicher Leitung.

Weitere wettbewerbsordnende Gesetze sind das Gesetz gegen den unlauteren Wettbewerb (UWG), das Warenzeichengesetz und das Patentgesetz.

Zum Rahmen der **Ordnungspolitik** gehören ferner Gesetze, die die Geld-, Kredit- und Währungsordnung regeln und Gesetze, die die Arbeits- und Sozialordnung prägen – z. B. das Betriebsverfassungsgesetz, das Mitbestimmungsgesetz, Arbeitsschutzgesetze,

Kündigungsschutzgesetz, Tarifvertragsgesetz, Gesetze der sozialen Sicherung (Unfall, Krankheit, Arbeitslosigkeit, Altersversorgung), Ausbildungsförderungsgesetz.
In die Ordnungspolitik einzureihen sind auch Mieterschutzgesetze, Vermögensbildungsgesetze und Gesetze, die die internationale Zusammenarbeit regeln wie das Außenwirtschaftsgesetz, Verträge auf EU-Ebene, WTO (World Trade Organization), Internationaler Währungsfond u. a.

Unter **Allokationspolitik** versteht man alle staatlichen Aktivitäten und gesetzlichen Maßnahmen, die darauf gerichtet sind, die Gesamtkosten (privatwirtschaftliche und soziale Kosten) zu minimieren. Unter **Allokation** versteht man allgemein die Aufteilung und Verwendung der verfügbaren Ressourcen (Produktionsfaktoren). Im Rahmen der Allokationspolitik wird die vom Markt bestimmte Allokation durch Gesetze, Gebote und finanzpolitische Maßnahmen gesteuert und korrigiert (z. B. Umweltschutzgesetze, Subventionen für umweltfreundliche und energiesparende Produktions- und Recyclingverfahren, Finanzierung der Grundlagenforschung, staatliche Förderung von besonders risikoreichen, teuren und erst langfristig rentablen Großprojekten).
Zur Allokationspolitik gehören auch steuerpolitische Maßnahmen zur Einschränkung des privaten Verbrauchs, um die dadurch freiwerdenden Produktionsfaktoren zur Produktion und Bereitstellung öffentlicher Güter einsetzen zu können.

Im Rahmen der **Prozesspolitik** greift der Staat stabilisierend in den kurz- und langfristigen Wirtschaftsablauf ein. Allein aus der Tatsache, dass fast 50 Prozent des Nationaleinkommens durch die öffentliche Hand fließen und der Staat der größte Auftraggeber und Arbeitgeber ist, lässt sich der Einfluss des Staates auf den Wirtschaftsprozess ermessen. Nach dem **Stabilitätsgesetz** von 1967 sind Bund und Länder verpflichtet, ihre Finanz- und Wirtschaftspolitik nach den Zielen Preisniveaustabilität, Vollbeschäftigung, außenwirtschaftliches Gleichgewicht und angemessenes Wirtschaftswachstum auszurichten. Mit dem Stabilitätsgesetz schreibt der Gesetzgeber dem Staat eine antizyklische Finanzpolitik vor, d. h. bei nachlassender Konjunktur soll angekurbelt und bei einer Konjunkturüberhitzung gebremst werden.
Herausragende Bedeutung für die Prozesspolitik kommt der Europäischen Zentralbank (EZB) durch die Geldpolitik zu (vgl. Kapitel 6).
Einfluss auf die Lohnpolitik hat der Staat in direkter Weise nur bei den Lohnverhandlungen für den öffentlichen Dienst. Die **Tarifautonomie** liegt bei den Gewerkschaften und den Arbeitgeberverbänden.

Aufgabe der **Verteilungspolitik** ist es, eine Korrektur der marktwirtschaftlich zustandegekommenen Einkommens- und Vermögensverteilung vorzunehmen. Dies geschieht mit Hilfe der Steuerpolitik, mit Transferzahlungen (z. B. Sozialhilfe, Arbeitslosenhilfe), mit Sparprämien und Vermögensbildungsgesetzen.

Bei der **Strukturpolitik** unterscheidet man zwischen der regionalen und sektoralen Strukturpolitik.
Die regionale oder räumliche Strukturpolitik zielt auf die nachträgliche Beseitigung ungleicher Standort- und Wettbewerbsbedingungen einzelner Regionen.
Bei der sektoralen oder branchenbezogenen Strukturpolitik geht es um staatliche Hilfe für unverschuldet vorübergehend in Not geratene Wirtschaftszweige. Die Subventionierung eines Wirtschaftszweiges ist jedoch nur dann zu rechtfertigen, wenn langfristig

die begründete Aussicht besteht, dass die Branche zu einer bedarfsorientierten, wettbewerbsfähigen und rentablen Produktion zurückfindet.

Die Aufgabe des Staates in der sozialen Marktwirtschaft, einerseits die Leistungsfähigkeit der Märkte zu erhalten und andererseits eine Korrektur der Markteinkommen vorzunehmen, eröffnet der wirtschaftspolitischen Interpretation eine große Spannweite.

In einem mehr ordoliberalen Bild der Gesellschaft bleibt dem Staat nur die Aufgabe, den institutionellen Rahmen dafür zu schaffen, dass jeder Einzelne in Freiheit und Selbstverantwortung sein Glück anstreben kann, ohne das Unglück anderer zu verursachen. Das, was der Einzelne oder das kleinere Sozialgebilde aus eigener Initiative leisten kann, darf ihm nicht entzogen und der Gesellschaft übertragen werden (**Subsidiaritätsprinzip**). Bei der Ausgestaltung der sozialen Marktwirtschaft ging es (bis in die Sechzigerjahre) im Wesentlichen darum, die Freiheit der Märkte aufrechtzuerhalten und Beschränkungen des Wettbewerbs durch private Marktmacht und diskriminierende Praktiken (marktbeherrschende Unternehmen, Kartelle, Monopole) zu verhindern.

Der ordoliberalen Auffassung steht das Bild eines beschützenden und regulierenden Staates gegenüber, wobei die Überzeugung mitschwingt, dass der Staat besser als der einzelne Bürger weiß, worin sein Glück liegt oder was er anstreben soll. Es geht nicht mehr allein um den Schutz der Bürger von außen und der Abnahme von Risiken, die der Einzelne oder das kleinere Sozialgebilde auch bei Aufwendung aller Kräfte nicht mehr schultern können, sondern um die Zielformulierung „soziale Gerechtigkeit". Als Mittel zur Zielerreichung stehen Einkommenstransfers im Vordergrund (Umverteilung).

Kapitel 5

Preisbildung

5.1 Nachfrage der Haushalte

Ziel dieses Kapitels ist es, die individuelle Nachfragefunktion eines einzelnen Haushalts herzuleiten.

Sodann werden wir durch Addition sämtlicher individueller Nachfragefunktionen nach einem Gut die Gesamtnachfragefunktion für diesen Markt bilden.

Betrachten wir einen einzelnen Haushalt und nehmen wir der Einfachheit halber an, dass es nur zwei Güter gibt, die in den Begehrskreis des Haushalts fallen, nämlich das Gut 1 und das Gut 2.

Wovon wird nun die Nachfrage nach Gut 1 abhängen? Die nachgefragte Menge nach Gut 1 wird abhängen vom verfügbaren Einkommen, vom Preis des Gutes 1, vom Preis des Gutes 2 und von der subjektiven Nutzenvorstellung, die der Haushalt mit den Gütern 1 und 2 verbindet. Das Vermögen als Bestimmungsgröße für die Nachfrage lassen wir außer Betracht.

Die subjektive Nutzenvorstellung oder die **Bedarfsstruktur** eines Haushalts wird durch eine Schar von **Indifferenzkurven** zum Ausdruck gebracht (vgl. Abbildung 5.1).

x_1 und x_2 geben die nachgefragten Mengen nach Gut 1 (z. B. Äpfel) und Gut 2 (z. B. Birnen) an. Eine Indifferenzkurve ist der geometrische Ort aller Gütermengenkombinationen x_1, x_2, die dem Haushalt den gleichen Nutzen stiften.

Je weiter rechts eine Indifferenzkurve liegt, ein desto höheres Nutzenniveau gibt sie an. Drei Äpfel und vier Birnen repräsentieren ein höheres Nutzenniveau als zwei Äpfel und drei Birnen.

Mit der konvexen Krümmung der Indifferenzkurven unterstellt man, dass mit zunehmendem Konsum des gleichen Gutes der Nutzenzuwachs (**Grenznutzen**) jeder weiteren Einheit abnimmt (**1. Gossen'sches Gesetz**). Der Grenznutzen eines weiteren Apfels wird umso geringer sein, je mehr Äpfel bereits zuvor konsumiert worden sind.

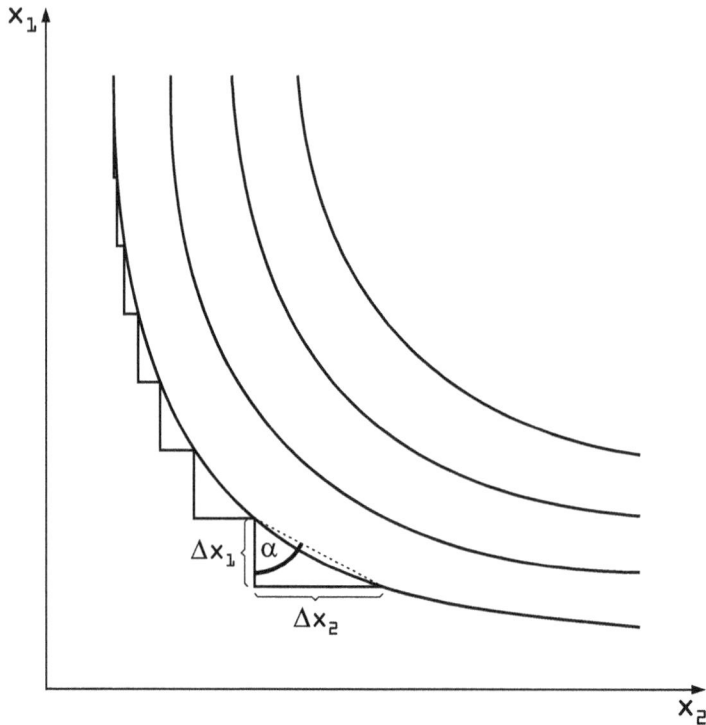

Abbildung 5.1: Indifferenzkurven

Die Menge des Gutes 2, deren Abgang den Zugang einer Mengeneinheit des Gutes 1 im Urteil des Haushalts gerade ausgleicht, nennt man die **Grenzrate der Substitution** von Gut 2 in Bezug auf Gut 1. Die Grenzrate der Substitution von Gut 2 durch Gut 1 nimmt bei fortgesetzter Substitution von Gut 2 durch Gut 1 ab. Bei fortgesetztem Austausch von Birnen durch Äpfel werden im Urteil des Haushalts Birnen relativ „wertvoller" (vgl. Abbildung 5.1).

Die Grenzrate der Substitution kann durch $\tan\alpha = \left|\frac{\Delta x_2}{\Delta x_1}\right|$ dargestellt werden. Betrachtet man nur infinitesimal kleine Änderungen von x_1 und x_2, schreibt man $\tan\alpha = \left|\frac{dx_2}{dx_1}\right|$; $\tan\alpha$ gibt dann den Anstieg in einem Punkt der Indifferenzkurve wieder.

Der Haushalt wird natürlich bemüht sein, auf eine möglichst weit rechts liegende Indifferenzkurve zu gelangen.
Seine Beschränkung stellt hierbei sein verfügbares Einkommen dar. Würde der Haushalt nichts sparen, so wäre sein verfügbares Einkommen mit der **Konsumsumme** identisch (y). Er kann damit maximal diejenigen Gütermengenkombinationen x_1, x_2 realisieren, die auf der sogenannten **Budgetgeraden**

$$y = p_1 x_1 + p_2 x_2$$

liegen; p_1 und p_2 sind hierbei die Güterpreise.

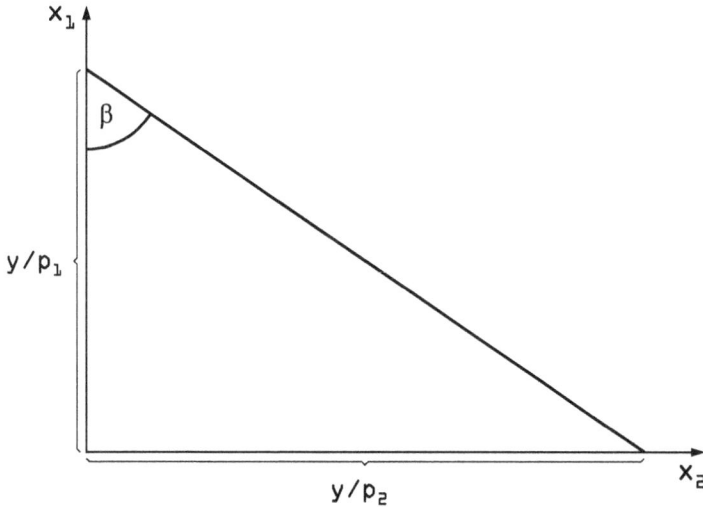

Abbildung 5.2: Budgetgerade

Wenn die nachgefragte Menge nach Gut 1 Null wäre, könnte der Haushalt von Gut 2 $\frac{y}{p_2}$ Mengeneinheiten nachfragen. Wäre die nachgefragte Menge nach Gut 2 gleich Null, so könnte der Haushalt mit seiner Konsumsumme $\frac{y}{p_1}$ Mengeneinheiten nachfragen. Die Steigung der Budgetgeraden kann durch $\tan\beta = \frac{\frac{y}{p_2}}{\frac{y}{p_1}} = \frac{p_1}{p_2}$ zum Ausdruck gebracht werden und gibt das Verhältnis der Güterpreise an.

Der Haushalt wird sein **Optimum** bei der x_1, x_2-Kombination erreichen, bei der die Budgetgerade eine Indifferenzkurve tangiert (vgl. Abbildung 5.3), da er dann mit der gegebenen Konsumsumme von den möglichen Indifferenzkurven diejenige erreicht, die am weitesten rechts liegt und damit das für ihn maximal erreichbare **Nutzenniveau** erzielt.

In dem Punkt P_0, der das **Haushaltsoptimum (Haushaltsgleichgewicht)** repräsentiert, gilt dann $\tan\alpha = \tan\beta$, d. h.

$$\left|\frac{dx_2}{dx_1}\right| = \frac{p_1}{p_2}$$

Im Haushaltsoptimum verhält sich die Grenzrate der Substitution wie das umgekehrte Preisverhältnis.

Wenn z. B. in einem Punkt der Indifferenzkurve $\left|\frac{dx_2}{dx_1}\right| = \frac{2}{1}$ ist, so bedeutet dies, dass sich die **Grenznutzen** (GN) der beiden Güter umgekehrt zur Grenzrate der Substitution verhalten: $\frac{GN_1}{GN_2} = \frac{2}{1}$

Man kann die Bedingung für das **Haushaltsoptimum** also auch wie folgt schreiben:

$$\frac{GN_1}{GN_2} = \frac{p_1}{p_2}$$

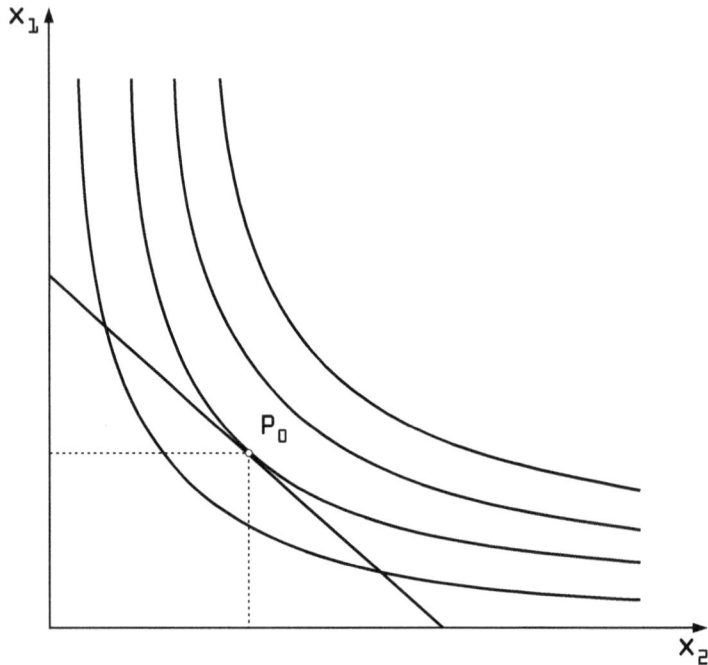

Abbildung 5.3: Haushaltsoptimum

bzw.

$$\frac{GN_1}{p_1} = \frac{GN_2}{p_2} = ... = \frac{GN_n}{p_n}$$

im n-Güter-Fall.

Verbal kann dieses Ergebnis so interpretiert werden, dass der Haushalt dann sein Nutzenmaximum erreicht, wenn der Grenznutzen jeder verausgabten letzten Geldeinheit bei allen Gütern gleich ist (**2. Gossen'sches Gesetz**).

Um die individuelle Nachfragefunktion unseres Haushalts nach Gut 1 herzuleiten, nehmen wir nun an, dass der Preis des Gutes 1 sinkt. Als Folge davon wird sich in unserem Modell die Budgetgerade nach rechts drehen (vgl. Abbildung 5.4).

Das neue Haushaltsoptimum wird dann durch P_1 bzw. bei weiteren Preissenkungen durch P_2, P_3 usw. gegeben, d. h. im Normalfall wird der Haushalt mehr Mengeneinheiten von Gut 1, aber auch von Gut 2 nachfragen.

Stellen wir diesen Zusammenhang durch ein Preis-Mengendiagramm dar, erhalten wir die **individuelle Nachfragefunktion** unseres Haushalts nach Gut 1 (vgl. Abbildung 5.5).

Die individuelle Nachfragefunktion gibt an, wieviel Mengeneinheiten von Gut 1 dieser Haushalt bei hypothetischen Preisen von Gut 1 nachfragen würde.

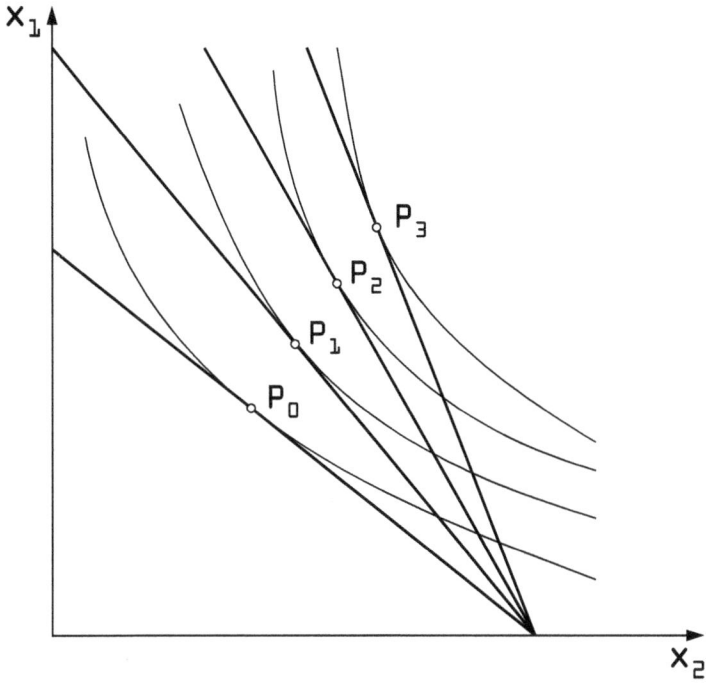

Abbildung 5.4: Preissenkung des Gutes 1

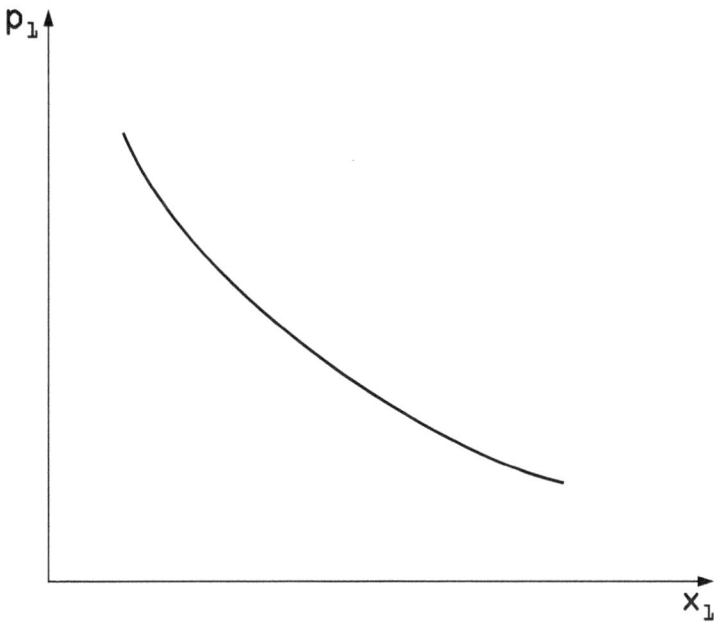

Abbildung 5.5: Individuelle Nachfragefunktion nach Gut 1

Die **Gesamtnachfragefunktion** auf dem Markt für Gut 1 bekäme man dann durch
Aufsummierung (Aggregation) sämtlicher individueller Nachfragefunktionen. In Abbildung 5.6 ist dies schematisch für nur drei Nachfrager dargestellt.

Bei sehr vielen Nachfragern gibt Abbildung 5.7 die **Gesamtnachfragefunktion** wieder.

Für Anbieter auf diesem Markt wäre es höchst wünschenswert, dass man den Verlauf
der Nachfragefunktion genau kennt. Da dies nicht der Fall ist, können Anbieter allenfalls
vermutete (konjekturale) Nachfragefunktionen bei ihren Überlegungen unterstellen. Eine Nachfragefunktion ist aus Sicht eines Anbieters eine **Preis-Absatz-Funktion**.

Von besonderem Interesse wäre hierbei für einen Anbieter die Kenntnis über die **Preiselastizität der Nachfrage**. Man stelle sich vor, der VW-Konzern überlegt, ob der
Preis für ein bestimmtes Modell erhöht werden soll.
Wenn der Preis z. B. um 5 Prozent erhöht würde und in Folge davon die nachgefragte
Menge um 10 Prozent zurückginge, würde der Umsatz (Erlös) $U = px$ zurückgehen

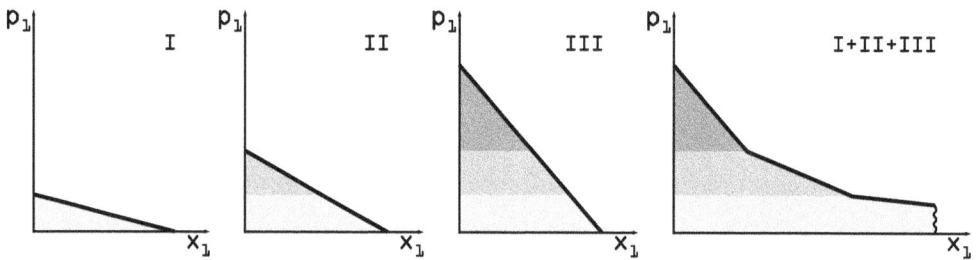

Abbildung 5.6: Gesamtnachfragefunktion nach Gut 1 für drei Nachfrager

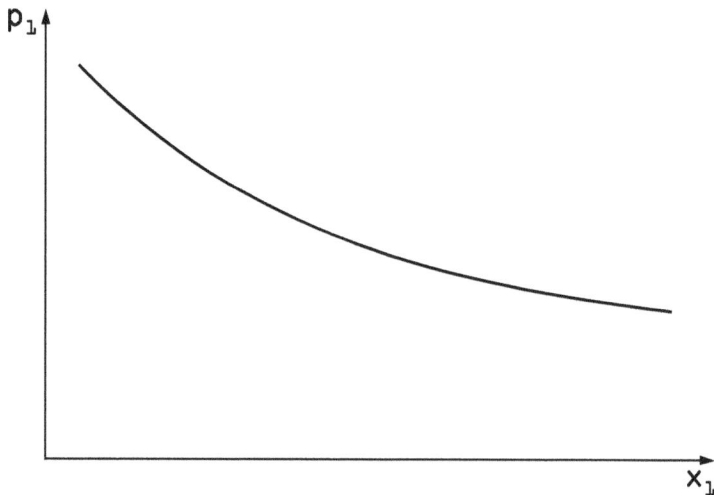

Abbildung 5.7: Gesamtnachfragefunktion nach Gut 1

und der Gewinn – bei als konstant unterstellten Kosten – schrumpfen. Der Wert für die Preiselastizität wäre in diesem unterstellten Beispiel -2. Würde dagegen bei einer Preiserhöhung um 5 Prozent die nachgefragte Menge nur um $2,5$ Prozent zurückgehen, wäre der Wert für die Preiselastizität $-\frac{1}{2}$. Der Umsatz und – bei konstanten Kosten – auch der Gewinn würden steigen.

Die **Preiselastizität** η ist definiert als das Verhältnis zwischen der relativen Änderung der mengenmäßigen Nachfrage und der sie bewirkenden relativen Änderung des Preises:

$$\eta = \frac{\frac{\Delta x}{x}}{\frac{\Delta p}{p}}$$

In jedem Punkt einer Nachfragefunktion erhält man in der Regel einen anderen Wert für die Preiselastizität.
Ist die Preiselastizität absolut (ohne Berücksichtigung des Vorzeichens) > 1, so spricht man von einer elastischen, ist dagegen die Preiselastizität < 1, so spricht man von einer unelastischen Nachfrage.

Es ist nochmals zu betonen, dass im allgemeinen mit den Begriffen „elastische-" bzw. „unelastische Nachfrage" nicht die gesamte Nachfragefunktion charakterisiert werden kann, sondern die Elastizität bei einem bestimmten Preis. Man spricht daher auch von „**Punktelastizität**". Nach einer auf **Alfred Marshall** zurückgehenden Regel kann die absolute Punktelastizität im Punkt P einer Nachfragefunktion durch den Quotienten der Strecken $\frac{\overline{OP}}{\overline{PR}}$ ermittelt werden (vgl. Abbildungen 5.8 und 5.9).

Ist die Preiselastizität bei jedem Preis gleich Null, so spricht man von einer vollkommen unelastischen Nachfrage. Vollkommen elastisch ist die Nachfrage dann, wenn die Nachfrager bei einem bestimmten Preis bereit sind, jede beliebige Menge nachzufragen.

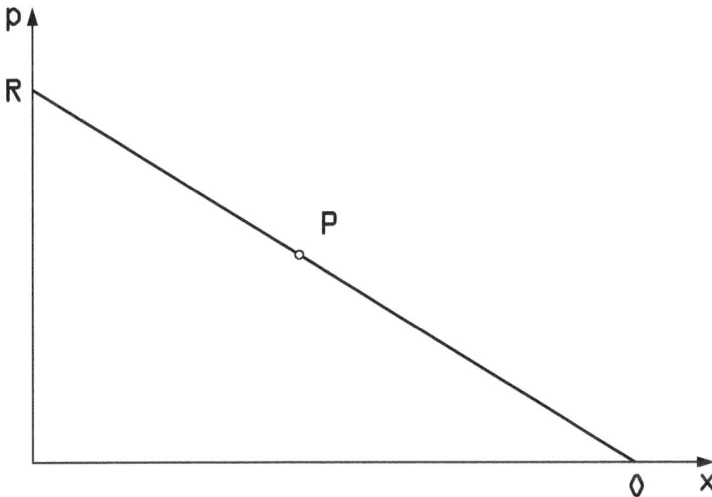

Abbildung 5.8: Absolute Preiselastizität bei linearer Nachfragefunktion

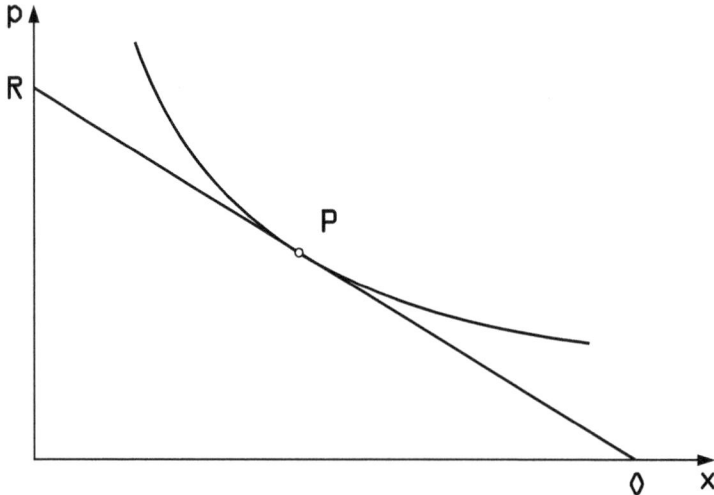

Abbildung 5.9: Absolute Preiselastizität bei nichtlinearer Nachfragefunktion

Wenn man wie bisher die relative Änderung der mengenmäßigen Nachfrage eines Gutes bei einer relativen Preisänderung eben dieses Gutes messen will, handelt es sich um die Messung der **direkten Preiselastizität**.

Mann kann sich allerdings auch dafür interessieren, wie die mengenmäßige Nachfrage eines Gutes auf die Preisänderung eines anderen Gutes reagiert.

Diese **Kreuz-Preiselastizität** ist definiert durch das Verhältnis zwischen der relativen Änderung der mengenmäßigen Nachfrage des Gutes A und der sie bewirkenden relativen Änderung des Preises des Gutes B bei Konstanz des Preises von Gut A:

$$\eta = \frac{\frac{\Delta x_A}{x_A}}{\frac{\Delta p_B}{p_B}}$$

In der Regel wird nun aus den Beziehungen zwischen Gütern auf das Vorzeichen der Kreuz-Preiselastizität geschlossen: Handelt es sich bei den Gütern A und B um **substitutive Güter** (gegenseitig ersetzbare, konkurrierende Güter, z. B. Gas und Heizöl), so ist der Wert der Kreuz-Preiselastizität positiv, d. h. die mengenmäßige Nachfrage nach Gut A nimmt bei steigendem Preis von Gut B (und konstantem Preis von Gut A) zu. Sind die **Güter** A und B **komplementär** (sich ergänzend, z. B. Flugbenzin und Sportflugzeuge), so ist der Wert der Kreuz-Preiselastizität negativ, d. h. die mengenmäßige Nachfrage nach Gut A nimmt bei steigendem Preis von Gut B (und konstantem Preis von Gut A) ab. Im konkreten Fall kann es schwierig sein zu beurteilen oder empirisch nachzuweisen, ob bzw. inwieweit sich ein Gut zu anderen substitutiv oder komplementär verhält. Handelt es sich bei Fahrrädern und Autos um substitutive oder komplementäre Güter? M.E. ist es daher bei zwei ins Kalkül gezogenen Gütern nicht im Voraus möglich, diese als substitutiv oder komplementär zu charakterisieren, sondern man bräuchte einen empirischen Befund über den Wert und das Vorzeichen der Kreuz-Preiselastizität.

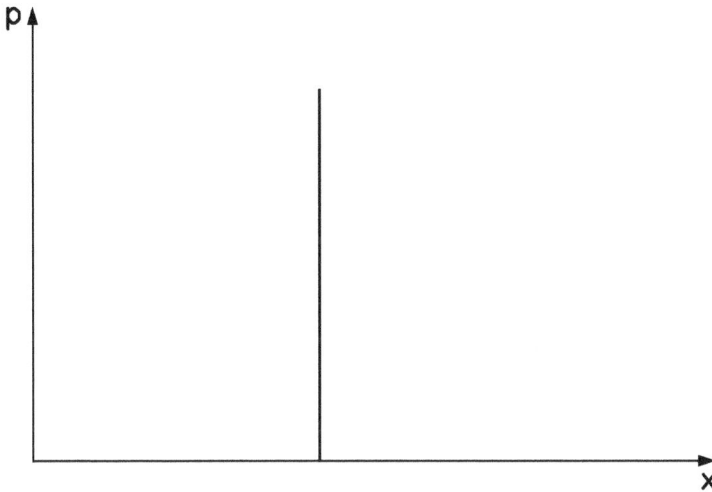

Abbildung 5.10: Vollkommen unelastische Nachfrage

Abbildung 5.11: Vollkommen elastische Nachfrage

5.2 Angebot der Unternehmen

Im folgenden Kapitel setzen wir voraus, dass die Unternehmen das Ziel der Gewinnmaximierung verfolgen. Ferner nehmen wir an, dass es auf dem betrachteten Markt sehr
viele Anbieter gibt und die Nachfrager vollkommene Marktübersicht (Markttransparenz) haben.

Wir unterstellen einen **vollkommenen Markt**, d. h. einen Markt, bei dem die Nachfrager weder sachliche, persönliche, räumliche noch zeitliche Präferenzen (Vorlieben)
für einen bestimmten Anbieter haben. Auf einem solchen Markt herrscht das **Prinzip**

der Unterschiedslosigkeit der Preise. Man bezeichnet diese Marktform auch als **vollständige Konkurrenz**.

Der einzelne Anbieter wird sich auf einem solchen Markt als **Mengenanpasser** verhalten, d. h. der Preis ist für ihn ein Datum, das er als einzelner nicht beeinflussen kann. Der Umsatz (Erlös) ist dann durch $U = px$, graphisch eine Gerade, gegeben. Ferner unterstellen wir zunächst eine ertragsgesetzliche Kostenfunktion (vgl. Kapitel 5.3), bei der die **Grenzkosten** (zusätzliche Kosten bei einer zusätzlichen Ausbringungseinheit) zunächst abnehmen und ab einer bestimmten Ausbringungsmenge zunehmen (vgl. Abbildung 5.12).

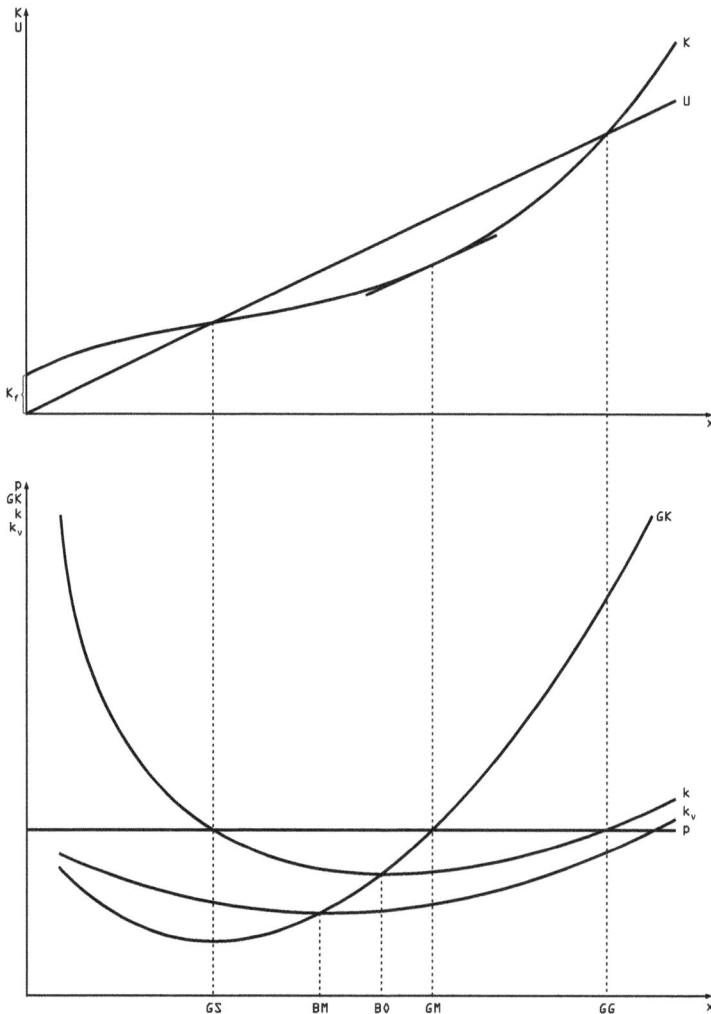

Abbildung 5.12: Gewinnmaximierung bei vollständiger Konkurrenz

Mit K werden die Gesamtkosten in Abhängigkeit von der Ausbringungsmenge x bezeichnet. Die Gesamtkosten K setzen sich aus den fixen Kosten K_f und den variablen Kosten K_v (Kosten, die von der Ausbringungsmenge abhängig sind) zusammen.

Der Gewinn G ist dann in dieser vereinfachten Darstellung die Differenz aus Umsatz und Kosten:

$$G = U - K$$

Die **gewinnmaximale Ausbringungsmenge** (vgl. Abbildung 5.12) liegt dort, wo die Differenz zwischen U und K am größten ist. Diese wiederum ist dann am größten, wenn zwischen der **Gewinnschwelle** GS (break-even-point) und der **Gewinngrenze** GG der Anstieg der Umsatzfunktion gleich dem Anstieg der Gesamtkostenfunktion ist. Ökonomisch gibt der Anstieg der Gesamtkostenfunktion nichts anderes als die Grenzkosten an (vgl. oben).

Der Anstieg der Umsatzfunktion gibt den **Grenzumsatz (Grenzerlös)** an. Der Grenzumsatz (Grenzerlös) ist der zusätzliche Erlös bei einer zusätzlichen Ausbringungseinheit, wobei wir voraussetzen, dass die produzierten Einheiten auch abgesetzt werden. Da der Preis für den Mengenanpasser eine Konstante ist, ist in diesem Fall der Grenzerlös gleich dem Preis.

Im unteren Teil der Abbildung 5.12 sind auf der senkrechten Achse die Grenzkosten GK, die totalen Durchschnittskosten k, die variablen Durchschnittskosten k_v und der Preis p abgebildet, der durch den Markt vorgegeben ist. Die Grenzkostenkurve schneidet die Kurven der variablen und der totalen **Durchschnittskosten** jeweils in ihrem Minimum.

Die Ausbringungsmenge, bei der die variablen Durchschnittskosten minimal sind, nennt man **Betriebsminimum** (BM), die Ausbringungsmenge, bei der die totalen Durchschnittskosten minimal sind, wird als **Betriebsoptimum** (BO) bezeichnet.

Im Betriebsoptimum liegt jedoch nicht die gewinnmaximale Ausbringungsmenge (GM). Erhöht man nämlich, ausgehend vom Betriebsoptimum, die Ausbringungsmenge um eine weitere Einheit (vgl. Abbildung 5.12), so erkennt man, dass der Preis (in diesem Fall gleich dem Grenzerlös) höher ist als die Grenzkosten der weiteren Einheit. Solange der Preis die Grenzkosten übersteigt, wird man die Ausbringungsmenge erhöhen, weil immer noch eine Gewinnsteigerung möglich ist. Erst dann, wenn eine weitere Ausbringungseinheit weniger erbringt als sie kostet, wird man die Ausbringungsmenge nicht mehr erhöhen. D. h. die **gewinnmaximale Ausbringungsmenge** wird dann erreicht sein, wenn die Grenzkosten gleich dem Preis sind (GM).

Wie können wir nun daraus die individuelle Angebotsfunktion eines Mengenanpassers ableiten?

Zu diesem Zweck stellen wir uns unterschiedliche hypothetische Preise p vor und überlegen, welche Menge der Mengenanpasser bei diesen hypothetischen Preisen anbieten würde. In Abbildung 5.13 haben wir die hypothetischen Preise p_1, p_2, p_3 und p_4 angenommen.

Wäre der Preis unterhalb von p_1, so wären nicht einmal die variablen Kosten gedeckt. Unser Unternehmen wird die Produktion einstellen. Beim Preis p_1 wären gerade die variablen Kosten gedeckt, nicht jedoch die fixen Kosten. Kurzfristig kann unser Unternehmen bei diesem Preis anbieten, langfristig jedoch ist die Produktion bei einem

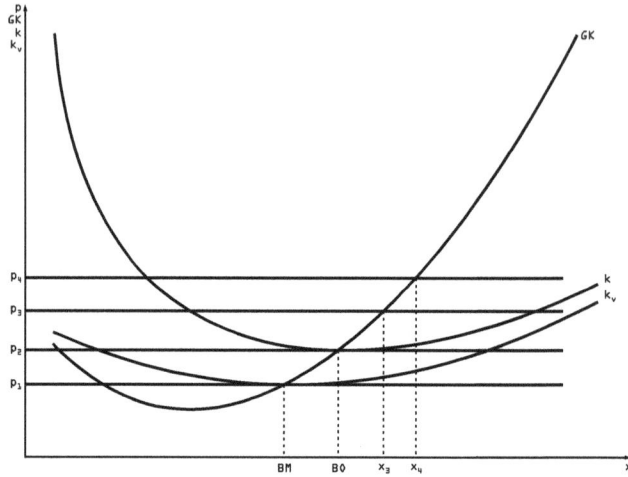

Abbildung 5.13: Individuelle Angebotsfunktion des Mengenanpassers

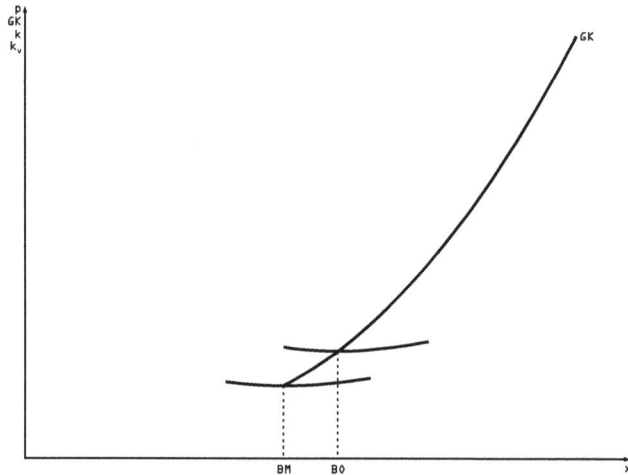

Abbildung 5.14: Kurzfristige individuelle Angebotsfunktion

Preis, der nur die variablen, nicht aber auch die fixen Kosten deckt, nicht durchzuhalten. Der Preis p_1 stellt also die kurzfristige Preisuntergrenze für den Anbieter dar.

Beim Preis p_2 werden die variablen und die fixen Kosten gerade gedeckt. Der Preis p_2 stellt die langfristige Preisuntergrenze für unseren Anbieter dar. (Man bedenke, dass in den Kosten auch ein kalkulatorischer Unternehmerlohn enthalten ist).

Beim Preis p_3 wird er die Menge x_3, beim Preis p_4 die Menge x_4 anbieten.

D. h., dass die **individuelle Angebotsfunktion** mit einem Teil der Grenzkostenfunktion identisch ist. Die kurzfristige Angebotsfunktion beginnt bei dem Preis, der dem

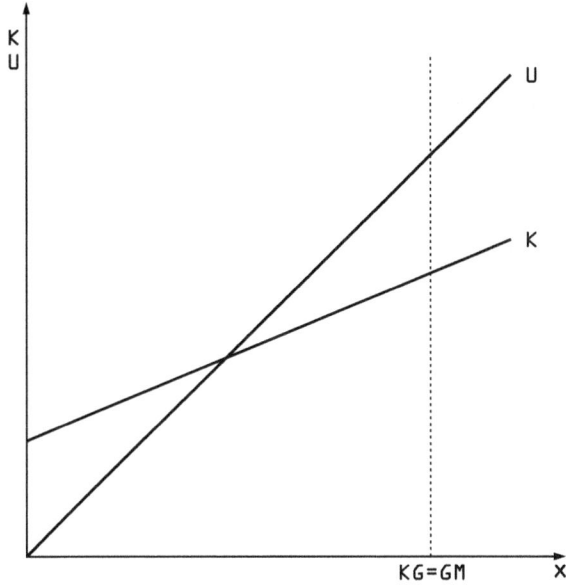

Abbildung 5.15: Gewinnmaximierung bei linearem Gesamtkostenverlauf

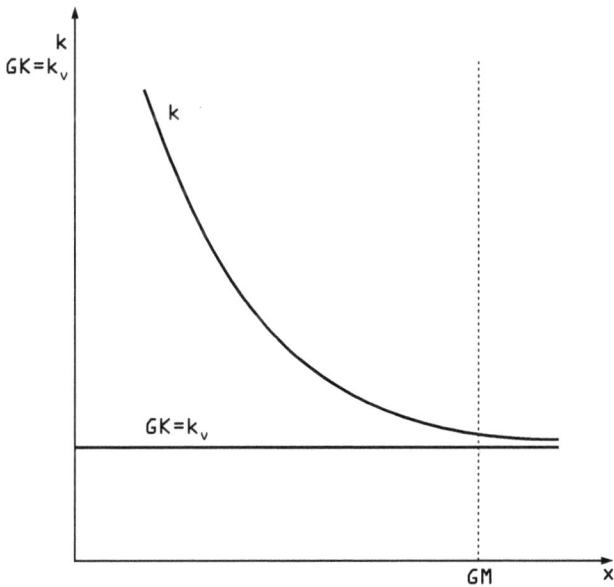

Abbildung 5.16: Gewinnmaximierung bei linearem Gesamtkostenverlauf

Minimum der variablen Durchschnittskosten (dem Betriebsminimum) entspricht. Die langfristige Angebotsfunktion beginnt bei dem Preis, der dem Minimum der totalen Durchschnittskosten (dem Betriebsoptimum) entspricht.

Bei *linearem* Gesamtkostenverlauf liegt die **gewinnmaximale Ausbringungsmen-ge** (GM) an der **Kapazitätsgrenze** (KG) (vgl. Abbildung 5.15 und Abbildung 5.16).

Das Gesamtangebot auf dem Markt für das betrachtete Gut erhalten wir (bei ertragsge-setzlichen Kostenfunktionen) durch Aggregation der individuellen Angebotsfunktionen. In Abbildung 5.17 ist die Aggregation für drei Anbieter dargestellt.

Bei sehr vielen Anbietern kann die **Gesamtangebotsfunktion** schematisch wie in Abbildung 5.18 dargestellt werden.

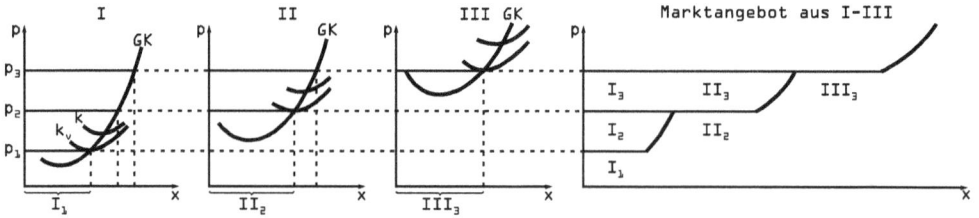

Abbildung 5.17: Aggregation der individuellen Angebotsfunktionen für drei Anbieter

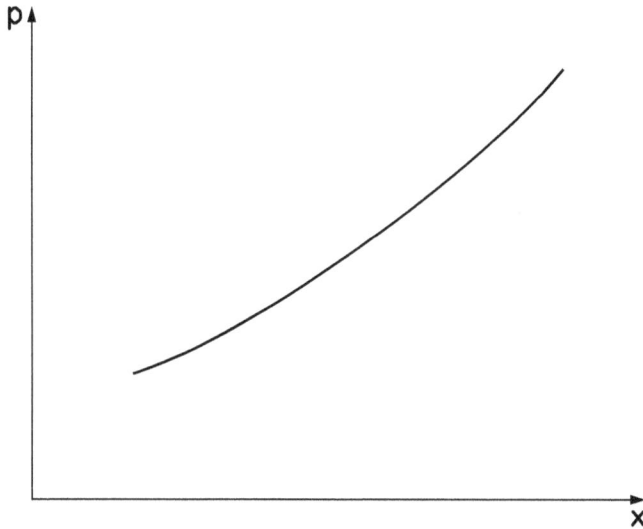

Abbildung 5.18: Gesamtangebotsfunktion

5.3 Produktions- und Kostenfunktionen

In Kapitel 5.2 wurde gezeigt, dass das Angebot der Unternehmen und die gewinnma-ximale Ausbringungsmenge u. a. von der **Kostenfunktion** abhängig sind.
Die Kosten wiederum sind einmal von den im Produktionsprozess eingesetzten Produk-tionsfaktormengen (Inputmengen) und den Preisen der Produktionsfaktoren abhängig.

Wir wollen daher der Frage nachgehen, durch welche produktionstechnischen Beziehungen es zu den in Kapitel 5.2 verwendeten Kostenfunktionen (vgl. Abbildung 5.12 auf Seite 36 und 5.15 auf Seite 39) kommt.

5.3.1 Produktionsfunktionen

Eine **Produktionsfunktion** beschreibt die Beziehung, die zwischen den in einen Produktionsprozess eingehenden Input und den aus diesem Produktionsprozess hervorgehenden Output besteht:

$$x = f(v_1, v_2, ..., v_n)$$

wobei

x – Outputmenge (Ertrag)

$v_1, ..., v_n$ – Inputmengen (Einsatzmengen, Produktionsfaktormengen) der Produktionsfaktoren $1, ..., n$

5.3.1.1 Produktionsfunktion mit linear-limitationalen Produktionsfaktoren

Limitational sind Produktionsfaktoren dann, wenn eine beliebige Outputmenge x stets den Einsatz von n Produktionsfaktoren in einem bestimmten Mengenverhältnis erfordert, d. h. die Inputmengen in einem technisch eindeutigen Verhältnis der Komplementarität stehen.

Bei *linearer* Limitationalität gibt es nicht nur eine einzige mengenmäßige Inputkombination, die zu einem Output führt (fixierte Limitationalität), sondern der Output variiert direkt proportional mit den Inputmengen.

Zur Produktion eines Autos benötigt man u. a. einen Motor, ein Lenkrad und vier Reifen. Für drei Autos benötigt man drei Motoren, drei Lenkräder und zwölf Reifen. Die Produktionsfunktion ist linear-limitational.

Die proportionale Beziehung zwischen Outputmenge und Inputmengen schreiben wir wie folgt:

$$v_1 = a_1 x;\ v_2 = a_2 x;\ ...;\ v_n = a_n x$$

$a_1, ..., a_n$ nennt man **Produktionskoeffizienten**. Diese geben die erforderlichen Inputmengen pro Outputeinheit an.

In Abbildung 5.19 ist für den Fall von nur zwei limitationalen Produktionsfaktoren die Produktionsfunktion graphisch dargestellt. Sämtliche Mengenkombinationen der Produktionsfaktoren 1 und 2, mit denen der mengenmäßige Output $x = 1$ hergestellt werden kann, liegen auf dem Linienzug QPR. Der Linienzug QPR stellt eine **Isoquante** dar. Eine Isoquante im Zweifaktorenfall ist der geometrische Ort aller v_1, v_2-Kombinationen, die zum selben Ouput (hier $x = 1$) führen.

Außer der v_1, v_2-Kombination in Punkt P sind alle anderen Punkte auf dem Kurvenzug QPR ineffizient.

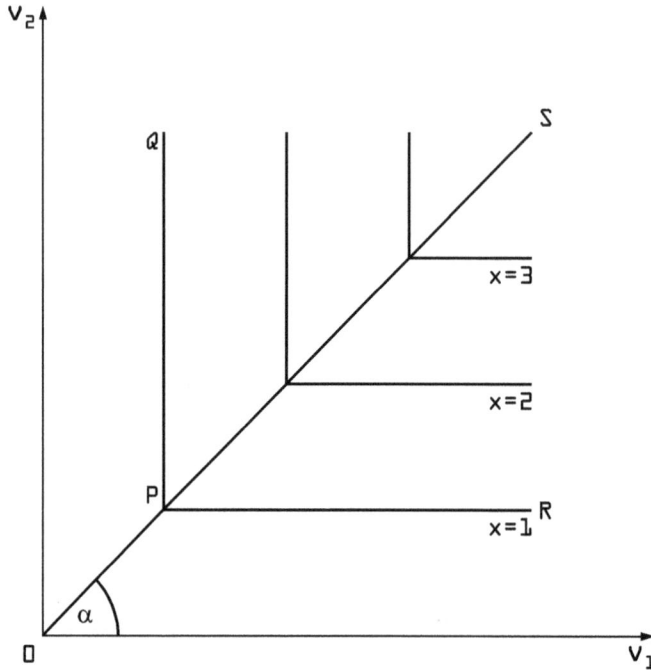

Abbildung 5.19: Linear-limitationale Produktionsfunktion

Alle effizienten Faktorkombinationen liegen auf der Strecke OS.
Der Prozessstrahl OS kann auch als „physische Ertragsfunktion bei Niveauvariati-on" oder „**Faktoranpassungskurve**" bezeichnet werden. Die Steigung des Prozess-strahls tan α ist gleich dem konstanten Einsatzverhältnis der Inputmengen v_2 und v_1.

5.3.1.2 Produktionsfunktion mit substitutionalen Produktionsfaktoren

Produktionsfaktoren werden als substitutional bezeichnet (z. B. Boden, Arbeit, Düngemittel, Saatgut bei der Getreideproduktion), wenn sie gegeneinander – zumin-dest innerhalb eines bestimmten Bereichs – ausgetauscht werden können, ohne dass davon der Output berührt wird. Bei kontinuierlich substituierbaren Produktionsfak-toren kann ein bestimmter Output mit unendlich vielen Faktoreinsatzkombinationen produziert werden.

5.3.1.2.1 Produktionsfunktion bei partieller Faktorvariation (Ertragsge-setz) Hierbei handelt es sich um eine Produktionsfunktion, die den Output in Ab-hängigkeit von der Inputmenge eines variablen Produktionsfaktors bei Konstanz der übrigen Produktionsfaktoren beschreibt:

$$x = f\left(v_1;\ v_2 = \text{const.};\ ...;\ v_n = \text{const.}\right)$$

Das Ertragsgesetz geht auf das Gesetz vom abnehmenden Bodenertrag von **Anne Robert Jacques Turgot** (1727–1781) zurück.

Bei isolierter Erhöhung der Einsatzmenge des variablen Faktors ergeben sich zunächst progressive Zuwächse des physischen Gesamtertrages (increasing returns to scale), dann (ab dem Wendepunkt der Ertragsfunktion; vgl. Abbildung 5.20) degressive Zuwächse (decreasing returns to scale) und schließlich (nach dem Maximum) ein absoluter Rückgang des Gesamtertrages (negative Ertragszuwächse).

In Abbildung 5.21 sind die (physische) Durchschnittsertrags- und die Grenzertragsfunktion gezeichnet. Der (physische) Grenzertrag ist derjenige zusätzliche Output, der sich ergibt, wenn die Einsatzmenge v_j des variablen Produktionsfaktors j um eine

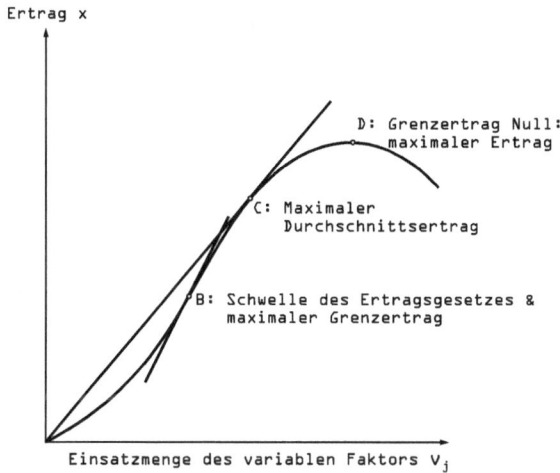

Abbildung 5.20: Ertragsgesetz

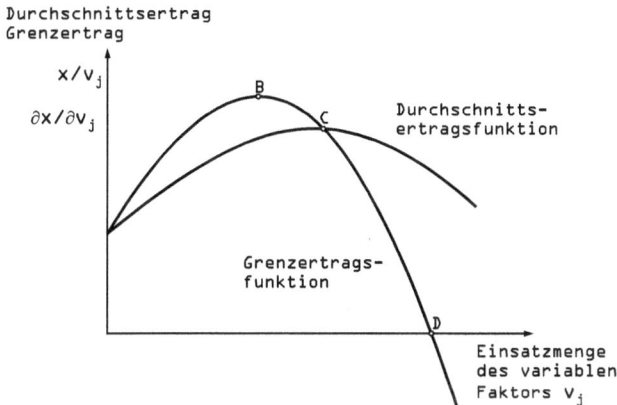

Abbildung 5.21: Durchschnitts- und Grenzertragsfunktion

(unendlich kleine) Einheit erhöht wird.

$$\frac{x}{v_j} \text{ Durchschnittsertrag;} \quad \frac{\partial x}{\partial v_j} \text{ Grenzertrag}$$

5.3.1.2.2 Produktionsfunktion mit zwei kontinuierlich substituierbaren Produktionsfaktoren

Ertragsgebirge Man unterstellt zwei kontinuierlich substituierbare Faktoren, wobei jeder bei partieller Faktorvariation zu einem ertragsgesetzlichen Verlauf des Outputs führen würde.

Die Produktionsfunktion $x = f(v_1, v_2)$ kann dann graphisch als „Ertragsgebirge" dargestellt werden (Neubäumer/Hewel 2005):

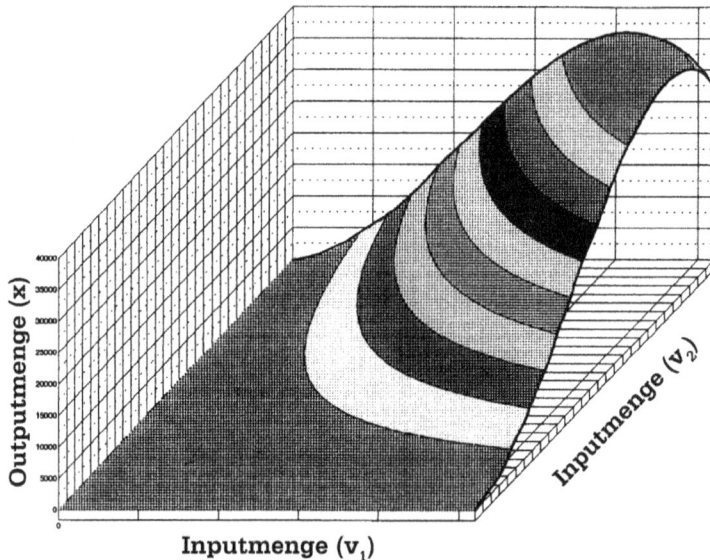

Abbildung 5.22: Ertragsgebirge

Isoquanten Bei einem horizontalen Schnitt durch das Ertragsgebirge und Projektion auf die v_1, v_2-Ebene erhält man jeweils eine Isoquante (vgl. Abbildung 5.23), d. h. den geometrischen Ort aller v_1, v_2-Kombinationen, die zum selben Output führen.

Innerhalb des „Substitutionsgebietes" (Abbildung 5.23) liegen effiziente, außerhalb ineffiziente v_1, v_2-Kombinationen. Innerhalb des Substitutionsgebietes ist ein betrachtetes Outputniveau aufrechtzuerhalten, wenn die Inputmenge eines Faktors erhöht und die Inputmenge eines anderen Faktors vermindert wird. Außerhalb des Substitutionsgebietes wäre ein betrachtetes Outputniveau nur dadurch aufrechtzuerhalten, indem die Inputmengen beider Faktoren erhöht würden.

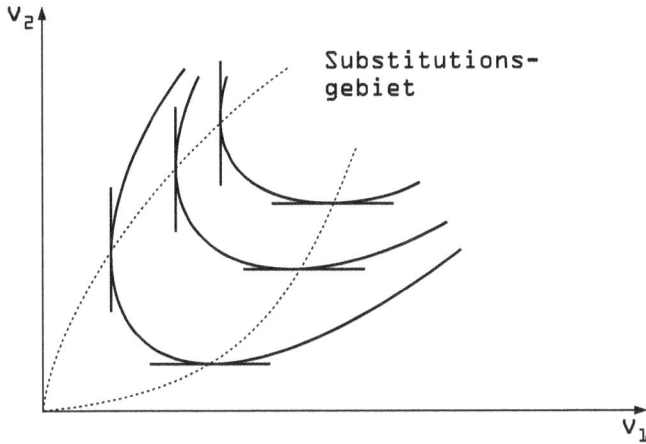

Abbildung 5.23: Substitutionsgebiet der Isoquanten

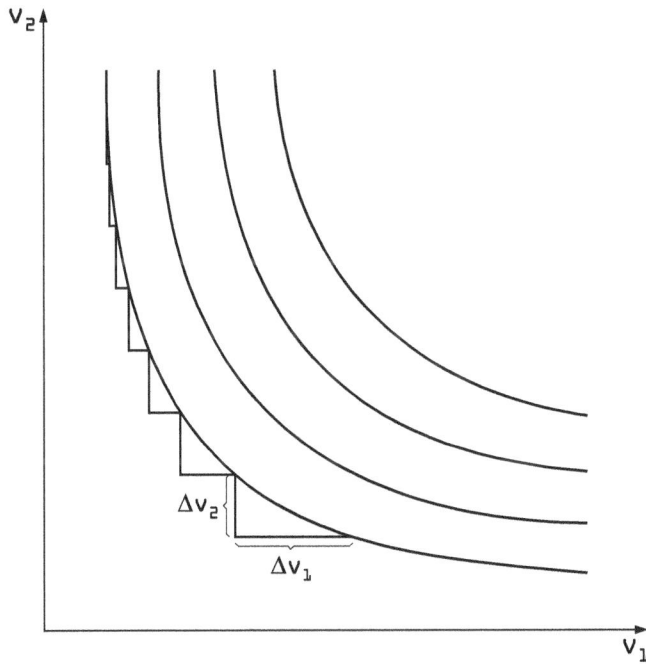

Abbildung 5.24: Technische Grenzrate der Substitution

Betrachten wir im folgenden den effizienten Teil einer beliebigen Isoquante etwas näher (vgl. Abbildung 5.24).

Der Quotient $\left|\frac{dv_1}{dv_2}\right|$ gibt die **technische Grenzrate der Substitution** des ersten Faktors durch den zweiten Faktor an, d. h. die Menge des ersten Faktors, deren Abgang den Zugang einer Mengeneinheit des zweiten Faktors gerade ausgleicht, also die Outputmenge unverändert lässt.

Die technische Grenzrate der Substitution des ersten Faktors durch den zweiten Faktor nimmt bei fortgesetzter Substitution ab (im konvexen Bereich der Isoquante).

Anders als im Fall linearer Limitationalität sind die **Grenzproduktivitäten** im Substitutionsgebiet in Bezug auf einen Faktor positiv:

$$\frac{\partial x}{\partial v_1} > 0 \qquad (v_2 = \text{const.})$$

$$\frac{\partial x}{\partial v_2} > 0 \qquad (v_1 = \text{const.})$$

Minimalkostenkombination Wir nehmen an, dass die Preise q_1 und q_2 der beiden Produktionsfaktoren 1 und 2 als Konstante gegeben sind. Wenn man sich auf der Isoquante $x = x_0$ in Abbildung 5.25 von Punkt P zu Punkt Q bewegt, sinken die Kosten um den Betrag $q_1 |\Delta v_1|$. Anderseits steigen die Kosten um den Betrag $q_2 |\Delta v_2|$.

Wenn $q_1 |dv_1| > q_2 |dv_2|$, lohnt sich der Übergang von P nach Q.

Die Minimalkostenkombination auf der Isoquante ist erst dann gefunden, wenn in einem Punkt gilt:

$$q_1 |dv_1| = q_2 |dv_2| \text{ bzw. } \left|\frac{dv_1}{dv_2}\right| = \frac{q_2}{q_1}$$

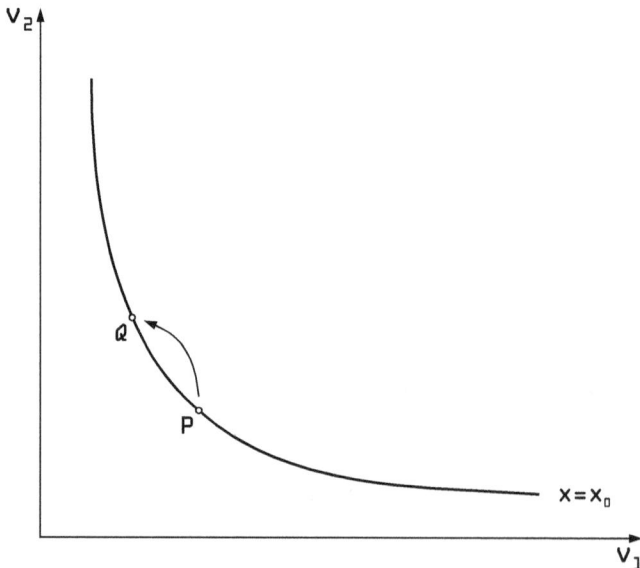

Abbildung 5.25: Kostenänderung durch Bewegung auf der Isoquante

Im Punkte der **Minimalkostenkombination** ist die technische Grenzrate der Substitution des ersten Faktors durch den zweiten Faktor gleich dem Verhältnis der Faktorpreise von q_2 zu q_1.

Bei gegebenem Kostenbudget K liegt die Minimalkostenkombination in dem Punkt, in dem die Isokostenlinie eine Isoquante gerade tangiert (Punkt o in Abbildung 5.26). Eine Isoquante, die ein höheres Outputniveau repräsentiert, ist bei gegebenem Kostenbudget nicht erreichbar.

Eine **Isokostenlinie** ist der geometrische Ort aller v_1, v_2-Kombinationen, die die gleichen Gesamtkosten $K = v_1 q_1 + v_2 q_2$ verursachen.

Je größer das Kostenbudget, desto weiter sind die Isokostenlinien vom Ursprung entfernt.

Würde man nur den Produktionsfaktor 1 oder nur den Faktor 2 bei gegebenem Kostenbudget und gegebenen Faktorpreisen nachfragen, könnte man $\frac{K}{q_1}$ oder $\frac{K}{q_2}$ Inputeinheiten des Faktors 1 oder des Faktors 2 beschaffen.

Die Steigung der Isokostenlinie erhält man daher durch

$$\tan \beta = \frac{\frac{K}{q_1}}{\frac{K}{q_2}} = \frac{q_2}{q_1}$$

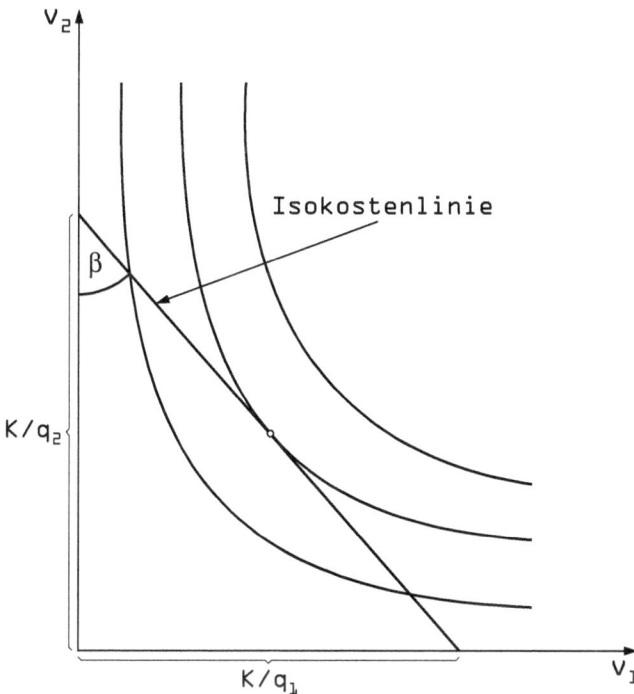

Abbildung 5.26: Isokostenlinie

Da die Steigung in einem Punkt der Isoquante durch die technische Grenzrate der Substitution gegeben ist, gilt somit in der **Minimalkostenkombination** (Punkt o in Abbildung 5.26):

$$\left| \frac{\mathrm{d}v_1}{\mathrm{d}v_2} \right| = \frac{q_2}{q_1}$$

Bei gegebenem Kostenbudget wird man also diejenige v_1, v_2-Kombination wählen, bei der diejenige Isoquante erreicht wird, die am weitesten vom Ursprung entfernt liegt.

Faktoranpassungskurve Werden die Minimalkosten der verschiedenen Produktmengen ermittelt und durch einen Kurvenzug miteinander verbunden, erhält man die Faktoranpassungskurve (**Expansionspfad; Minimalkostenkurve**).

Ertragsfunktion bei proportionaler Faktorvariation Wir fragen nun, wie sich die Outputmenge bei Änderung des Niveaus eines Prozesses ändert, wenn also sämtliche variablen Faktormengen eine Multiplikation um den jeweils gleichen Faktor λ erfahren.

Nehmen wir an, dass wir (im Zwei-Faktoren-Fall) die in der Ausgangssituation eingesetzten Faktormengen $\overline{v_1}$ und $\overline{v_2}$ um jeweils den Faktor λ erhöhen:

$$v_1 = \lambda\overline{v_1};\ v_2 = \lambda\overline{v_2}$$

Als Folge kann die Outputmenge x z. B. proportional mit der Erhöhung des Prozessniveaus (mit der Erhöhung von λ) wachsen.

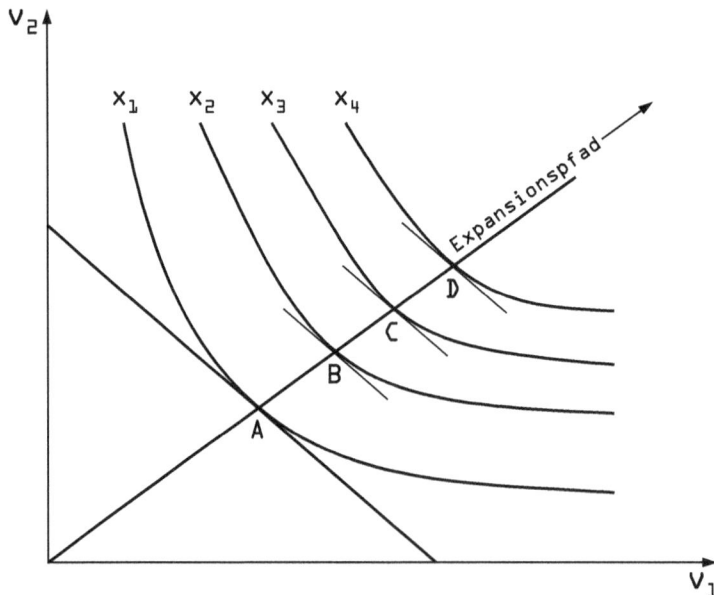

Abbildung 5.27: Expansionspfad

In diesem Fall spricht man von „**constant returns to scale**": $\frac{dx}{d\lambda}$ = const. Die Grenzkosten sind konstant

Wächst die Outputmenge x überproportional mit der Erhöhung des Prozessniveaus, spricht man von „**increasing returns to scale**": $\frac{dx}{d\lambda}$ nimmt mit wachsendem λ zu. Die Grenzkosten nehmen ab.

Wächst x unterproportional mit der Erhöhung des Prozessniveaus, spricht man von „**decreasing returns to scale**": $\frac{dx}{d\lambda}$ nimmt mit wachsendem λ ab. Die Grenzkosten nehmen zu.

Wenn bei einer Erhöhung des Prozessniveaus, d. h. bei einer Multiplikation der variablen Faktormengen um den jeweils gleichen Faktor λ sich die Outputmenge ebenfalls mit dem Faktor λ vervielfacht, sagt man, die Produktionsfunktion sei „homogen vom Grade 1" oder die „Skalenelastizität" sei 1. Man spricht dann auch von einer **linear-homogenen Produktionsfunktion**.

Jede Produktionsfunktion mit fester Skalenelastizität nennt man homogen. Die **Skalenelastizität** (**Niveauelastizität**) ξ ist definiert als das Verhältnis zwischen der relativen Änderung des Outputs x und der sie verursachenden relativen Änderung des Prozessniveaus:

$$\xi = \frac{\frac{dx}{x}}{\frac{d\lambda}{\lambda}}$$

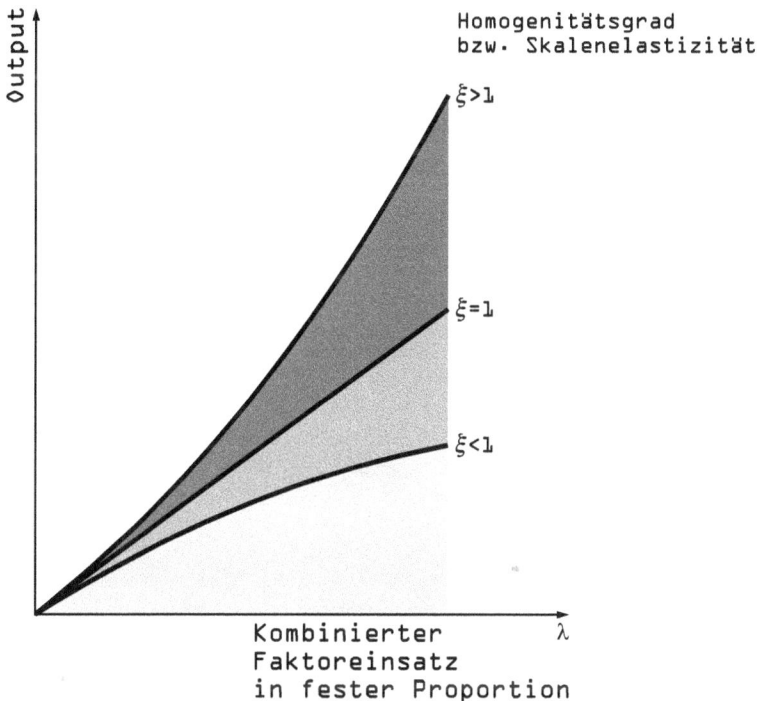

Abbildung 5.28: Ertragsfunktion bei proportionaler Faktorvariation

Nachfolgend ist allgemein eine **homogene Produktionsfunktion** vom Grade ξ formuliert:

$$x = f\left(\lambda \overline{v_1},\ \lambda \overline{v_2}\right) = \lambda^\xi \overline{x}\ \ (\xi > 0)$$

wobei $\overline{x}$ den Output bei $\lambda = 1$ und $\overline{v_1}$, $\overline{v_2}$ die in dieser Situation zum Einsatz kommenden Faktormengen bezeichnen.

Wenn $\xi = 1$, hat man konstante, bei $\xi > 1$ zunehmende und bei $0 < \xi < 1$ abnehmende **Skalenerträge** (vgl. Abbildung 5.28).

Bei homogenen Produktionsfunktionen genügt die Kenntnis einer einzigen Isoquante, um alle übrigen Isoquanten abzuleiten.

5.3.2   Kostenfunktionen

5.3.2.1   Kostenfunktion bei linear-limitationaler Produktionsfunktion

Die **Gesamtkosten** K ergeben sich bei gegebenen Faktorpreisen $q_1, ..., q_n$ aus

$$K = K_f + (q_1 v_1 + ... + q_n v_n)$$

wobei K_f die fixen Kosten, d. h. die von der Outputmenge unabhängigen Kosten, und der Klammerausdruck die variablen Kosten K_v, d. h. die von der Outputmenge abhängigen Kosten, kennzeichnen. Da $v_i = a_i x\ (i = 1, ..., n)$, ergibt sich

$$K = K_f + (q_1 a_1 + q_2 a_2 + ... + q_n a_n)\, x$$

wobei $a_1, ..., a_n$ die Produktionskoeffizienten (vgl. Kapitel 5.3.1.1) sind.

Die Gesamtkostenkurve K ist in Abbildung 5.29 dargestellt.

Die zugehörigen Grenz- und Durchschnittskostenkurven findet man in Abbildung 5.16 auf Seite 39.

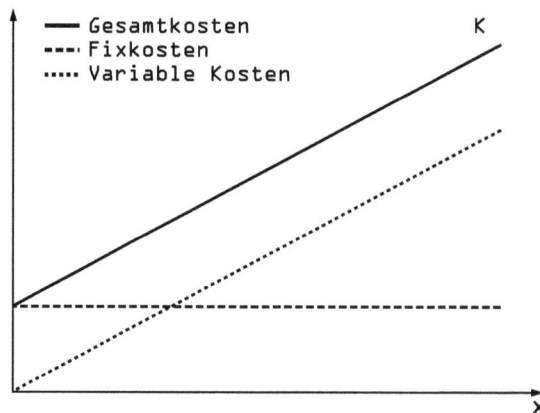

Abbildung 5.29: Kostenkurven bei linear-limitationaler Produktionsfunktion

5.3.2.2 Kostenfunktion bei Gültigkeit des Ertragsgesetzes

Die **Produktionsfunktion** bei partieller Faktorvariation lautete:

$$x = f\,(v_1;\ v_2 = \text{const.},\ ...,\ v_n = \text{const.})$$

Die Faktorpreise q_i $(i = 1,\ ...,\ n)$ werden als konstant unterstellt.

Die **monetäre Ertragsfunktion** kann dann wie folgt geschrieben werden:

$$x = f\,(v_1 q_1;\ v_2 q_2 = \text{const.},\ ....,\ v_n q_n = \text{const.})$$

bzw.

$$x = f\,(K) = f\,(K_v;\ K_f)$$

wobei K_v und K_f die variablen bzw. die fixen Gesamtkosten kennzeichnen.

Durch Umkehrung der monetären Ertragsfunktion $x = f\,(K)$ ergibt sich die **Gesamtkostenfunktion**

$$K = f^{-1}\,(x)$$

Graphisch erhält man somit die Gesamtkostenfunktion bei Gültigkeit des Ertragsgesetzes durch die Spiegelung der monetären Ertragsfunktion um die 45°-Linie (vgl. Abbildung 5.30).

Die zugehörigen Grenz- und Durchschnittskostenkurven findet man in Abbildung 5.12 auf Seite 36.

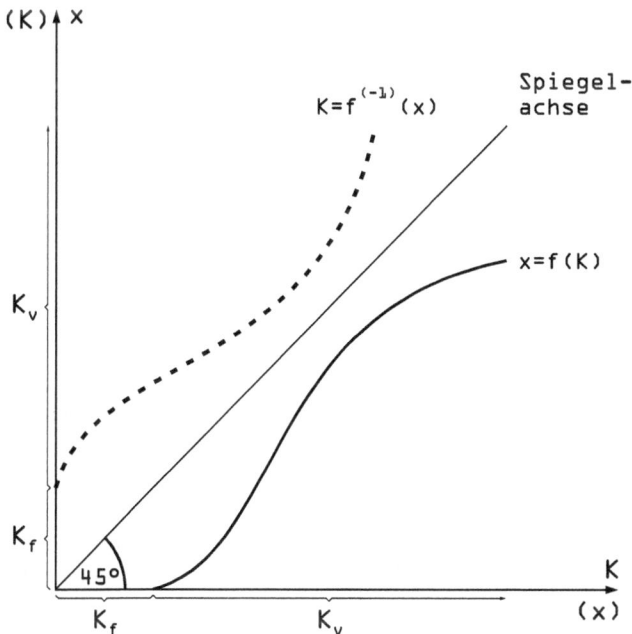

Abbildung 5.30: Monetäre Ertragsfunktion und Gesamtkostenfunktion

5.4   Marktformen

Ein **Markt** ist das Aufeinandertreffen von Angebot und Nachfrage. Welcher Preis auf einem Markt zustande kommt, hängt von den Verhaltensweisen und der Anzahl der Marktteilnehmer ab.

Klassifiziert man die Märkte nach der Anzahl der Teilnehmer, so kann man folgende Grundtypen unterscheiden (vgl. Abbildung 5.31):

Anbieter \ Nachfrager	viele	wenige	einer
viele	Vollständige Konkurrenz	Nachfrage-Oligopol	Nachfrage-Monopol
wenige	Angebots-Oligopol	Zweiseitiges Oligopol	Beschränktes Nachfrage-Monopol
einer	Angebots-Monopol	Beschränktes Angebots-Monopol	Zweiseitiges Monopol

Abbildung 5.31: Marktformen

5.5   Preisbildung bei vollständiger Konkurrenz

Wir setzen die Marktform der vollständigen (vollkommenen) **Konkurrenz** und normal verlaufende Nachfrage- und Angebotsfunktionen voraus.

Bei einem Preis von p_1 würde sich ein **Angebotsüberhang** ergeben. Bei einem Preis von p_2 würde sich ein **Nachfrageüberhang** ergeben. Bei dem Preis p_g wird der Markt geräumt, d. h. nur bei dem Preis p_g wird genau diejenige Menge nachgefragt, die auch angeboten wird.

Bei einer Kassakursfeststellung (Auktion) an der Aktienbörse würde der Kursmakler – diese Arbeit nimmt ihm mittlerweile der Computer ab – den Preis (Kurs) suchen, bei dem die größte Stückzahl x_g umgesetzt werden kann (da er dann die größtmögliche Provision erhält). Dies ist beim Gleichgewichtspreis p_g der Fall. Es gibt keinen anderen Preis, bei dem eine größere Stückzahl umgesetzt werden könnte.

Das **Marktgleichgewicht** ist also bei vollständiger Konkurrenz im Schnittpunkt der Angebots- und Nachfragefunktion gegeben.

Man bedenke, dass es eine ganze Menge von Nachfragern gibt, die bereit gewesen wären, einen höheren Preis als p_g zu bezahlen, nun aber in den Genuss kommen, „nur"

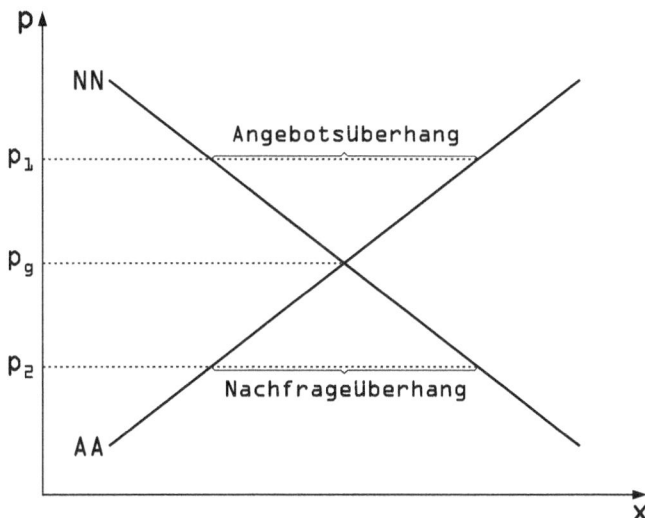

Abbildung 5.32: Preisbildung bei vollständiger Konkurrenz

p_g bezahlen zu müssen. Wenn z. B. jemand seiner Bank den Auftrag gegeben hat, ein bestimmtes Wertpapier zur Kasse zu kaufen mit Limit 85 und der Kassakurs wurde mit 84 festgestellt, so muss er nur 84 Euro und nicht 85 Euro bezahlen, obwohl er bereit gewesen wäre, auch für 85 Euro zu kaufen. Dieser Nachfrager hat im ökonomischen Sprachgebrauch eine Konsumentenrente in Höhe von 1 Euro erzielt (obwohl dieser Begriff für das Börsenbeispiel besser in Käuferrente umgetauft werden sollte).

Die insgesamt auf dem Markt erzielte Konsumentenrente bei vollständiger Konkurrenz ist in Abbildung 5.33 gekennzeichnet. Die **Konsumentenrente** ist der aufsummierte Geldbetrag, den die Käufer bereit wären, für eine bestimmte Gütermenge x_g über den Marktpreis p_g hinaus zu bezahlen.

Andererseits gibt es auch eine Reihe von Anbietern, die bereit gewesen wären, zu einem niedrigeren Preis als p_g zu verkaufen, nun aber in den Genuss kommen, den Preis p_g zu erzielen. Der aufsummierte Geldbetrag, zu dem die Verkäufer bereit gewesen wären, eine bestimmte Gütermenge x_g zu einem niedrigeren Preis als p_2 zu verkaufen, bezeichnet man allgemein als **Produzentenrente** (vgl. Abbildung 5.33).

Durch Erhöhung der Einkommen, Preissenkungen bei anderen Gütern oder einer Ver-änderung der Bedarfsstruktur zugunsten des betrachteten Gutes kann sich die Nachfra-gefunktion nach rechts verschieben. Bei Konstanz der Angebotsfunktion würde dann der Gleichgewichtspreis steigen.
Durch kostengünstigere Produktionsverfahren würde sich die Angebotsfunktion nach rechts verschieben. Bei Konstanz der Nachfragefunktion würde dadurch der Gleichge-wichtspreis sinken. Verschieben sich gleichzeitig Nachfrage- und Angebotsfunktion nach rechts, ist sowohl eine Erhöhung, eine Senkung oder im Grenzfall auch eine Konstanz des Gleichgewichtspreises denkbar.

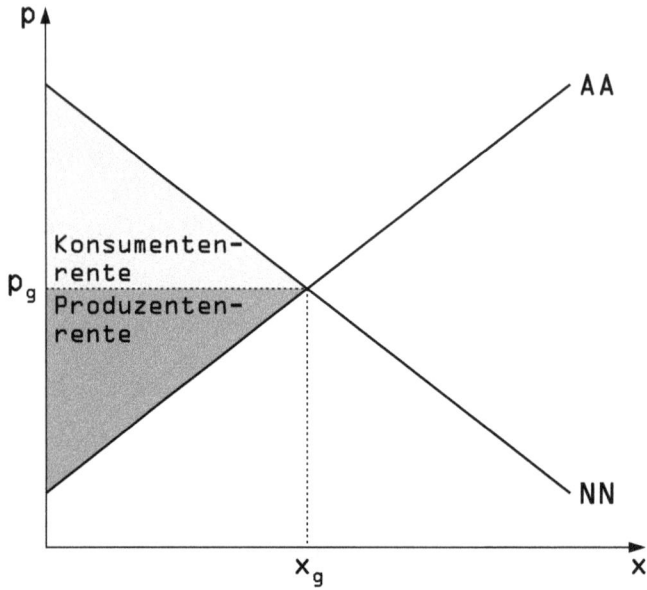

Abbildung 5.33: Konsumentenrente und Produzentenrente

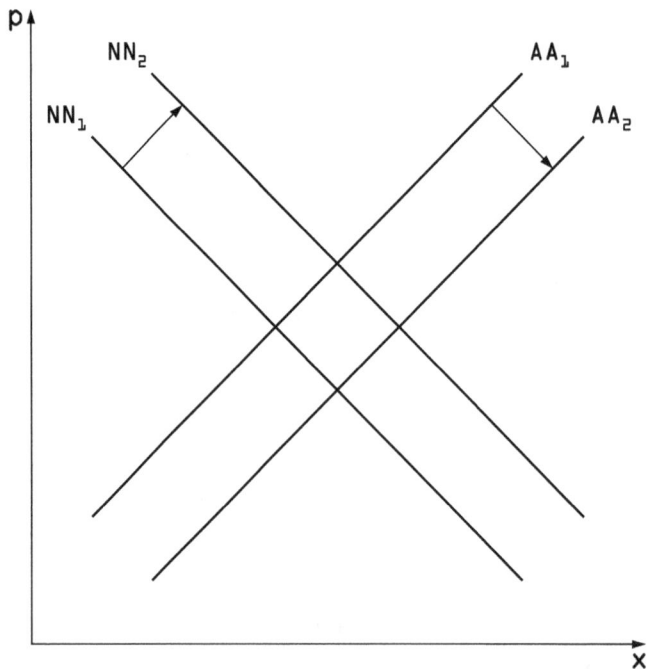

Abbildung 5.34: Verschiebung der Nachfrage- und Angebotsfunktion

5.6   Preisregulierung (Mindest- und Höchstpreise)

Wiederholt gab es in einigen Ländern staatlich verordnete Höchstpreise für Grundnahrungsmittel oder auch für Mieten.
Ein staatlicher **Höchstpreis** p_H (vgl. Abbildung 5.35) verursacht einen **Nachfrageüberhang**.

Diese Übernachfrage macht eine Verteilung durch staatliche Stellen erforderlich (**Rationierung**, Bezugsscheine, Wartelisten). Meist resultiert aus staatlichen Höchstpreisen ein „**schwarzer Markt**", auf dem dann ein höherer Preis verlangt und bezahlt wird. Das Angebot auf dem offiziellen Markt trocknet aus (leere Regale).

Bisherige historische Erfahrungen zeigen, dass durch Höchstpreisregelungen die Nachfrager letztlich nicht besser gestellt werden können.

Bei einem staatlich verordneten **Mindestpreis** p_M (vgl. Abbildung 5.35) sollen die Anbieter einen Vorteil erhalten. Man denke z. B. an einige Agrarprodukte in der EU.
Bei einem Mindestpreis entsteht ein **Angebotsüberhang**, der Produktionsfaktoren bindet, die bei freier Preisbildung für andere Verwendungen freigesetzt würden. Die Folgen von Mindestpreisen und dem daraus folgenden Angebotsüberhang sind staatliche Aufkäufe und Einlagerungen (Butterberg), Denaturierung (Wein zu Essig), Vernichtung, Sonderverkäufe, Subventionierung von Exporten, **Subventionen** für Kapazitätseinschränkungen u.ä.
Letztlich verursachen Mindestpreise in der Regel eine Verschwendung von volkswirtschaftlichen Ressourcen (Produktionsfaktoren).

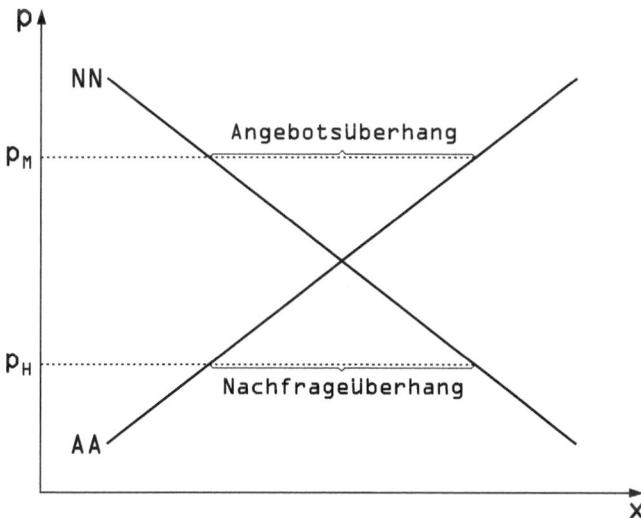

Abbildung 5.35: Höchst- und Mindestpreise

Wird versucht, die Mindestpreisregelung dadurch zu unterlaufen, dass man Angebots-
überhänge zu einem geringeren Preis anzubieten und nachzufragen versucht, spricht
man von einem „**grauen Markt**".

5.7 Preisbildung beim Angebotsmonopol

Von einem **Angebotsmonopol** spricht man dann, wenn viele Nachfrager einem Anbieter gegenüberstehen. Wir gehen von folgenden Voraussetzungen aus:

- Die vermutete **Preis-Absatz-Funktion** (Nachfragefunktion), der sich der Mono-
  polist gegenübersieht, verläuft linear.

- Ertragsgesetzliche Kostenfunktion.

- Die Absatzmenge ist eine Funktion des Preises: Je niedriger der Preis, desto höher
  ist die absetzbare Menge.

- Der Umsatz $U = px = f(x) x$.

- Der Gewinn $G = U - K$.

Der Gewinn ist bei der Preis-Mengen-Kombination am größten, bei der der senkrechte
Abstand zwischen Umsatz- und Kostenkurve am größten ist. Geometrisch kann diese
Preis-Mengen-Kombination dadurch gefunden werden (vgl. Abbildung 5.36), dass man
die Tangenten an die Umsatz- und die Kostenkurve sucht, die parallel verlaufen. Der
Anstieg der Tangente an die Umsatzkurve gibt bei infinitesimaler Betrachtung den
Grenzumsatz (Grenzerlös) an, d. h. denjenigen zusätzlichen Umsatz (Erlös), der
entsteht, wenn die abgesetzte Menge um eine (infinitesimal kleine) Einheit steigt. Der
Anstieg der Tangente an die Kostenkurve gibt die **Grenzkosten** an, die entstehen,
wenn die abgesetzte Menge um eine (infinitesimal kleine) Einheit steigt. Solange der
Grenzerlös größer ist als die Grenzkosten, ist es für den Monopolisten lohnend, sich
auf der Preis-Absatz-Funktion von links oben nach rechts unten zu bewegen, d. h. – im
Falle der Preisfixierung – einen niedrigeren Preis zu wählen, um mehr abzusetzen. Die
gewinnmaximale Preis-Mengen-Kombination ist erreicht, wenn der **Grenzerlös gleich
den Grenzkosten** ist. Eine weitere Preissenkung zur Absatzerhöhung lohnt dann nicht
mehr, wenn der Grenzerlös niedriger ist als die Grenzkosten. Die gewinnmaximale Preis-
Mengen-Kombination, die man auf der Preis-Absatz-Funktion ablesen kann, bezeichnet
man als **Cournot'schen Punkt**.

Denselben Zusammenhang können wir uns auch in Abbildung 5.37 veranschaulichen.
Wir haben dort neben der Preis-Absatz-Funktion die Grenzumsatzfunktion (GU) und
die Grenzkostenfunktion (GK) abgetragen. Bei der Absatzmenge, bei der die Tangente an die Umsatzkurve waagrecht verläuft, ist der Grenzumsatz (Grenzerlös) gleich
Null (vgl. Abbildung 5.37). An dieser Stelle ist der absolute Betrag der **Preiselastizität** gleich 1. (Eine infinitesimal kleine relative Preissenkung bewirkt eine relative
Erhöhung der Absatzmenge in gleichem Umfang, so dass der Grenzumsatz gleich Null

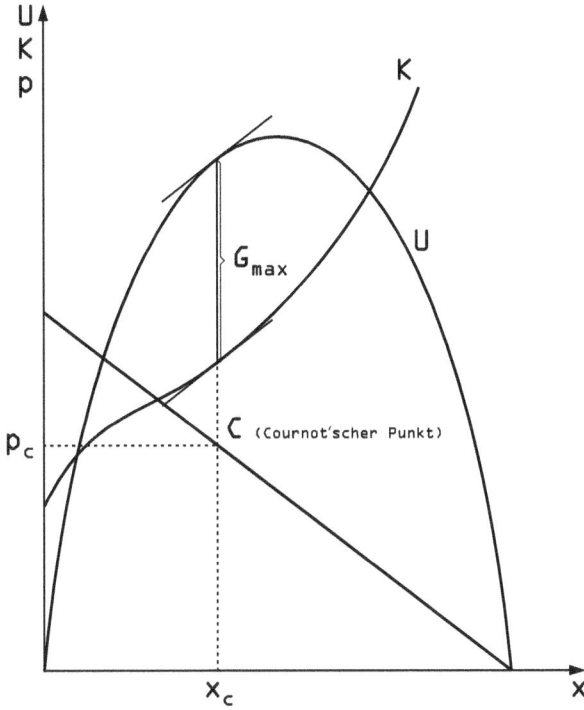

Abbildung 5.36: Gewinnmaximierung des Angebotsmonopolisten

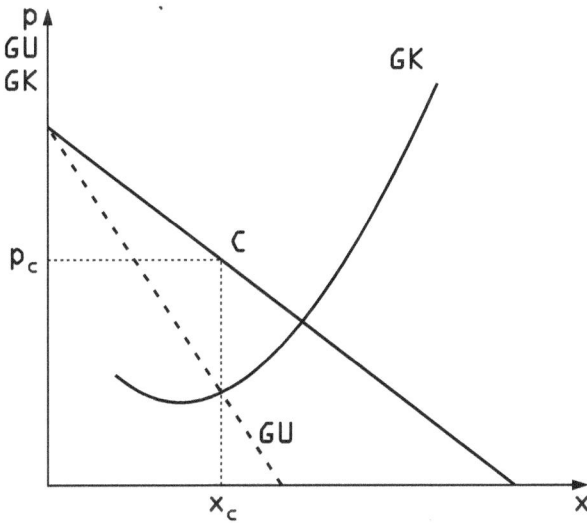

Abbildung 5.37: Gewinnmaximierung des Angebotsmonopolisten

ist). Auch in Abbildung 5.37 findet man den **Cournot'schen Punkt** auf der Preis-Absatzfunktion, und zwar bei der Preis-Mengen-Kombination, bei der der Grenzumsatz gleich den Grenzkosten ist.

5.8   Preisdifferenzierung

Für einen Monopolisten gibt es verschiedene Möglichkeiten, seine Gewinnsituation gegenüber der oben gezeigten noch zu verbessern.

Dies wäre möglich, wenn er bei sonst gleichen Voraussetzungen die Kosten senken könnte oder wenn es ihm gelänge, etwa durch absatzpolitische Maßnahmen (Werbung, Sales Promotion usw.) die **Preis-Absatz-Funktion** (**Nachfragefunktion**) nach rechts zu verschieben.

Drittens kann er eine Erhöhung des Gewinns dann erreichen, wenn er für sein Produkt unterschiedliche Preise fordern, also Preisdifferenzierung durchführen kann. Das ist möglich, wenn er seinen Markt in **Teilmärkte** spalten kann oder bereits Teilmärkte vorhanden sind.

Ein Markt kann nur dann gespalten werden, wenn eine

- **räumliche Differenzierung** (bei Differenzierung in In- und Ausland: Dumping),

- **zeitliche Differenzierung** (verschiedene Öffnungszeiten; Sommer- und Winterpreise; Tag- und Nachtstrom),

- **sachliche Differenzierung** (Markenware/Nichtmarkenware; partielle Preisdifferenzierung, wenn zu einem höheren Preis ein qualitativ besseres Gut angeboten

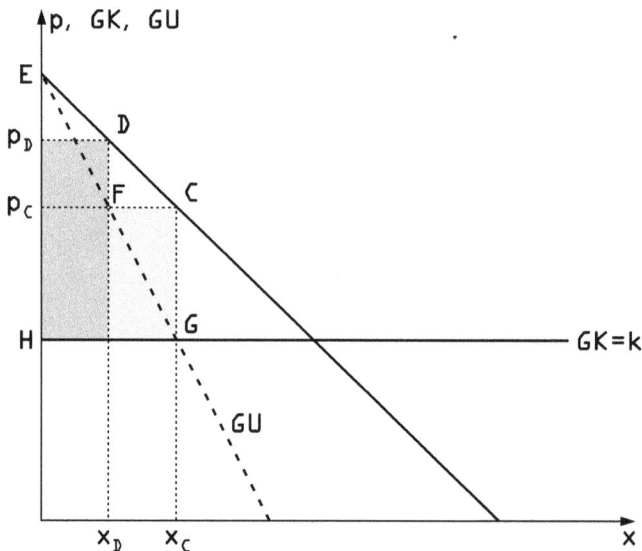

Abbildung 5.38: Deglomerative Marktspaltung

wird (1.Klasse/2.Klasse), die Preisdifferenz aber größer ist als die Kostensteigerung der Qualitätsverbesserung),

- **personelle Differenzierung** (bei Arzthonoraren; Eintrittspreisen)

möglich ist.

Betrachten wir einen Angebotsmonopolisten, der in der Ausgangssituation seinen Cournot'schen Punkt C realisiert hat. Im Unterschied zu Abbildung 5.36, nehmen wir zur Vereinfachung in Abbildung 5.38 an, dass die Gesamtkostenkurve unseres Angebotsmonopolisten linear verläuft und die fixen Kosten gleich Null sind. Daraus resultiert

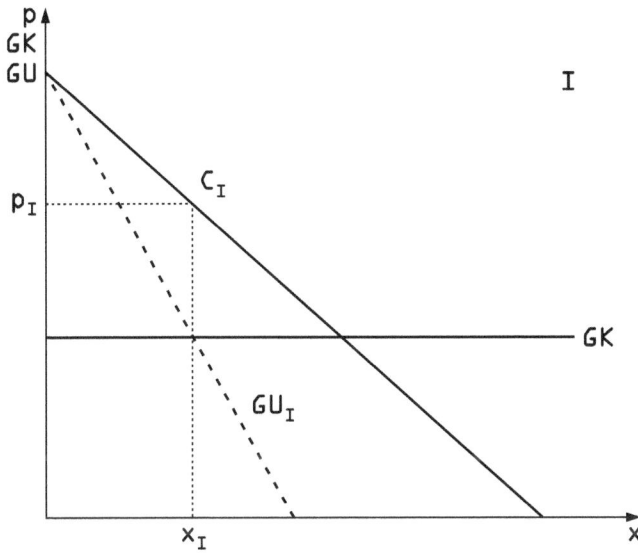

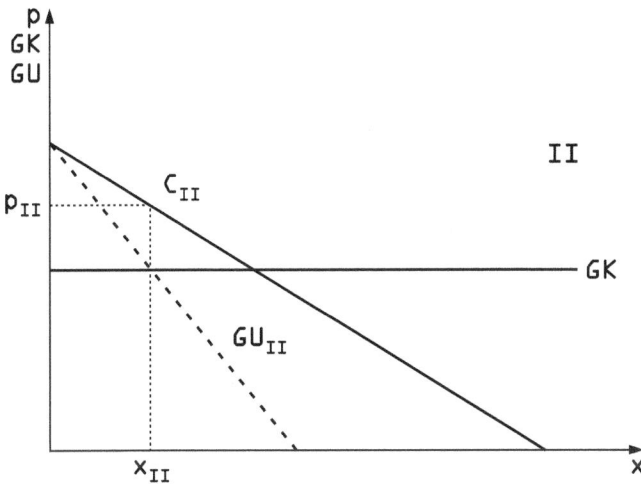

Abbildung 5.39: Agglomerative Marktspaltung

dann eine Grenzkostenkurve (GK), die parallel zur x-Achse (Absatzmenge) verläuft und mit der Kurve der totalen Durchschnittskosten (k) identisch ist.

Setzt nun der Anbieter nicht die Gesamtmenge x_C zum Preis p_C ab, sondern bei konstanten Grenzkosten die Menge x_D zum Preis p_D und die Menge $x_C - x_D$ zum Preis p_C ab, so wird die Konsumentenrente $p_C E C$ zum Teil abgeschöpft (vermindert), und zwar um $p_D D F p_C$. Wenn er p_D so wählen kann, dass der Grenzumsatz dort gleich dem Preis p_C ist, ist bei einer Marktspaltung in zwei Teilmärkte der Gewinn maximal, d. h. es würde die größte Fläche aus der Konsumentenrente „herausgeschnitten".
Der Gewinn des Angebotsmonopolisten wäre dann die Summe der beiden unterschiedlich graugetönten Flächen (vgl. Abbildung 5.38). Ohne Preisdifferenzierung wäre der Gewinn des Angebotsmonopolisten bei Realisierung des Cournot'schen Punktes C, also beim Absatz der Gesamtmenge x_C zum Preis p_C, wäre nur die Fläche des Rechtecks $p_C C G H$.
Könnte der Anbieter den Markt so aufspalten, dass er jedem einzelnen Nachfrager den Preis abverlangen könnte, den dieser gerade noch zu zahlen bereit wäre, hätte er die **Konsumentenrente** vollständig ausgeschöpft.
Die so skizzierte Aufspaltung eines Marktes in Teilmärkte nennt man **deglomerative Marktspaltung**.

Dagegen spricht man von einer **Marktagglomeration**, wenn die Teilmärkte bereits vorgegeben sind. Auf diesen sollen dann verschiedene Preise in der Weise gesetzt werden, dass der Gesamtgewinn ein Maximum wird.
Auf jedem der (z. B. zwei regional getrennten) Teilmärkte wird der Anbieter diejenige Preis-Mengen-Kombination suchen, bei der $GU_I = GK$ und $GU_{II} = GK$ ist, wobei wir unterstellen, dass das auf den Teilmärkten angebotene Gut in der gleichen Produktionsstätte, also mit denselben Kosten (bei Vernachlässigung von Transportkosten) hergestellt wird (vgl. Abbildung 5.39).

5.9 Preisindizes

Die Stabilität des Preisniveaus ist im Stabilitätsgesetz als erstes der dort genannten wirtschaftspolitischen Ziele genannt. Mit Geldwertstabilität verbindet man einerseits Beständigkeit, Glaubwürdigkeit und Rechtssicherheit. Zum anderen sichert Geldwertstabilität die Lenkungs- und Koordinationsfunktion des Preissystems und verhindert unerwünschte Verteilungswirkungen. Bei steigenden Preisen profitieren die Bezieher von preisabhängigen Einkommen, während die Bezieher von fixen (preisunabhängigen) Einkommen und Sparer die Benachteiligten sind.

Das **Preisniveau** kann man als gewogenen Durchschnitt aller Güterpreise betrachten. Die prozentuale Änderung des Preisniveaus wird üblicherweise als **Inflationsrate** bezeichnet. Man beachte allerdings, dass es *die* Inflationsrate nicht gibt, sondern eine Vielzahl von **Preisindizes**, die je nach Fragestellung Inflationsraten für verscheidene Bereiche zum Ausdruck bringen.
Am bekanntesten sind Preisindizes für die Lebenshaltung. Während früher vom **Statistischen Bundesamt** Preisindizes für die Lebenshaltung auch für verschiedene Haus-

haltstypen berechnet wurden, wird jetzt nur mehr der **Preisindex für die Lebenshaltung „Aller privaten Haushalte"** (Verbraucherpreisindex für Deutschland)
ermittelt. Ferner berechnet das Statistische Bundesamt einen **Harmonisierten Verbraucherpreisindex (HVPI) für Deutschland**, für den die EU verbindliche Regeln
aufgestellt hat, damit Vergleiche der nationalen Inflationsraten erleichtert werden. Die
Wägungsschemata und Warenkörbe der nationalen HVPIs sind allerdings trotzdem
verschieden, um den nationalen Verbrauchergewohnheiten gerecht zu werden.

Für die **gesamte EU** als auch für die **Mitgliedsländer der Euro-Zone** wird vom
Europäischen Statistikamt (EUROSTAT) ein **HVPI-Gesamtindex** als gewoge-
ner Durchschnitt der nationalen HVPIs errechnet, wobei der private Verbrauch aus den
nationalen Volkswirtschaftlichen Gesamtrechnungen als Gewicht herangezogen wird.
Der HVPI für die Euro-Zone dient der Europäischen Zentralbank (EZB) als Referenz-
größe zur Messung der Inflationsrate im Euro-Währungsgebiet. Von „Inflation" spricht
die EZB dann, wenn der Gesamt-HVPI für die Euro-Zone eine Preissteigerung von mehr
als zwei Prozent anzeigt. Zusätzlich bedient sich die EZB des Konzepts der „Kernin-
flation". Bei der **Kerninflationsrate** handelt es sich im Wesentlichen um eine Inflationsrate, die um besonders stark schwankende Güterpreise (Energie, Nahrungsmittel)
bereinigt ist.

Das Statistische Bundesamt berechnet außer dem Verbraucherpreisindex für Deutschland und dem Harmonisierten Verbraucherpreisindex für Deutschland noch eine Reihe
von Preisindizes für Güter ausgewählter Wirtschaftszweige wie den Index der Erzeu-
gerpreise gewerblicher Produkte, den Index der Großhandelsverkaufspreise, den Index
der Einzelhandelspreise für den privaten Verbrauch, den Index der Einfuhr- und Aus-
fuhrpreise.

Bei der praktischen Verwendung statistischer Zeitreihen ökonomischer Daten wird von
realen und nominalen Größen bzw. Zeitreihen gesprochen. Man beachte, dass in diesem
Zusammenhang in der Regel mit „realen" Größen nicht Gütermengen gemeint sind,
sondern Größen, die zu Preisen eines bestimmten Basisjahres bewertet sind.

Den Vorgang, aus einer nominalen Größe eine reale zu berechnen, nennt man **Deflationierung** oder – sprachlich eigentlich unkorrekt – **Preisbereinigung**. Nehmen wir als
Beispiel an, es lägen für ein Produkt für fünf Jahre die Umsätze in jeweiligen Preisen
vor:

Jahr	1	2	3	4	5
Umsätze nominal (Mio EUR)	220	250	250	260	275
Index des Erzeugerpreises (Jahr 1 = 100)	100	103	105	109	116
Umsätze real (in Preisen des Jahres 1)	220	242,7	238,1	238,5	237,1

Abbildung 5.40: Deflationierung

Die reale Größe, d. h. die betrachtete Größe in Preisen des Basisjahres, erhält man also dadurch, dass man die nominale Größe durch einen passenden Preisindex teilt (und mit 100 multipliziert).

Bei der Deflationierung des Nationaleinkommens (Berechnung des realen Nationaleinkommnes aus dem nominalen Nationaleinkommen) wird übrigens nicht etwa der Verbraucherpreisindex herangezogen; die praktische Ermittlung ist verhältnismäßig kompliziert, so dass auf Spezialliteratur verwiesen werden muss.

Bei der Konstruktion und Berechnung von Preisindizes ist zu beachten, dass aus praktischen Gründen nur eine möglichst repräsentative Auswahl aus der großen Anzahl von vorhandenen Gütern in ihrer Preisentwicklung verfolgt wird (etwa 750 Sachgüter und Dienstleistungen beim Verbraucherpreisindex für Deutschland (Preisindex des Statistischen Bundesamtes für die Lebenshaltung „Aller privaten Haushalte"). Die in die Auswahl gelangten Güter bilden einen sogenannten **Warenkorb**.

Ferner hängt der Wert des berechneten Preisindex von der Berechnungsmethode ab. In der amtlichen Statistik werden in der Regel Laspeyresindizes verwendet. Zur Deflationierung von Daten der Volkswirtschaftlichen Gesamtrechnung werden auch Preisindizes nach Paasche konstruiert.

Während ein **Preisindex nach Laspeyres** unterstellt, dass im jeweiligen Berichtsjahr dieselben Güter gekauft wurden wie im Basisjahr, gibt ein **Preisindex nach Paasche** an, um wieviel der Preis im Durchschnitt gestiegen wäre, wenn in der Basisperiode bereits dieselben Güter gekauft worden wären wie im Berichtsjahr.

Zur Berechnung von Paascheindizes wäre also der Warenkorb ständig zu ändern. Eine laufende Veränderung würde nicht nur zusätzliche Erhebungs- und Aufbereitungszeit verursachen, sondern es vor allem unmöglich machen, die durchschnittliche Preisentwicklung in verschiedenen Zeitperioden miteinander zu vergleichen. Dies erklärt auch, warum die amtliche Statistik in der Regel Laspeyresindizes verwendet. Selbst wenn der Warenkorb der Basisperiode beim Preisindex nach Laspeyres repräsentativ wäre, würde er im Zeitablauf immer unrealistischer werden, da sich in der Praxis die Art der gekauften Güter und deren gewichtsmäßige Zusammensetzung ändern. Deshalb führt die amtliche Statistik in Deutschland alle fünf Jahre (früher in unterschiedlichen Abständen nach vier bis acht Jahren) ein neues **Basisjahr** ein, d. h. sie stellt einen neuen Warenkorb zusammen. (Der Harmonisierte Verbraucherpreisindex HVPI hat kein einheitliches Wägungs-Basisjahr, sondern wird als Kettenindex konstruiert).

Aus den kurz skizzierten Zusammenhängen wird deutlich, dass Inflationsraten vor allem international nur bedingt miteinander vergleichbar sind. Die Lebensgewohnheiten und Produktionsstrukturen sind andere; die Inflationsrate wird dadurch beeinflusst, welche Güter in den Warenkorb aufgenommen werden; zugrundegelegte Warenkörbe können veraltet und die Berechnungsmethoden unterschiedlich sein.

Kapitel 6

Geld, Inflation und Deflation

6.1 Geldfunktionen und Geldwert

Während man in einer Naturalwirtschaft Güter gegen Güter tauschen müsste, tauscht man in einer Geldwirtschaft Güter gegen Geld und Geld gegen Güter.
Geld hat neben dieser Tauschmittelfunktion aber auch eine Funktion als Recheneinheit (allgemeiner Wertmesser) und als Wertaufbewahrungsmittel, mit dem Kaufkraft der Gegenwart in die Zukunft übertragen werden kann.

Als **Geld** kann praktisch jedes Gut dienen, das bestimmte Eigenschaften hat. Es muss teilbar, unverderblich, leicht und billig herstellbar, leicht transportierbar und vor allem allgemein anerkannt sein.
Geld muss keinen Eigenwert besitzen. Der Wert des Geldes besteht vielmehr in der Menge der Güter, die man dafür kaufen kann. Eine wachsende Gütermenge erfordert eine steigende Geldmenge. Erhöht sich allerdings das Tempo, in dem die Wirtschaftssubjekte über die vorhandene Geldmenge verfügen, d.h. erhöht sich die **Umlaufsgeschwindigkeit** des Geldes, kann dieselbe Gütermenge in derselben Zeit mit einer geringeren **Geldmenge** umgesetzt werden.

Die sogenannte **Quantitätsgleichung** (Irving Fisher, 1911)

$$G * U = H * P$$

wobei G die Geldmenge, U die Umlaufsgeschwindigkeit, H das Handelsvolumen (die zu bewegende Gütermenge) und P das Preisniveau darstellen, ist eine Identitätsgleichung, die in jedem Augenblick gilt, aus der aber keine eindeutigen Ursache-Wirkungs-Zusammenhänge ableitbar sind. Dennoch gab die Quantitätsgleichung Anlass zur Hypothese, dass ein direkter proportionaler Zusammenhang zwischen Geldmengenänderungen und Schwankungen des Preisniveaus besteht. Nach klassischer Ansicht ist Geld nur ein Schleier, der sich über den realwirtschaftlichen Bereich stülpt; eine Erhöhung der Geldmenge würde zwar zu einer allgemeinen Preiserhöhung führen, die Preisstruktur jedoch unverändert lassen. Die Preisstruktur werde nur durch den realen Bereich, d.h. durch die Produktionstheorie (Walrasianisches System) bestimmt.

Eliminiert man aus dem Handelsvolumen, das alle realen Transaktionen einer Volkswirtschaft enthält, diejenigen realen Transaktionen, die nicht Bestandteil der Endnachfrage sind (also z. B. Vorleistungen), so geht die Quantitätsgleichung in die Gleichung $G*U = Y_r*P$ über, wobei Y_r das reale Nationaleinkommen und Y_r*P das nominale Nationaleinkommen ist.

Nach klassischer Sichtweise berührt also eine Veränderung der Geldmenge nur das Preisniveau, nicht aber die relativen Preise und auch nicht andere realwirtschaftlichen Bereiche wie die Beschäftigung, das Wachstum oder die Allokation.

Die moderne Theorie der Geldnachfrage begann mit John Maynard Keynes (vgl. Kapitel 7).

Das **Preisniveau** und damit der **Geldwert** in einer Volkswirtschaft werden durch die gesamtwirtschaftliche Nachfrage und das gesamtwirtschaftliche Angebot bestimmt.

Die gesamtwirtschaftliche Nachfrage setzt sich aus der privaten Nachfrage nach Konsumgütern (C), der privaten Nachfrage nach Investitionsgütern (I), der Staatsnachfrage (A) und der Auslandsnachfrage (Ex), abzüglich der Nachfrage nach Importgütern (Im), zusammen. Die gesamtwirtschaftliche monetäre (geldliche) Nachfrage hängt ihrerseits auch von der Geldmenge und der Umlaufsgeschwindigkeit ab; die Geldmenge hängt u. a. vom Umfang der Kreditschöpfung ab. Das gesamtwirtschaftliche Angebot besteht aus dem Ergebnis aller Wertschöpfungprozesse im Inland (dem Inlandsprodukt).

6.2   Das Finanzsystem im Euro-Währungsgebiet

Das **Finanzsystem** hat die Aufgabe, Finanzierungsmittel von denjenigen, die einen Mittelüberschuss angespart haben, an diejenigen weiterzuleiten, die Finanzierungsmittel benötigen. Über die **Finanzmärkte** werden Mittel *direkt* von den Gebern (Private Haushalte, Unternehmen, Staat, Gebietsfremde) an die Nehmer (Unternehmen, Staat, Private Haushalte, Gebietsfremde) transferiert. Über die **Finanzintermediäre** werden Mittel *indirekt* von Sparern zu Schuldnern weitergegeben.

Finanzmärkte können unterschiedlich klassifiziert werden.

Unterteilt man nach der Ursprungslaufzeit des Finanzinstruments, wird zwischen **Geldmarkt**(Usprungslaufzeiten von bis zu einem Jahr) und **Kapitalmarkt** (Ursprungslaufzeiten von mehr als einem Jahr) unterschieden. Man kann auch nach der Art des Finanzinstruments in den **Rentenmarkt** (Anleihemarkt, Bondmarkt) und **Aktienmarkt** unterscheiden. Ein Rentenpapier (eine Anleihe) ist eine Schuldverschreibung, die in der Regel den Zeitpunkt der Rückzahlung des Kredits (Fälligkeit) und den Zinssatz angibt, der pro Periode zu zahlen ist. Aktien dagegen müssen nicht getilgt werden, sondern stellen Eigentumsanteile an einer Aktiengesellschaft dar.

Zu den **Finanzintermediären** in der Euro-Zone zählen die **Monetären Finanzinstitute** (MFI) und sonstige Finanzintermediäre. Die weitaus größte Gruppe aller MFIs in der Euro-Zone sind die **Kreditinstitute** (Geschäftsbanken); die zweitgrößte Gruppe stellen die Geldmarktfonds dar. (Geldmarktfonds sind Investmentgesellschaften, die überwiegend in Geldmarktinstrumente und/oder Schuldverschreibungen mit einer Restlaufzeit von bis zu einem Jahr investieren). Auch die Zentralbanken im Euro-Gebiet gehören zu den MFIs. Zu den sonstigen Finanzintermediären zählen z. B. Versicherungsgesellschaften, Pensionskassen und Investmentfonds.

6.3 Die Europäische Zentralbank

6.3.1 Ziele und Aufgaben

Mit dem Start der Europäischen Wirtschafts- und Währungsunion (EWWU) am 01.01.1999 ist die **Europäische Zentralbank (EZB)** für die Geldpolitik im Euro-Währungsgebiet verantwortlich.
Sie ist auf das vorrangige Ziel der Preisniveaustabilität verpflichtet und in Ihren Entscheidungen unabhängig.
Weder die EU-Kommission noch das Europaparlament noch nationale Regierungen sind berechtigt, Einfluss auf die Geldpolitik der EZB zu nehmen. Der EZB ist es verboten, öffentlichen Haushalten Kredite zu gewähren.
Das EZB-Statut kann nur durch einstimmigen Beschluss aller EU-Regierungen und durch Ratifikation durch alle nationalen Parlamente geändert werden.

6.3.2 Organisation

Die EZB wird durch ein Direktorium geleitet. Das Direktorium setzt sich aus dem Präsidenten, dem Vizepräsidenten und vier weiteren Mitgliedern zusammen. Die Direktoren der EZB müssen Staatsangehörige der EWU-Teilnehmerstaaten sein.

Oberstes Entscheidungsgremium ist der **EZB-Rat**. Der EZB-Rat besteht aus den Mitgliedern des Direktoriums der EZB und den Präsidenten der nationalen Zentralbanken der Staaten, die an der Währungsunion teilnehmen. Jedes Mitglied des EZB-Rates hat eine Stimme. Bei Stimmengleichheit gibt die Stimme des Präsidenten der EZB den Ausschlag. Der EZB-Rat trifft die geldpolitischen Entscheidungen in der Regel mit einfacher, in konkret festgelegten Ausnahmefällen mit qualifizierter Mehrheit. Das Direktorium erteilt den nationalen Zentralbanken die erforderlichen Weisungen zur Durchführung der Entscheidung des EZB-Rates.

Die EZB und die nationalen Zentralbanken aller EU-Mitgliedsstaaten bilden gemeinsam das **Europäische System der Zentralbanken (ESZB)**.
Es umfasst also außer den Mitgliedern des **Eurosystems** auch die nationalen Zentralbanken der Mitgliedsstaaten, die den Euro noch nicht eingeführt haben. Diese sind allerdings nicht an geldpolitischen Beschlüssen für das Euro-Währungsgebiet oder an der Durchführung dieser Beschlüsse beteiligt.
Der Sitz der EZB ist Frankfurt am Main.
Die nationale Zentralbank in der Bundesrepublik Deutschland heißt **Deutsche Bundesbank**. Die Landeszentralbanken sind Filialen der Deutschen Bundesbank.

Die EZB hat das ausschließliche Recht, innerhalb der Euro-Zone die Ausgabe von Banknoten zu genehmigen. Zur Ausgabe sind die EZB und die nationalen Zentralbanken berechtigt. Das Recht zur Ausgabe von Münzen obliegt den Mitgliedsstaaten der Euro-Zone, wobei der Umfang der Ausgabe von der EZB zu genehmigen ist.

Umlaufende Banknoten und Münzen bilden den Bargeldumlauf (das Bargeld). Der Bargeldumlauf ist allerdings nur ein Teil der Geldmenge (vgl. unten).

6.3.3   Geldmengenbegriffe

Die wichtigsten Geldmengenbegriffe sind das **Zentralbankgeld** und die von der EZB definierten **Geldmengen** (monetären Aggregate) M1, M2 und M3.

Der Begriff der **Zentralbankgeldmenge** wird unterschiedlich abgegrenzt. Wir definieren hier als Zentralbankgeldmenge den Bargeldumlauf plus die Sichtguthaben der Kreditinstitute bei den nationalen Zentralbanken plus die Inanspruchnahme der Einlagefazilität des Eurosystems (vgl. Kapitel 6.3.4.2). Diese Geldmengenabgrenzung wird von der EZB als „**monetäre Basis**" oder „**Geldbasis**" bezeichnet.

Unter der **Geldmenge M1** versteht man den Bargeldumlauf (Banknoten und Münzen) plus der täglich fälligen Einlagen.

Die **Geldmenge M2** ist definiert als Geldmenge M1 plus Einlagen mit vereinbarter Laufzeit von bis zu zwei Jahren und Einlagen mit vereinbarter Kündigungsfrist von bis zu drei Monaten.

Die **Geldmenge M3** ergibt sich, wenn man zur Geldmenge M2 noch die von den Monetären Finanzinstituten ausgegebenen marktfähigen Geldmarktinstrumente hinzuzählt.

Bei diesen Geldmarktinstrumenten handelt es sich um enge Substitute für Einlagen, und zwar um Geldmarktfondsanteile, Geldmarktpapiere, Schuldverschreibungen mit einer Laufzeit von bis zu zwei Jahren und Repogeschäfte, die im Gegensatz zu Italien und Spanien in Deutschland unbedeutend sind; bei Repogeschäften stellen Nicht-MFIs den MFIs kurzfristig Geld zur Verfügung gegen die Sicherheit einer befristeten Überlassung von Wertpapieren.

Das Wachstum der Geldmenge M3 ist für die EZB eine wichtige Kenngröße für ihre Geldpolitik. Für das Wachstum der Geldmenge M3 gibt die EZB einen Referenzwert bekannt, der im Einklang mit der Gewährleistung von Preisstabilität steht (vgl. Kapitel 6.3.4.1).

6.3.4   Strategie und geldpolitische Instrumente der Europäischen Zentralbank

6.3.4.1   Zwei-Säulen-Strategie

Während die US-Zentralbank (Federal Reserve Bank) Preisstabilität, niedrige Arbeitslosigkeit und die Förderung des Wirtschaftswachstums als gleichberechtigte Ziele ansieht, ist das „vorrangige Ziel" der EZB die **Preisstabilität**, wobei „Preisstabilität" definiert wird als „Anstieg des Harmonisierten Verbraucherpreisindex (HVPI) für das Euro-Währungsgebiet von unter 2% gegenüber dem Vorjahr" (EZB 2001). Mittlerweile versteht die EZB darunter eine Steigerung des Preisniveaus von nahe zwei Prozent (1,7 bis 1,9 Prozent). Deutlich niedrigere Inflationsraten gelten als Deflationsrisiko.

Um das Ziel der Preisstabilität zu erreichen, verfolgt die EZB eine Zwei-Säulen-Strategie. Die erste Säule weist der Geldmenge eine Schlüsselrolle zu. Man beruft sich dabei auf einen weitgehenden Konsens der Ökonomen über die letztendlich monetären Ursachen einer Inflation und auf Regelmäßigkeiten in der langfristigen Beziehung zwischen Geldmenge und Preisniveau. Nach Auffassung der EZB ist es vor allem das weit gefasste Geldmengenaggregat M3, das bei einer mittelfristigen Betrachtung einen Vorlauf für die Entwicklung des Preisniveaus aufweist. Der von der EZB bekanngegebene Referenzwert zum Geldmengenwachstum von M3 stellt zwar kein direktes Geldmengenziel dar, signalisiert jedoch bei erheblichen Abweichungen Risiken für die Preisstabilität auf mittlere Sicht. Im Rahmen der zweiten Säule analysiert die EZB ein breites Spektrum an Indikatoren der wirtschaftlichen Entwicklung, um die künftige Preisentwicklung einschätzen zu können: Angebots-, Nachfrage- und Arbeitsmarktbedingungen, Kostenindikatoren, Finanzmarktindikatoren, die Finanzpolitik und die Zahlungsbilanz für die Euro-Zone.

Während die erste Säule auf die Analyse der Geldmenge als Bestimmungsfaktor für die Preisentwicklung abstellt, umfasst die zweite Säule die Betrachtung einer Reihe alternativer Übertragungswege des Inflationsprozesses.

Das Instrumentarium der EZB zielt nun darauf ab, durch die Beeinflussung der kurzfristigen Zinsen am Geldmarkt über den geldpolitischen Übertragungsprozess (Transmissionsmechanismus) das Ziel der Preisniveaustabilitit zu gewährleisten. Die Wirkung geldpolitischer Maßnahmen auf die reale Wirtschaft unterliegt jedoch einer nicht exakt vorhersehbaren Verzögerung.

6.3.4.2 Geldpolitische Instrumente

Die EZB steuert die kurzfristigen Zinssätze, indem sie Leitzinssätze festlegt und die Liquiditätsversorgung am Geldmarkt beeinflusst. Sie setzt damit auch Signale für ihren geldpolitischen Kurs.

Das wichtigste Instrument der EZB sind **Offenmarktgeschäfte**. Daneben können Kreditinstitute, die zugelassene Geschäftspartner sind, ständig kurzfristige Mittel bei der EZB anlegen oder aufnehmen (**ständige Fazilitäten**). Eine Diskontpolitik gibt es im Euro-Währungsgebiet nicht mehr. Seit 1.1.1999 gibt es daher auch keinen Diskontsatz mehr. **Mindestreserven,** die es in Deutschland auch vor 1999 schon gegeben hatte, müssen in der Währungsunion ebenfalls gehalten werden. Sie werden jetzt allerdings verzinst.

6.3.4.2.1 Offenmarktgeschäfte
Offenmarktgeschäfte (Geschäfte auf dem offenen Markt) werden auf Initiative der EZB in der Regel am Geldmarkt durchgeführt. Die Zentralbank stellt damit den Kreditinstituten, die als Geschäftspartner zugelassen sind, kurzfristige Kredite zur Verfügung. Die Kreditgewährung erfolgt in Form befristeter

Transaktionen gegen Sicherheiten. Bei diesen befristeten Transaktionen können die EZB und die nationalen Zentralbanken Finanzaktiva im Rahmen einer Rückkaufvereinbarung kaufen oder Kredite gegen Hereinnahme refinanzierungsfähiger Sicherheiten geben.

Der Großteil der Liquidität wird den Kreditinstituten über die **Hauptrefinanzierungsgeschäfte** zur Verfügung gestellt. Einmal wöchentlich schreibt die EZB Hauptrefinanzierungsgeschäfte aus, die von den nationalen Zentralbanken ausgeführt werden. Diese Geschäfte haben eine Laufzeit von einer Woche. Der Zinssatz für diese Geschäfte (**Zinssatz für Hauptrefinanzierungsgeschäfte**) zeigt die geldpolitische Grundausrichtung der EZB. Er ist der **Leitzins** im Euro-Währungsgebiet.

Hauptrefinanzierungsgeschäfte werden über „Standardtender" abgewickelt; es handelt sich dabei um Geschäfte, „die nach einem im Voraus angekündigten Zeitplan und innerhalb von 24 Stunden von der Tenderankündigung bis zur Bestätigung des Zuteilungsergebnisses durchgeführt werden" (Europäische Zentralbank 2001). Man unterscheidet zwischen **Mengentendern** und **Zinstendern**.

Beim **Mengentender** legt der EZB-Rat sowohl den Zinssatz als auch die Menge an Zentralbankgeld fest, die sie dem Bankensystem zuführen will. Letzteres setzt voraus, dass die zugelassenen Kreditinstitute zu dem festgelegten Zinssatz mindestens den Betrag nachfragen, den die Zentralbank zuführen will. Ist die von den Kreditinstituten nachgefragte Menge größer als die angebotene Menge, so wird der von der Zentralbank fixierte Betrag den Geschäftspartnern zugeteilt (repartiert), wobei als Schlüssel die einzelnen nachgefragten Mengen dienen.

Beim **Zinstender** müssen die einzelnen Kreditinstitute neben der Menge auch den Zinssatz nennen, zu dem sie bereit sind, diese Menge nachzufragen. Die Zentralbank teilt dann – mit den höchsten Sätzen beginnend – zu den individuellen Bietungssätzen der Kreditinstitute zu, bis der gesamte zur Zuteilung vorgesehene Betrag ausgeschöpft ist. Beim marginalen Zinssatz, d. h. beim niedrigsten akzeptierten Zinssatz wird der Rest des noch zuteilbaren Betrages repartiert.

Bis Juni 2000 wurden die Hauptrefinanzierungsgeschäfte immer als Mengentender ausgeschrieben. Da nicht das Gebot, sondern nur der zugeteilte Betrag durch refinanzierungsfähige Sicherheiten gedeckt sein musste und es bei einem hohen Spread (Differenz) zwischen Marktzinssätzen und Hauptrefinanzierungssatz für die Geschäftspartner attraktiv war, sich Zentralbankgeld vom Eurosystem zu beschaffen, lagen die Gebote meist weit über dem von der EZB fixierten Betrag. Ende Juni 2000 wurde daher erstmals von der EZB ein Zinstender ausgeschrieben. Beim **Zinstender** wird ein **Mindestbietungssatz** festgelegt, um den geldpolitischen Kurs zu signalisieren und den Kreditinstituten einen Orientierungspunkt für ihre Gebote zu geben.

Neben diesem Hauptrefinanzierungsinstrument gibt es auch längerfristige **Refinanzierungsgeschäfte** mit einer Laufzeit von drei Monaten, die in monatlichen Abständen angeboten werden. Diese Geschäfte ersetzen quasi den früheren Diskontkredit der Bundesbank.

Ferner gibt es in Sonderfällen, bei denen rasch gehandelt werden muss, **Feinsteuerungsoperationen** (in der Regel über Schnelltender innerhalb einer Stunde) mit einer begrenzten Zahl von ausgewählten Geschäftspartnern, um unerwartete Liquiditätsschwankungen am Geldmarkt abzufedern. Feinsteuerungsoperationen können auch über endgültige Käufe oder Verkäufe, über die Hereinnahme von verzinslichen Termineinlagen bei den nationalen Zentralbanken oder über Devisenswapgeschäfte (gleichzeitige Durchführung einer Kassa- und Termintransaktion in Euro gegen Fremdwährung zur Steuerung der Liquiditätsversorgung und der Zinssätze) durchgeführt werden.

Um die Liquidität auf längere Sicht anzupassen, gibt es auch die Möglichkeit von **strukturellen Operationen** über befristete Transaktionen oder endgültige Käufe oder Verkäufe von refinanzierungsfähigen Sicherheiten. Die EZB kann auch Schuldverschreibungen mit dem Ziel emittieren, Liquiditätsbedarf herbeizuführen oder zu vergrößern. Ein endgültiger Kauf (Verkauf) von Wertpapieren seitens der Zentralbank hat einen Mengen- und einen Zinseffekt. Kauft die Zentralbank Wertpapiere von den Kreditinstituten, erhöht sich bei diesen die Zentralbankgeldmenge (Mengeneffekt) und damit der Kredit- und Giralschöpfungsspielraum (vgl. Kapitel 6.4.3). Der Zinseffekt besteht darin, dass bei zusätzlicher Nachfrage nach festverzinslichen Wertpapieren seitens der Zentralbank bei sonst gleichen Bedingungen der Kurs steigt und damit der effektive Zinssatz fällt:

$$\text{Effektivzinssatz} = \frac{\text{Nominalzinssatz} * 100}{\text{Kurs}} \ [\%]$$

6.3.4.2.2 Ständige Fazilitäten Kreditinstitute, die am Ende eines Tages überschüssige Liquidität haben, können diese Mittel über Nacht unbegrenzt bei den nationalen Zentralbanken anlegen (**Einlagefazilität**). Hierfür wird den Kreditinstituten ein vom EZB-Rat festgelegter Zinssatz unterhalb des Zinssatzes für Hauptrefinanzierungsgeschäfte vergütet.

Benötigt dagegen eine Geschäftsbank am Ende eines Tages Liquidität, kann sie sich kurzfristig Mittel bei ihrer nationalen Zentralbank beschaffen. Diese **Spitzenrefinanzierungsfazilität** ist mit dem früheren Lombardkredit der Deutschen Bundesbank vergleichbar, den Kreditinstitute zur Überbrückung eines sehr kurzfristigen Liquiditätsengpasses in Anspruch nahmen.

Der Tagesgeldsatz wird im Normalfall nicht unter den Einlagensatz und nicht über den Spitzenrefinanzierungssatz steigen können.

6.3.4.2.3 Mindestreserven Die Kreditinstitute im Euro-Währungsgebiet müssen auf Girokonten bei den nationalen Zentralbanken Pflichteinlagen unterhalten, die als **Mindestreserven** oder **Reserve-Soll** bezeichnet werden. Die Höhe der zu haltenden Mindestreserven richtet sich nach der **Reservebasis** und dem **Mindestreservesatz**. In die Reservebasis werden die meisten kurzfistigen Verbindlichkeiten in den Bilanzen der Kreditinstitute (täglich fällige Einlagen, Einlagen mit einer vereinbarten Laufzeit von bis zu zwei Jahren und Einlagen mit vereinbarter Kündigungsfrist von bis zu zwei Jahren, Schuldverschreibungen mit einer Ursprungslaufzeit von bis zu zwei Jahren, Geldmarktpapiere) einbezogen. Die zu haltende Mindestreserve eines Kreditinstituts wird dann durch Multiplikation der Reservebasis mit dem Mindestreservesatz (z.Zt. 2 Prozent) ermittelt (bei einem Freibetrag von z.Zt. 100 000 Euro). Die Mindestreserven werden (nahe bei den kurzfristigen Geldmarktzinssätzen) verzinst.

Das Mindestreservesystem hat einmal die Funktion, die Geldmarktsätze zu stabilisieren: Die Kreditinstitute können nämlich die täglichen Liquiditätsschwankungen (z. B.

durch Schwankungen der Nachfrage nach Banknoten) dadurch zum Teil auffangen, dass
sie die Erfüllung der Mindestreservepflicht innerhalb einer einmonatigen Erfüllungspe-
riode nur im Durchschnitt zu leisten haben. Die andere wichtige Funktion des Mindest-
reservesystems besteht darin, dass die Zentralbank durch die Mindestreservepflicht die
Liquidität im System der Kreditinstitute einschränkt und sie somit in die Lage versetzt
wird, über liquiditätszuführende Geschäfte die Geldmarktsätze zu steuern.

6.4   Geldschöpfung und Geldvernichtung

Eine Zentralbank (Notenbank) hat in direkter und indirekter Weise die Möglichkeit,
das Geldvolumen und den Zinssatz zu beeinflussen. Obwohl sie nur Zentralbankgeld
schaffen und vernichten kann, vermag sie über die Beeinflussung der Höhe der Bar- und
Überschussreserven sowie über die Festlegung von Zinssätzen, zu denen sich die Kreditinstitute bei ihr refinanzieren können, auch auf die Giralgeldschöpfungsmöglichkeit
der Kreditinstitute Einfluss zu nehmen.

In den folgenden Kapiteln erörtern wir den Geldschöpfungs- und -vernichtungsprozess
unter Annahme einer klassischen Zentralbank, die autonom für die Stabilität einer
Währung verantwortlich ist, und einer Vielzahl von Kreditinstituten, die in diesem
Währungsraum agieren.

6.4.1   Geldschöpfung und Geldvernichtung
          durch eine Zentralbank

Eine Zentralbank besitzt das Monopol als Anbieter von Zentralbankgeld; sie kann **Zentralbankgeld** schöpfen und vernichten.

Wenn die Zentralbank Aktivas (z. B. Gold, Devisen, festverzinsliche Wertpapiere, Sachgüter) erwirbt, schöpft sie Zentralbankgeld. Wenn die Zentralbank von einem Kreditinstitut Devisen aufkauft, bezahlt sie mit Zentralbankgeld, das sie selbst schaffen kann,
und zwar entweder dadurch, dass sie mit Bargeld bezahlt oder dadurch, dass das Kreditinstitut ein Sichtguthaben bei der Zentralbank erhält.

Zentralbankgeld wird auch dann geschöpft, wenn die Zentralbank Kredite an den Staat,
an Kreditinstitute oder an Großunternehmen gibt.

Umgekehrt wird Zentralbankgeld vernichtet, wenn die Zentralbank Aktivas veräußert.
Verkauft die Zentralbank Devisen an ein Kreditinstitut, so bezahlt das Kreditinstitut
entweder mit Bargeld oder durch Verminderung ihrer Sichtguthaben bei der Zentralbank. Man beachte, dass es sich bei Banknoten, die in einem Tresor der Zentralbank
lagern, nicht um Geld handelt, sondern lediglich um bedrucktes Papier. Vernichtung
von Zentralbankgeld findet auch dann statt, wenn von der Zentralbank gewährte Kredite an diese wieder zurückgezahlt werden.

Der Geldschöpfung der Zentralbank sind in einer geschlossenen Volkswirtschaft keine
anderen Grenzen gesetzt als die, die sie sich selbst setzt oder die ihr durch Gesetz
vorgeschrieben sind.

In einer offenen Volkswirtschaft ist unbegrenzte Liquidität der Zentralbank nicht gegeben, weil sie gewisse Zahlungen in ausländischen Zahlungsmitteln leisten muss, die sie selbst nicht schaffen kann.

6.4.2 Geldschöpfung und Geldvernichtung durch die Kreditinstitute

Die **Kreditinstitute** können **Giralgeld (Buchgeld)** schöpfen und vernichten.

Wenn Herr Meier bei seiner Bank 100 EUR bar auf sein Girokonto einzahlt, ist (zusätzliches) Giralgeld in Höhe von 100 EUR entstanden.
Sein Einhunderteuroschein hat nur den Besitzer gewechselt und gehört nun seiner Bank.
Der Bargeldumlauf ist dadurch unverändert geblieben, ebenso die Geldmenge bei den Nicht-MFIs (im privaten Sektor).
Die **Giralgeldmenge** und damit die gesamte Geldmenge in der Volkswirtschaft ist aber bei sonst gleichen Bedingungen gestiegen. Bei Bareinzahlungen spricht man von Giralgeldschöpfung durch **Passivgeschäfte**.

Die Kreditinstitute können aber auch dadurch Giralgeld schöpfen, dass sie Aktiva erwerben. Kauft z. B. die Sparkasse X von ihrem Kunden Dollars und schreibt ihm den Gegenwert auf dessen Girokonto in EUR gut, so wird Giralgeld geschöpft. Gewährt das Kreditinstitut einem Kunden Kredit und schreibt ihm diesen auf seinem Girokonto gut, so entsteht ebenfalls zusätzliches Giralgeld. In diesen Fällen spricht man von Giralgeldschöpfung durch **Aktivgeschäfte**.

Durch Barauszahlungen bzw. bei Verkäufen von Aktiva durch die Kreditinstitute oder durch Rückzahlung von Krediten wird Giralgeld vernichtet.

Im Zeitablauf erfolgen bei allen Kreditinstituten passive und aktive Giralgeldschöpfungen und Giralgeldvernichtungen, so dass eine Zunahme der Giralgeldmenge in einer Periode nur eintritt, wenn die Summe der Giralgeldschöpfungen die Summe der Giralgeldvernichtungen überschreitet.

Die Tatsache, dass die Kreditinstitute im Zuge der Passiv- und Aktivgeschäfte Zahlungen in Zentralbankgeld leisten müssen, also einem Geld, das sie selbst nicht schaffen können, erzeugt Liquiditätsprobleme.
Die Kredit- und Giralgeldschöpfungsmöglichkeit eines Kreditinstituts hängt also auch davon ab, wieviel Zentralbankgeld sie hat oder sie sich beschaffen kann.
Daraus lässt sich bereits an dieser Stelle schlussfolgern, dass die Zentralbank einen gewissen Einfluss auf die Kredit- und Giralgelschöpfungsmöglichkeit der Kreditinstitute hat.

6.4.3 Kredit- und Giralgeldschöpfungssprozess im System der Kreditinstitute

Die von den Kreditinstituten gehaltenen Bestände an Zentralbankgeld (Kassenbestand an Bargeld plus Sichtguthaben bei den nationalen Zentralbanken plus Inanspruchnahme der Einlagefazilität) werden **Barreserve** genannt.

Eine etwa vorhandene **Überschussreserve** (Barreserve minus Mindestreserve) kann z. B. dadurch ertragbringender verwendet werden, dass man Kredite gewährt. Werden die Kredite auf Girokonten gutgeschrieben, so wird Giralgeld geschöpft.

Im folgenden soll gezeigt werden, dass aus einer Überschussreserve bei einem einzelnen Kreditinstitut das System als Ganzes einen vielfachen Betrag dieser Überschussreserve als neue Kredite einräumen und Giralgeld schöpfen kann.

Nehmen wir zunächst an, dass

- der Mindestreservesatz $m = 2$ Prozent sei;

- die Kreditinstitute den Kreditspielraum voll ausnutzen, d. h. in voller Höhe der Überschussreserven Kredite gewähren;

- kein Zentralbankgeld aus dem System abgezogen wird, d. h. dass kein Bargeldabfluss aus dem System der Kreditinstitute erfolgt.

Wir unterstellen in folgendem Zahlenbeispiel (vgl. Abbildung 6.1), dass die A-Bank eine Überschussreserve von 100 Geldeinheiten habe und in Höhe dieser Überschussreserve einen neuen Kredit gewährt. Überweist nun der Kreditnehmer von seinem Girokonto bei der A-Bank diesen Betrag seinem Lieferanten auf dessen Girokonto bei der B-Bank, so nimmt das Sichtguthaben der A-Bank bei der Zentralbank ab, das der B-Bank zu. Hebt der Kreditnehmer in bar ab, übergibt den Geldbetrag seinem Lieferanten und zahlt dieser in bar auf sein Girokonto bei der B-Bank ein, so nimmt der Bargeldbestand bei der A-Bank ab und bei der B-Bank zu. In beiden Fällen verliert die A-Bank ihre Überschussreserve und die B-Bank gewinnt in dieser Höhe eine Barreserve; da die Sichteinlagen bei der B-Bank nun um 100 Geldeinheiten gestiegen sind, muss die B-Bank 2 Geldeinheiten zusätzlich als Mindestreserven abführen und es verbleibt ihr eine Überschussreserve in Höhe von 98 Geldeinheiten.

Gewährt die B-Bank nun ihrerseits in voller Höhe ihrer Überschussreserve (98 Geldeinheiten) einen Kredit und wird der gutgeschriebene Kreditbetrag überwiesen auf ein Girokonto der C-Bank, so verbleibt der C-Bank nach Abzug der Mindestreserve in Höhe von 1,96 Geldeinheiten eine Überschussreserve von 96,04 Geldeinheiten, die wiederum für einen Kredit verwendet werden usw.

	Überschuss- reserve	Neue Kredite	Mindestreserve- zuwachs
1. Phase (A-Bank)	100	100	-
2. Phase (B-Bank)	98	98	2
3. Phase (C-Bank)	96,04	96,04	1,96
4. Phase (D-Bank)	94,12	94,12	1,92
5. Phase (E-Bank)	92,24	92,24	1,88
.	.	.	.
.	.	.	.
.	.	.	.

Abbildung 6.1: Kreditschöpfungsspielraum (ohne Bargeldabzug)

$$
\begin{aligned}
& 100 + 98 + 96,04 + 94,1192 + ... \\
= \ & 100 + 100 * 0,98 + 100 * 0,98^2 + 100 * 0,98^3 + ... \\
= \ & 100 * \frac{1}{1 - 0,98} \\
= \ & 5000
\end{aligned}
$$

Im System der Kreditinstitute entsteht also bei den gemachten Annahmen aus einer anfänglichen Überschussreserve bei der A-Bank in Höhe von 100 Geldeinheiten ein **Kreditschöpfungsspielraum** und damit hier ein Giralgeldschöpfungsspielraum in Höhe von 5000 Geldeinheiten.

$$
KSch = \frac{UR}{m} = \frac{100}{0,02} = 5000
$$

wobei

$KSch$ – Kreditschöpfungsspielraum

UR – Überschussreserve

m – Mindestreservesatz

Bisher haben wir angenommen, dass das im Zuge der Kreditgewährung bei einer Bank abgeflossene Zentralbankgeld voll einer anderen (oder auch wieder der gleichen) Bank im System der Kreditinstitute wieder zufließt.

Diese Annahme geben wir nun auf. Die übrigen Annahmen (Mindestreservesatz für Sichteinlagen $m = 2$ Prozent; volle Ausnutzung des Kreditspielraums) behalten wir bei.

Für das nachfolgende Zahlenbeispiel haben wir unterstellt, dass der Bargeldabzug aus dem System 20 Prozent der Kreditsumme beträgt. Den Prozentsatz des Bargeldabzugs bezeichnen wir mit b.

Die A-Bank habe wieder eine Überschussreserve in Höhe von 100 Geldeinheiten, die voll für die Vergabe eines neuen Kredits verwendet wird. Von diesem Geldbetrag verbleiben nun aber 20 Geldeinheiten als Bargeld im Sektor der Nicht-MFIs (im privaten Sektor) und nur 80 Geldeinheiten fließen davon in das System der Kreditinstitute (an die B-Bank) zurück. Nach Abführung der Mindestreserven in Höhe von 1,6 Geldeinheiten verbleibt der B-Bank eine Überschussreserve von 78,4 Geldeinheiten, die diese wiederum für neue Kredite verwendet usw.

Im System der Kreditinstitute entsteht bei den hier gemachten Annahmen aus einer anfänglichen Überschussreserve von 100 Geldeinheiten ein **Kreditschöpfungsspielraum** in Höhe von

$$
\begin{aligned}
KSch \ &= \ \frac{UR}{m + b\,(1 - m)} \\
&= \ \frac{100}{0,02 + 0,2 * 0,98} \\
&\approx \ 462,96
\end{aligned}
$$

	Überschuss-reserve	Neue Kredite	Mindestreserve-zuwachs
1. Phase (A-Bank)	100	100 (20)	-
2. Phase (B-Bank)	78,4	78,4 (15,68)	1,6
3. Phase (C-Bank)	61,47	61,47 (12,29)	1,25
⋮	⋮	⋮	⋮

Abbildung 6.2: Kreditschöpfungsspielraum (bei Bargeldabzug)

Der dauernde Verlust von Zentralbankgeld im System der Kreditinstitute wirkt offenbar bremsend auf den Kreditschöpfungsspielraum.

Der Giralgeldschöpfungsspielraum ist bei Berücksichtigung eines dauernden Bargeldabzugs nicht mehr mit dem Kreditschöpfungsspielraum identisch. Bezeichnen wir den **Giralgeldschöpfungsspielraum** mit D, so ergibt sich

$$\begin{aligned}
D &= \frac{1-b}{m+b\,(1-m)} * UR \\
&= \frac{0,8}{0,02+0,2*0,98} * 100 \\
&\approx 370,37
\end{aligned}$$

Der Kredit- und der Giralgeldschöpfungsspielraum im ganzen System ist also abhängig von der Höhe der Überschussreserve, von der Höhe des Mindestreservesatzes und den Zahlungssitten im Sektor der Nicht-MFIs, wie sie durch den Prozentsatz des dauernden Bargeldabzugs b zum Ausdruck kommen. Ein Anwachsen des Kreditspielraums im System der Kreditinstitute ist nur möglich, wenn das System in der Lage ist, sich zusätzliches Zentralbankgeld zu beschaffen.
Das beschriebene Modell der Giralgeldschöpfung setzt voraus, dass in entsprechendem Umfang Nachfrage nach Krediten vorhanden ist, dass die Kreditinstitute ihr frei verfügbares Zentralbankgeld nicht anderweitig anlegen oder ihre Reservehaltung nicht aus Gründen der Risikovorsorge erhöhen.

Der Umfang der Kreditvergabe ist auch von der Höhe des Eigenkapitals der Kreditinstitute abhängig. Während früher die Kreditinstitute nach der Richtlinie von 1988 (Basel I) ihre Kredite in der Regel mit acht Prozent des Eigenkapitals unterlegen mussten, d.h. maximal das 12,5-fache des Eigenkapitals an Krediten vergeben durften, gilt für die Mitgliedsstaaten der EU seit 2007 die Richtlinie von Basel II. Danach wird die einheitliche Eigenkapitalunterlegung von acht Prozent ersetzt zugunsten einer Differenzierung nach risikobezogenen Unterlegungssätzen.

6.5 Inflation und Deflation

Als **Inflation** bezeichnet man einen über mehrere Perioden anhaltenden Prozess von Steigerungen des Preisniveaus, d. h. eine über mehrere Perioden anhaltende Entwicklung der Geldentwertung.

Von **Deflation** spricht man dann, wenn das Preisniveau über mehrere Perioden fortlaufend fällt, d. h. der Geldwert steigt.

Ein Prozess abnehmender Inflationsraten wird als Disinflation bezeichnet.

6.5.1 Inflation

Inflation entsteht, wenn die gesamtwirtschaftliche Nachfrage schneller zunimmt als das gesamtwirtschaftliche Angebot.

Als gesamtwirtschaftliches Angebot betrachten wir in Abbildung 6.3 das Inlandsprodukt Y^* (vgl. Kapitel 2.3), d. h. das Ergebnis aller Wertschöpfungsprozesse im Inland.

Die gesamtwirtschaftliche Nachfrage setzt sich aus der privaten Nachfrage nach Konsum- (C) und Investitionsgütern (I), der Staatsnachfrage (A) und der Auslandsnachfrage (Ex), abzüglich der Nachfrage nach Importgütern (Im) zusammen. (Die Nachfrage nach Importgütern geht für den Binnenmarkt verloren).

Gesamtwirtschaftliche Nachfrage:

$$C + I + A + (Ex - Im)$$

Eine **inflatorische Lücke** besteht dann, wenn bei bisherigem Preisniveau gilt:

$$Y^* < C + I + A + (Ex - Im)$$

Im Zustand der Unterbeschäftigung kann eine inflatorische Lücke eine reale Steigerung des Inlandsprodukts Y^* von Y_0^* auf Y_1^* bewirken (vgl. Abbildung 6.3).

Im Zustand der Vollbeschäftigung steigt bei einer inflatorischen Lücke das Inlandsprodukt ebenfalls von Y_0^* auf Y_1^*, jedoch lediglich nominal, d. h. Y_0^* und Y_1^* repräsentieren dieselbe Gütermenge. Die Differenz zwischen Y_1^* und Y_0^* beruht auf einer Steigerung des Preisniveaus.

Bei den verschiedenen **Inflationstypen** kann man unterscheiden

- nach der Ursache (Nachfrageinflation, Kosteninflation, Monopolbestimmte Inflation);

- nach der Geschwindigkeit (schleichende Inflation, trabende Inflation, galoppierende Inflation);

- nach der Dauer (saisonale Inflation, säkulare Inflation);

- nach der Transparenz, d. h. nach der Sichtbarkeit des inflatorischen Prozesses.

Wir betrachten im folgenden Inflationstypen nach den Ursachen.

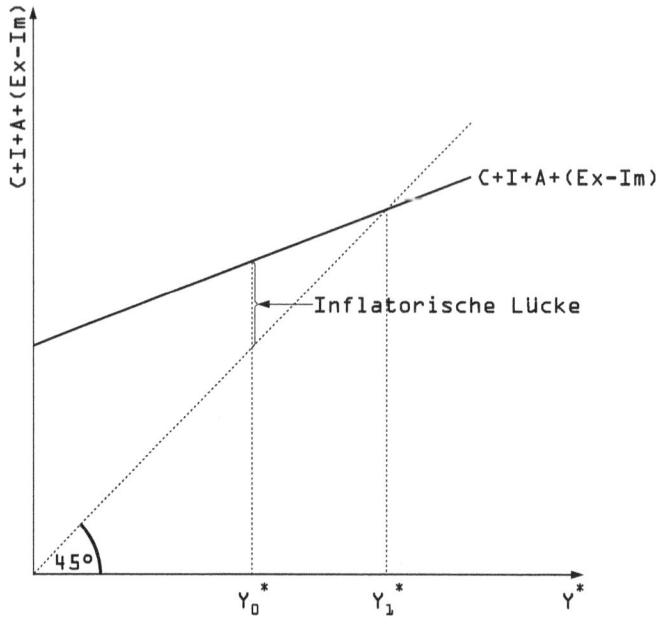

Abbildung 6.3: Inflatorische Lücke

6.5.1.1 Nachfrageinflation

Bei der **Nachfrageinflation** kann man die konsumnachfrageinduzierte, die investitionsnachfrageinduzierte, die staatsnachfrageinduzierte und die auslandsnachfrageinduzierte (importierte) Inflation unterscheiden.

Ursachen für eine **konsumnachfrageinduzierte Inflation** können sein:

- Bedarfsverschiebungen bei zumindest kurzfristig unelastischem Angebot (Ess-, Bekleidungs-, Wohn-, Reisewelle);
- Gleichsetzung von Preishöhe mit Qualität;
- Verminderung der Sparanreize durch sozialen Wohlfahrtsstaat;
- Wachstum des frei verfügbaren Einkommens und damit Rückgang der Preiselastizität der Nachfrage;
- Verminderung der Sparanreize durch Geldentwertung.

Ursachen für **investitionsnachfrageinduzierte Inflation** können sein:

- Lücke zwischen geplanter Investition und geplanter Ersparnis: bei hohem Investitionsbedarf, z. B. bei staatlich gefördertem Wohnungsbau, bei staatlichen Verteidigungs-, Infrastruktur- und Entwicklungsprogrammen, kann u. U. die geplante Ersparnis (der Konsumverzicht) nicht schritthalten mit der geplanten Investition. Hinzu kommt, dass langfristige Investitionen einen hohen **Einkommenseffekt** und damit Nachfrageeffekt, aber einen geringen oder keinen kurzfristigen **Kapazitätseffekt** und damit Angebotseffekt haben.

- Prozyklisches Verhalten der Investoren in Boom- und Rezessionsphasen: in einer Boomphase, in der Nachfrage und Gewinne steigen, wird die Nachfrage weiter durch den Einkommenseffekt zusätzlicher Investitionen ausgeweitet. In Rezessionsphasen, in denen zusätzliche Nachfrage erwünscht wäre, haben die Unternehmen unausgelastete Kapazitäten und werden die volkswirtschaftlich wünschenswerten Investitionen nicht tätigen.

Ursachen der **staatsnachfrageinduzierten Inflation** können sein:

- Konkurrenz der Nachfrage des Staates mit der Nachfrage des privaten Sektors um das knappe Angebot an Produktionsfaktoren;
- staatliche Investitionen mit kurzfristig hohem Einkommens-, aber nur langfristig wirksamen Kapazitätseffekt;
- preissteigernde Effekte durch Subventionen;
- Finanzierung von Staatsausgaben durch Kreditaufnahme;
- prozyklische Ausgabenneigung von Bund, Ländern und Gemeinden.

Bei enger außenwirtschaftlicher Verflechtung mit dem Ausland kann Inflation auch auslandsnachfrageinduziert sein. Man spricht dann von **importierter Inflation**.
Bei der Darstellung des Mechanismus der Inflationsübertragung gehen wir von frei konvertierbaren Währungen und **fixen Wechselkursen bzw. festen Umrechnungskursen** aus. Bei flexiblen Wechselkursen ist zumindest theoretisch Importierung von Inflation vermeidbar.

Ursachen für **auslandsnachfrageinduzierte Inflation** können sein

- Importierung von Inflation durch Außenhandelsüberschüsse
  Ausgehend von einer Gleichgewichtssituation, bei der das gesamtwirtschaftliche Angebot der gesamtwirtschaftlichen Nachfrage entspricht, entsteht durch steigende Nachfrage nach Exportgütern eine inflatorische Lücke; bei Vollbeschäftigung kommt es aufgrund der Übernachfrage bei sonst gleichen Bedingungen zu einem Anstieg des Preisniveaus. Durch zusätzliche Produktion von Exportgütern bei Unterbeschäftigung entsteht im Inland zusätzliches Einkommen und damit zusätzliche Nachfrage, der jedoch kein zusätzliches Güterangebot im Inland gegenübersteht.

- Importierung von Inflation durch den direkten internationalen Preiszusammenhang
  Steigen die Preise im Ausland stärker als im Inland, wachsen die Absatzchancen der inländischen Exportwirtschaft auf den Auslandsmärkten, wobei die Preise der Exportgüter die Tendenz haben, sich den höheren Preisen auf den Auslandsmärkten anzugleichen. Steigender Auslandsabsatz verknappt das Inlandsangebot der exportierenden Unternehmen, so dass die marktmäßigen Voraussetzungen für die Erhöhung der Inlandspreise gegeben sind. Hinzu kommt die Neigung der Unternehmen, die höheren Exportpreise auch im Inland durchzusetzen. Neben diesem Primäreffekt wird ein preissteigernder Effekt dadurch auftreten, dass der Exportsektor verstärkt Investitionsgüter und Arbeitskräfte nachfragt, was bei Vollbeschäftigung nur über Preiserhöhungen bzw. Umlenken von Arbeitskräften aus anderen Sektoren durch

höhere Lohnzugeständnisse möglich ist, die dann auch in anderen Sektoren höhere Lohnforderungen und damit eine Erhöhung der monetären Nachfrage nach sich ziehen. Steigen die Preise im Ausland stärker als im Inland, wird direkt das Preisniveau im Inland durch steigende Importpreise erhöht. Eine indirekte Erhöhung des Preisniveaus droht ferner durch den Preiserhöhungsspielraum bei inländischen Konkurrenzprodukten infolge steigender Importpreise.

Die Wirksamkeit dieser Effekte wird letztlich von der nachfragewirksamen Geldmenge abhängen, welche die Zentralbank zur Verfügung stellt bzw. zulässt.

- Monetäre Ursachen

  Sowohl bei Exportüberschüssen als auch bei reinen Geldkapitalzuflüssen, die entweder durch Zinssatzdifferenzen oder durch eine erwartete Aufwertung verursacht sein können, ergibt sich ein Devisenzustrom. Da die inländische Zentralbank verpflichtet ist, Devisen in inländische Währung einzutauschen, steigt bei Devisenverkauf der Kreditinstitute an die Zentralbank die Barreserve und bei gegebenem Mindestreservesatz die Überschussreserve und damit der Kredit- und Giralgeldschöpfungsspielraum im System der Kreditinstitute. Der durch Kredite finanzierten steigenden Binnennachfrage steht bei Vollbeschäftigung ein nicht auszuweitendes Güterangebot und – bei Exportüberschüssen – sogar ein verringertes Güterangebot auf den inländischen Märkten gegenüber.

Ein durch Auslandsnachfrage hervorgerufener Nachfrageüberhang führt bei **flexiblen Wechselkursen** am Devisenmarkt zu steigenden Kursen der Inlandswährung, was einer Verteuerung der inländischen Güter für das Ausland entspricht, während die Inländer im Ausland billiger einkaufen können. Dadurch wird der Ausgleich der Handelsbilanz in der Tendenz automatisch herbeigeführt. Die Preisrelationen zwischen den Auslands- und Inlandsmärkten bleiben über die Wechselkursanpassung in der Tendenz unverändert.

Auch durch Zinssatzdifferenzen hervorgerufene Geldkapitalströme können durch entsprechende Wechselkursreaktionen zum Stillstand bzw. zur Umkehr kommen.

6.5.1.2   Kosteninflation

Preise können durch Angebot und Nachfrage, durch den Anbieter – man denke an einen Angebotsmonopolisten, der als Preisfixierer handelt – oder auch durch die Kosten bestimmt sein.

Bei der Vollkostenkalkulation tritt der Preis als Instrument der Markträumung oder als strategisches absatzpolitisches Instrument in den Hintergrund. Bei der Vollkostenkalkulation schlägt man auf die Stückkosten den erstrebten Gewinn pro Stück auf und kommt so zum Preis. Kostensteigerungen lassen den erstrebten Stückgewinn unberührt und führen somit zu einem höheren Preis.

Eine dauerhafte Kosteninflation ist nur denkbar, wenn durch zusätzliche monetäre Nachfrage Kostenerhöhungen über Preiserhöhungen überwälzt werden können. Wird keine zusätzliche monetäre Nachfrage geschaffen, entsteht bei steigenden Kosten und Preisen ein Beschäftigungsrisiko (**Stagflation**).

Steigen die Löhne schneller als die **Arbeitsproduktivität** (Produktionswert je einge-
setzte Arbeitsstunde), so erhöhen sich die Arbeitskosten pro Stück. Die Unternehmer
werden versuchen, die Kostensteigerung über die Preise abzuwälzen. Dann werden die
Gewerkschaften höhere Nominallöhne durchsetzen, um ein Sinken der Reallöhne zu
verhindern, was wiederum die Kosten erhöht usw. (**Lohn-Preis-Spirale**).
Lohnsteigerungen, die dem durchschnittlichen Produktivitätszuwachs entsprechen, bedeuten in Branchen mit unterdurchschnittlicher Produktivitätssteigerung Lohnkosten-
druck und Preiserhöhungen. In Wirtschaftszweigen mit überdurchschnittlichem Produktivitätszuwachs müssten bei Vollkostenkalkulation die Preise fallen. Werden mögliche Preissenkungen nicht durchgeführt, so kommt es auch bei Lohnsteigerungen, die
dem durchschnittlichen Produktivitätszuwachs entsprechen, per Saldo zu Preiserhöhungen.
Bei Arbeitskräftemangel steigt das Lohnniveau durch den Wettbewerb der Unternehmen um knappe Arbeitskräfte auch ohne gewerkschaftliche Aktivität. Stark expandie-
rende Wirtschaftszweige werden versuchen, durch höhere Löhne und Zusatzleistungen
Arbeitskräfte aus anderen Branchen abzuwerben. Die Lohnerhöhungen in den Wachs-
tumsbranchen werden die Gewerkschaften der weniger begünstigten Wirtschaftszweige
veranlassen, nun ihrerseits Lohnerhöhungen durchzusetzen, um die alten Lohnrelatio-
nen wiederherzustellen. Diese **Lohn-Lohn-Spirale** mündet bei Vollkostenkalkulation
und gegebenen monetären Voraussetzungen in eine **Lohn-Preis-Spirale**.

6.5.1.3 Monopolinduzierte Inflation

Erhöhen monopolistische Anbieter, die sich einer unelastischen Nachfrage gegenüber-
sehen, bei unveränderter Gesamtnachfrage autonom ihre Preise, wird den nichtmo-
nopolisierten Bereichen Nachfrage entzogen. Ohne zusätzlich – durch den Staat oder
die Zentralbank – geschaffene monetäre Nachfrage würde dies jedoch einen Beschäftigungsrückgang in den nicht monopolisierten Bereichen hervorrufen. Sind die Preise trotz Nachfragerückgang in den nicht monopolisierten Bereichen nach unten nicht
ausreichend flexibel, so ist es denkbar, dass das durchschnittliche Preisniveau auch
bei Unterbeschäftigung nicht stabil bleibt (**Stagflation**). Will die Wirtschaftspolitik
Unterbeschäftigung vermeiden, ist sie gezwungen, zusätzliche monetäre Nachfrage zu
schaffen.

6.5.1.4 Wirkungen der Inflation

Inflation hat Auswirkungen auf die Einkommens- und Vermögensverteilung, auf den
Allokationsprozess (Einsatz der volkswirtschaftlichen Produktionsfaktoren) und u. U.
auf die Beschäftigung.

Verschiebungen in der **Einkommensverteilung** ergeben sich immer dann, wenn verschiedene Einkommensarten in unterschiedlicher Weise und in unterschiedlichem Tempo den Preissteigerungen angepasst werden. Auch im Vermögensbereich kann es durch
Unterschiede in der Anpassung an die allgemeinen Preissteigerungen zu einer Änderung
der **Vermögensverteilung** kommen.

Durch Inflation begünstigt sind die Besitzer solcher Aktiva, die inflationsbedingt schneller und stärker steigen. Zu diesen Aktiva zählen meistens Grund und Boden, während Aktien nur bedingt und festverzinsliche Wertpapiere überhaupt nicht gegen Realwertverluste durch Inflation gesichert sind.

Inflation begünstigt die Schuldner und benachteiligt die Gläubiger von Nominalwerten, da die Schuldner ihren Kredit mit entwertetem Geld zurückzahlen. Geldgläubiger erleiden Verluste, wenn die Realzinsen der Preissteigerung nur verzögert folgen. Die Staatsverschuldung wird real durch Inflation abgebaut.

Besonders bevorteilt ist bei Inflation ein Vermögensbesitzer, der gleichzeitig Besitzer von inflationssicheren Realwerten und Schuldner von Geldvermögenstiteln ist.

Wirkungen der Inflation auf die Einkommensverteilung entstehen immer dann, wenn einzelne Einkommensgruppen ihre Nominaleinkommen nicht in dem Maße oder Tempo anpassen können wie andere Einkommensgruppen.

Einkommen von Rentnern, Pensionären und Sozialhilfeempfängern hängen in gewissem Umfang von den Entscheidungen des Gesetzgebers ab. Auch bei einer dynamischen Rente ergibt sich eine zeitliche Verzögerung bei der Anpassung an die allgemeine Einkommensentwicklung.

Löhne folgen häufig bei Inflation nur mit Verzögerung den Unternehmergewinnen. Werden die Löhne nicht im Gleichschritt mit der Erhöhung des Preisniveaus angehoben, so sinkt die **Lohnquote** (Lohnsumme geteilt durch Nationaleinkommen) und die **Profitquote** (Einkommen aus Unternehmertätigkeit und Vermögen geteilt durch Nationaleinkommen) steigt.

Neben diesen Verteilungswirkungen ist bei Inflation auch mit negativen Wirkungen auf die **Allokation** zu rechnen. Eine optimale Allokation ist dann gegeben, wenn durch ein System unverzerrter relativer Preise die Produktionsfaktoren in die Verwendung gelenkt werden, die für die Volkswirtschaft den größten Nutzen stiftet, also die Wohlfahrt maximiert.

Im Verlauf von Inflationsprozessen ergeben sich aber Verzerrungen im Preisgefüge. Die Preise für Güter und Produktionsfaktoren werden in unterschiedlichem Ausmaß in der Inflation aufgebläht. Erfahrungsgemäß werden einige Branchen durch die Inflation besonders begünstigt (Bauwirtschaft; Flucht in die Sachwerte). Damit wird auch das Verhältnis der Preise zueinander (die relativen Preise) verzerrt. Dann spiegeln aber die Preise nicht mehr den relativen Wert der Güter und Produktionsfaktoren wider, so dass Produktionsfaktoren für die Produktion von vermeintlich wertvollen Gütern eingesetzt werden, deren tatsächlicher volkswirtschaftlicher Wert im Verhältnis zu anderen Gütern geringer ist.

Hohe Inflationsraten fördern die Neigung zur Kapitalflucht. In Ländern mit hoher Inflationsrate wird in der Regel weniger investiert. In Ländern mit hoher Inflationsrate sinkt – bei flexiblen Wechselkursen – der Wechselkurs. Dies bedeutet für eine betroffene Volkswirtschaft, dass für eine bestimmte Menge von Importen mehr Exporte getätigt werden müssen, um die Importe bezahlen zu können. Die **terms of trade** (reale Austauschrelationen) verschlechtern sich.

Die Diskussion der Inflationswirkung auf **Beschäftigung** und **Wachstum** hat sich früher hauptsächlich in der Diskussion um die **Phillipskurve** manifestiert: Bei einer hohen Inflationsrate sei die Arbeitslosenquote geringer als bei einer niedrigen Inflationsrate. Dem sozialen Vorteil einer niedrigen Arbeitslosigkeit stünde der Nachteil einer hohen Inflationsrate gegenüber. Der frühere Bundeskanzler Schmidt hat geäußert, fünf Prozent Inflation seien ihm lieber als fünf Prozent Arbeitslosigkeit.

Die sogenannte **Nachfragedruckhypothese** besagt, dass eine permanente Übernachfrage bei schleichender Inflation für Vollbeschäftigung sorgt und die Unternehmen laufend zu neuen Investitionen anreizt. **Die Lohn-Verzögerungs-Hypothese** behauptet, dass dann, wenn die Lohnsteigerungen hinter den Preissteigerungen zurückbleiben, die Gewinne steigen und damit die Neigung zu wachstumsfördernden Investitionen steigt. Außerdem steigt bei einer Erhöhung der Profitquote zulasten der Lohnquote die Sparquote. Eine steigende Sparquote sei Voraussetzung dafür, dass Produktionsfaktoren aus der Konsumgüterproduktion in wachstumsschaffende Investitionsgüterproduktion umgelenkt werden können. Ein weiterer Grund für die Zunahme der Investitionen als Folge der Inflation wird darin gesehen, dass dann, wenn der nominelle Zinsanstieg hinter dem Preisanstieg zurückbleibt, der reale Zins sinkt (Realzinsargument).
Nach der **Gläubiger-Schuldner-Hypothese** werden die Unternehmen deswegen mehr investieren, weil sie die Hauptschuldner von Nominalwerten sind und sich bei Inflation die Realwerte aller auf Geld lautenden Verbindlichkeiten reduzieren.

Alle diese Argumente setzen eine unterschiedliche Anpassung von Löhnen, Gewinnen und Zinsen und eine Verbesserung der Verteilungsposition des Unternehmenssektors voraus.

Die Frage, ob schleichende Inflation wachstumsfördernd oder wachstumshemmend wirkt, ist umstritten.
Es kann durchaus sein, dass eine sinkende Güternachfrage durch sinkende Lohnquoten und sinkende Realeinkommen der Nichtselbständigen wachstumsbremsend wirkt. Außerdem kann die Neigung zur Kreditvergabe sinken, wenn reale Zinsverluste die Gläubiger benachteiligt. Das wiederum könnte zur Folge haben, dass die Neigung sinkt, Guthaben auf Konten zu halten. Dies würde eine Minderung des Kreditschöpfungsspielraums im System der Kreditinstitute und eine Erhöhung der **Umlaufsgeschwindigkeit** des Geldes bedeuten, was zu Zins- und Preissteigerungen und so zu einer Abschwächung der Investitionstätigkeit und damit zu einer Dämpfung der Beschäftigung und des Wachstums führen kann.
Entstehende, zu besteuernde **Scheingewinne** durch Abschreibungen vom Anschaffungswert (statt zum Wiederbeschaffungswert) können zu einem Substanzverzehr bei Unternehmen führen.
Übertrifft die inländische Inflationsentwicklung die ausländische, würden sich – bei fixen Wechselkursen – Anreize ergeben, mehr Güter zu importieren und weniger zu exportieren. Durch diese Tendenz zu Außenhandelsdefiziten, d. h. die Verlagerung der Nachfrage vom Inland ins Ausland, könnten unausgelastete Produktionskapazitäten und damit Arbeitslosigkeit entstehen.

Heute herrscht die Auffassung vor, dass Inflation störungsfreies Wachstum gefährde.

Inflation hat auch nichtökonomische Auswirkungen. Die Glaubwürdigkeit der Regierung geht verloren, es entsteht Staatsverdrossenheit, die Grundlagen der Demokratie können ausgehöhlt werden, die Rechtssicherheit leidet, die Moral verfällt und wachsende Verschuldung wird zur Tugend. Ein Beispiel hierfür ist die Hyperinflation in Deutschland, die im Jahre 1923 ihren Höhepunkt erreichte (1 US-Dollar = 4,2 Billionen Mark).

Bei zunehmender Inflationsgeschwindigkeit verliert das gesetzliche Zahlungsmittel seine Geldfunktionen. Durch den Verlust der Kaufkraft geht die Wertaufbewahrungsfunktion verloren und damit wird auch die Tauschmittelfunktion beeinträchtigt, so dass man möglicherweise zum Realtausch, Gut gegen Gut, zurückkehrt oder Ersatzgeld (Zigarettenwährung) geboren wird.

6.5.2   Deflation

Wer in der zweiten Hälfte des zwanzigsten Jahrhunderts aufgewachsen ist, wurde lediglich mit dem Problem der Inflation konfrontiert. Allgemeine Preisrückgänge über mehrere Perioden waren nicht zu beobachten.

Eine Phase fortlaufender Senkungen des Preisniveaus (Deflation) verbunden mit Produktionsschrumpfung und Massenarbeitslosigkeit gab es in der Weltwirtschaftskrise in den frühen Dreißigerjahren.

Auch im 19. Jahrhundert gab es lange Perioden mit Senkungen des Preisniveaus: So lag z. B. das durchschnittliche Preisniveau in den USA im Jahre 1896 um 23 Prozent unter dem des Jahres 1880 (Mankiw 2008).

Wirtschaftskrisen mit Gesamtauswirkungen auf die Weltproduktion wurden auch durch die beiden Energiekrisen mit den Rezessionen im Anschluss an den Jom-Kippur-Krieg 1973 und die iranische Revolution von 1979 oder durch die 1982 einsetzende Schuldenkrise in Lateinamerika ausgelöst.

Seit den Neunzigerjahren des zwanzigsten Jahrhunderts ist Japan nach einem inflationärem Boom bei Vermögenswerten in einen Zustand der Stagnation geraten. Auch Zinssätze von fast Null und Ausgabenprogramme der Regierung haben zu keinem Aufschwung der japanischen Wirtschaft geführt.

Die „Asien-Krise" (1997), abnehmende Wachstumsraten in den USA und Europa kurz nach Beginn des dritten Jahrtausends und vor allem die derzeitige neue Weltwirtschaftskrise haben Deflationsgefahren wieder aktualisiert.

Ob die aktuelle Finanz- und Wirtschaftskrise als *neue* Weltwirtschaftskrise in die Geschichte eingehen wird, muss sich noch zeigen.

6.5.2.1   Weltwirtschaftskrisen

Als markanter Beginn der *alten* Weltwirtschaftskrise (Great Depression) wird der **Schwarze Freitag** am 25. Oktober 1929 an der Börse von New York genannt. Die Kurszusammenbrüche begannen allerdings nicht am Freitag, sondern schon am Mittwoch, dem 23. Oktober; am 28. und 29. Oktober nahmen die Kursverluste noch zu. Der Dow Jones stürzte von Oktober 1929 bis zum Jahrestief 1932 von 400 auf 40 Punkte. (Erst ein knappes Vierteljahrhundert später erreichte der Dow Jones wieder seinen alten Höchststand von 400 Punkten).

Liquiditätsschwierigkeiten führten zu Kreditausfällen und -kündigungen und Abzug von Liquidität aus Europa und vor allem aus Deutschland. Mit der Abnahme des Wertes von Sicherheiten nahm die Anzahl der Insolvenzen zu. Die nachfragewirksame Geldmenge wurde bei Starrheit der Kosten zu klein, um die Produktion abnehmen zu können. Den notleidenden Banken wurde die benötigte Liquidität zur Abwehr des Bankenansturms der Einleger nicht zur Verfügung gestellt. Das Kreditangebot, aber auch die Kreditnachfrage der Unternehmen ging trotz niedriger Zinsen aufgrund pessimistischer Zukunftserwartungen und nicht ausgelasteter Kapazitäten zurück; das Kreditvolumen sank. Die Umlaufsgeschwindigkeit des Geldes nahm ab; Geld wurde zunehmend gehortet. Die US-Zentralbank (Federal Reserve) ließ zu, dass das Geldangebot zwischen 1929 und 1933 um 28 Prozent zurückging, was aus einem Rückgang des Geldschöpfungsmultiplikators resultierte (Mankiw 2008). Der Rückgang des Geldschöpfungsmuliplikators ging auf Bankenzusammenbrüche und die dadurch verursachten Verhaltensänderungen des Publikums (Erhöhung des Bargeldabzugs; vgl. Kapitel 6.4) und der Banken zurück, die aufgrund der entzogenen Reserven nicht nur Kredite abbauten, sondern auch ihre Reservehaltung über das gesetzlich vorgeschriebene Minimum erhöhten. Verteter der „Geldhypothese" (z. B. Milton Friedman) machen daher in erster Linie die Zentralbank für die Depression verantwortlich.

Die gesamtwirtschaftliche Nachfrage in den USA schrumpfte. Durch die Krise der US-Wirtschaft nahm der Export der Europäer und der Rohstoffexporteure ab. Das Einkommen sank und die Arbeitslosigkeit stieg weltweit.

Am stärksten betroffen von der Weltwirtschaftskrise waren die USA und Deutschland. Die überwiegend aus den USA kommenden Kapitalimporte, mit denen das Deutsche Reich die Reparationszahlungen finanzierte, brachen zusammen und führten schon 1930 zu einer Überschuldung. Nachdem ohnehin durch den Abzug von Liquidität durch das Ausland das inländische Geldvolumen und damit die Nachfrage in Deutschland vermindert wurden, verstärkte seit dem Sommer 1930 auch noch die staaliche Finanzpolitik die Krise durch die Sparpolitik von Reichskanzler Brüning. Der Konsum ging zurück, die Auslastung der Produktionskapazität betrug im Jahre 1932 nur mehr etwa 45 Prozent (Henning 1991); die Nettoinvestitionen und zum Teil auch die Ersatzatzinvestitionen nahmen ab. Durch die Verringerung des Produktionsvolumens und damit der Gewinne war die Bedienung vieler Kredite nicht mehr gewährleistet. Nicht nur das Ausland (wegen der Instabilität der politischen Lage nach den Wahlen im September 1930, aber auch durch die Krise der Banken in den USA und Frankreich), sondern auch inländische Gläubiger verschärften durch Abhebungen die Liquiditätslage der deutschen Banken. Höhepunkt der deutschen Bankenkrise war die Zahlungseinstellung der Darmstädter und Nationalbank (Danat Bank) und der darauf einsetzende Run auf die Einlagen bei den Banken und Sparkassen am 13. Juli 1931, so dass der 14. und 15. Juli von der Reichsregierung zu „Bankfeiertagen" erklärt werden mussten.

Das Volkseinkommen sank zwischen 1929 und dem Tiefpunkt im Jahre 1932 in den USA um 52,3 und in Deutschland um 40 Prozent. Die Arbeitslosenquote lag im Jahresdurchschnitt 1932 in den USA bei 23,6 Prozent (Mankiw 2008) und in Deutschland noch wesentlich höher (Winkel, 1973; Henning 1991)): Die Zahl allein der registrierten Arbeitslosen war im Februar 1932 bei 6,1 Mio bei 11,9 Mio beschäftigten Arbeitnehmern (gemessen am im Arbeitsprozess stehenden Mitgliederbestand der Krankenkassen). Für das Ausmaß des wirtschaftlichen Abschwungs machen viele Ökonomen die

Deflation verantwortlich (Mankiw 2008). Das Preisniveau fiel in den USA von 1929 bis 1933 um 25 Prozent. Der weltweite Preisverfall von Rohstoffen betrug von 1929 bis 1933 56 Prozent.

Die meisten Ökonomen glauben, dass die Weltwirtschaftskrise eine vermeidbare Tragödie war: Hätte der Präsident der USA, Herbert Hoover, weniger Haushaltsdisziplin geübt, hätte man den Banken Liquiditätshilfen zur Verfügung gestellt, hätte die US-Zentralbank eine weniger restriktive Geldpolitik betrieben, wäre es bei einer bald vergessenen Rezession geblieben.

Die Auswirkungen der im Jahre 2008 durch die Immobilienkrise in den USA offen zutage getretenen globalen Finanz- und Wirtschaftskrise sind zur Zeit noch nicht hinreichend absehbar.
Eine Wiederholung der geld- und fiskalpolitischen Fehler, die in Zeiten der großen Depression gemacht wurden, zeichnet sich in der aktuellen Krise allerdings nicht ab.
Die Zentralbanken stellen in einem noch nicht da gewesenen Umfang Liquiditätshilfen für die Kreditinstitute zur Verfügung und senken die Leitzinsen, die in den USA zum Jahresende 2008 auf nahe Null zurückgeführt wurden. Die Regierungen versuchen, durch Ausgabenprogramme, Bürgschaften, Einbringung von Eigenkapital und zum Teil auch durch Liquiditätshilfen für insolvenzbedrohte Großunternehmen Konjunktur- und Beschäftigungseinbrüche größeren Ausmaßes zu verhindern.
Die Auswirkungen der mit diesen Maßnahmen einhergehenden Geldmengenvermehrung werden abzuwarten sein.
Entstanden ist die Immobilienkrise in den USA dadurch, dass in Zeiten niedriger Zinsen und steigender Immobilienpreise von den Banken in großem Umfang Immobilienkredite auch an Haushalte mit niedrigem Einkommen vergeben wurden, die in der Regel kein oder kaum Eigenkapital einbringen konnten. Das Risiko für die Banken schien deshalb gering, da bei steigenden Immobilienpreisen auch im Pfändungs- und Versteigerungsfall überdurchschnittliche Renditen erwartet wurden. Es haben selbst solche Haushalte über Kredite Häuser in Erwartung steigender Preise finanziert, die keinen Eigenbedarf hatten.
Diese Kreditforderungen wurden schließlich in Form von handelbaren Wertpapieren gebündelt und an Banken rund um den Globus verkauft, die sich aus diesem Geschäft überdurchschnittliche Renditen versprachen. Diese Zertifikate waren anonym, d. h. sie ließen nicht mehr erkennen, welche Bonität die ursprünglichen Kreditnehmer hatten und haben somit entsprechende Risikoabwägungen in den Hintergrund gedrängt, zumal „alle" dieses Geschäft machten, um nicht gegenüber der Konkurrenz bei der Rendite abgehängt zu werden.
Das System brach zusammen, als die amerikanische Zentralbank das Zinsniveau in mehreren Schritten erhöhte. In den USA ist es üblich, dass Immobilienkredite zu variablen Zinssätzen abgeschlossen werden. Durch die steigenden Zinsen wurden mehr und mehr Haushalte zahlungsunfähig. Die Preise am Immobilienmarkt drehten. Die verbrieften Forderungen verloren an Wert und waren schließlich nicht mehr handelbar.
Wer jetzt noch solche Papiere im Portefeuille hatte, war Verlierer dieses „Schneeballsystems".
Die Banken mussten Wertberichtigungen vornehmen und wussten gar nicht in welcher Höhe, da es keinen Markt mehr für diese Papiere und damit keinen Preis gab.

Das Eigenkapital schrumpfte. Die Banken wussten voneinander nicht mehr, welcher Abschreibungsbedarf und welche Probleme bei der Konkurrenz vorhanden waren. Der Geldmarkt (Handel unter Banken) trocknete aus, d. h. das Angebot auf dem Geldmarkt kam zum Erliegen. Die Kreditvergabe an Unternehmen der Realwirtschaft wurde eingeschränkt. Durch staatliche Hilfsmaßnahmen und Liquiditätshilfen der Zentralbanken und auch durch Übernahmen wurden bislang viele Banken vor der Insolvenz gerettet. In Deutschland waren vornehmlich *staatlich* dominierte Banken betroffen. Nicht gerettet wurde die weltweit agierende amerikanische Investmentbank Lehman Brothers, was zu einem zusätzliche Schock auf den Finanzmärkten führte.

Hinzu kommt, dass Investment-, Private Equity- und Hedgefonds Bestände verkaufen müssen, wenn die Kunden ihre Anteile zurückgeben. Wie auch in der großen Depression wird dann unter Umständen alles verkauft, was sich in Liquidität verwandeln lässt, auch Rohstoffe, und die Kurse fallen. Die Vermögensverluste und sinkende Preise führen zu einer Kaufzurückhaltung bei Investitions- und Konsumgütern. Schwierigkeiten bei der Refinanzierung gefährden die Überlebensfähigkeit von Unternehmen, bringen die Investitionstätigkeit u. U. zum Erliegen, die Nachfrage nach dem Faktor Arbeit geht zurück, die gesamtwirtschaftliche Nachfrage sinkt. Eine schwere Finanzkrise bedingt fast immer eine Krise der Realwirtschaft, da die Aufgabe des Finanzsystems darin besteht, mit der Ersparnis direkt (über Finanzmärkte) und indirekt (über Finanzintermediäre) mit den in Kapitel 6.4. beschriebenen Multiplikatoren Realkapital zu generieren und zu kanalisieren (allociieren).

Die Reaktionen der Zentralbanken und der Regierungen unterscheiden sich also diametral in der aktuellen Finanz- und Wirtschaftskrise von denen in der großen Depression und zum Teil auch von den Reaktionen in jüngeren Krisenzeiten.
Es gibt allerdings eine Reihe von Ähnlichkeiten, die eine Krise definieren können.
Die große Depression, die aktuelle Finanz- und Wirtschaftskrise, die „Asien-Krise" (1997), die Wachstumskrisen in den USA und im Euro-Raum, auch die bereits seit vielen Jahren anhaltende Phase der Rezession und Stagnation (vgl. Kapitel 9.2) in Japan, die allerdings zu einem großen Teil strukturell bedingt ist, wurden durch einen inflationären, zum Teil kreditfinanzierten Boom bei Vermögenswerten ausgelöst.

Weitere Ähnlichkeiten bestanden darin, dass

- den Boomphasen ein starker Rückgang der Aktienkurse folgte; der Wert von Sicherheiten (für Kredite) zurückging und die Anzahl der Insolvenzen erheblich zunahm;

- die Verschuldung stieg;

- Banken in Schieflagen gerieten oder zumindest erhebliche Kreditausfälle und Ertragseinbußen erlitten und durch Zurückhaltung bei der Kreditvergabe den Rückgang der wirtschaftlichen Aktivitäten verstärkten;

- diese Perioden von niedrigen Zinsen, abnehmenden Inflationsraten (Disinflation) oder fallenden Preisen begleitet waren.

- staatliche Maßnahmen erfolgten, um inländische Unternehmen vor ausländischer Konkurrenz zu schützen (Protektionismus).

- die Arbeitslosigkeit stieg, die Konsumenten und Investoren verunsichert waren und das Vertrauen in die Politik abnahm.

- Regierungen zögerten, größere Steuersenkungen durchzuführen (Mankiw 2008).

6.5.2.2 Wirkungen der Deflation

6.5.2.2.1 Stabilisierende Wirkungen der Deflation Wie ist es möglich, dass nicht nur Politiker, sondern auch einige Ökonomen in den Dreißigerjahren glaubten, dass sinkende Preise, also Deflation, dazu beitragen könnten, zur wirtschaftlichen Erholung und Vollbeschäftigung zurückzukehren?
Eine solche stabilisierende Wirkung der Deflation könnte mit dem Realkasseneffekt und dem Pigou-Effekt begründet werden.
Der Realkasseneffekt besteht darin, dass sinkende Preise die realen Kassenbestände erhöhen. Eine Senkung des Preisniveaus führt so in einer unterbeschäftigten Volkswirtschaft zu höherer Nachfrage und zu einem höheren realen Nationaleinkommen.
Arthur Pigou hat darauf hingewiesen, dass reale Kassenbestände bei den Haushalten nicht nur für den Gegenwartskonsum zur Verfügung stehen, sondern einen Teil des Vermögens ausmachen. Wenn das Preisniveau sinkt, nehmen die realen Kassenbestände und somit auch das Vermögen zu. Die Konsumenten fühlen sich reicher und erhöhen deswegen die Konsumausgaben.

6.5.2.2.2 Depressive Wirkungen der Deflation Eine Deflation ändert auch den Realwert von Forderungen und Verbindlichkeiten. Deflation wirkt zu Lasten der Schuldner und zu Gunsten der Gläubiger. In einer geschlossenen Volkswirtschaft wären zwar die realen Vermögensgewinne der Gläubiger absolut gleich hoch wie die realen Vermögensverluste der Schuldner, jedoch resultieren aus einer solchen Vermögensumverteilung kontraktive Effekte: Die Schuldner-Deflations-Theorie behauptet, dass die Schuldner, bedingt durch ihre realen Vermögensverluste, ihre Ausgaben um mehr verringern als die Gläubiger diese erhöhen (bedingt durch ihre realen Vermögensgewinne). Es wird hierbei unterstellt, dass die Gruppe der Schuldner eine höhere Konsumneigung (und damit eine geringere Sparneigung) hat als die Gruppe der Gläubiger.
Bei Erwartung sinkender Preise ist bei jedem nominalen Zinssatz der reale Zinssatz höher; eine höhere reale Verzinsung dämpft die geplanten Investitionen, was zu einem kontraktiven Prozess und einer Minderung von Einkommen und Beschäftigung führt und weitere Preissenkungen auslösen kann. Durch den Rückgang des Einkommens vermindert sich die Geldnachfrage mit der Folge, dass auch der nominale Zinssatz sinkt.
Bei Erwartung von Preissenkungen ergibt sich aus der Kassenhaltung ein Ertrag in Höhe der Deflationsrate. Die daraus resultierende Zunahme der Liquiditätsneigung bzw. Senkung der Umlaufsgeschwindigkeit des Geldes führt zu einem Nachfragerückgang und einem kontraktiven Prozess.
Ein anhaltend sinkendes Preisniveau führt zu einem Rückgang von Produktivität und Beschäftigung und belastet die Möglichkeit der Unternehmen, ihre Kredite zu bedienen.

Kapitel 7

Elemente der Keynesianischen Theorie zur Erklärung der Höhe des Volkseinkommens

7.1 Konzepte zur Erklärung der Höhe des Volkseinkommens und der Beschäftigung

In der Ex-post-Analyse des Kapitels 2 haben wir lediglich im zeitlichen Rückblick erklärt, wie das Volkseinkommen durch Produktion entsteht. Wir haben jedoch nicht erklärt, welche Faktoren ursächlich auf Einkommen und Beschäftigung einwirken.

Wir versuchen nun, von dem geplanten Verhalten der Wirtschaftssubjekte auszugehen und daraus Veränderungen des Volkseinkommens und der Beschäftigung aufzuzeigen.

Unter **Beschäftigung** versteht man die Ausnutzung der produktionstechnischen Kapazität, also die Auslastung des vorhandenen Realkapitals (Maschinen, Gebäude usw.) und des Produktionsfaktors Arbeit. Im engeren Sinn der Arbeitsmarktstatistik versteht man unter Beschäftigung die Entwicklung der Gesamtzahl aller unselbständigen Erwerbspersonen.

Es gibt verschiedene Erklärungsansätze für die Höhe des Volkseinkommens und deren Schwankungen.

Rückblickend könnte man die unterschiedlichen Auffassungen in folgende Hauptrichtungen zusammenfassen:

- Klassik

- Keynesianismus

- Monetarismus

- Postkeynesianismus

- Neue Keynesianische Makroökonomik

- Neue klassische Makroökonomik

- Mikro-Fundierung der Makroökonomie

- Theorie realer Konjunkturzyklen

Im Gedankengebäude der **Klassik** (Malthus, Mill, Ricardo, Say, Adam Smith) oder **Neoklassik** (Fisher, Jevons, Marshall, Menger, Pigou, Walras) glaubte man, dass jede Produktion von Gütern gleichzeitig eine gleichgroße Nachfrage nach diesen Gütern schaffen würde und damit die Gesamtnachfrage nie kleiner als das Gesamtangebot sein kann (**Saysches Theorem**). Das (neo-)klassisch orientierte System geht davon aus, dass die Koordination der Einzelpläne durch die unsichtbare Hand (**Adam Smith**) der Konkurrenzpreisbildung mit einem funktionierenden Preissystem, d. h. flexiblen Preisen nach oben und nach unten, erfolgt. Das Preissystem sowie die dadurch verursachten Gewinne und Verluste der Unternehmen lenken die Produktionsfaktoren in die Verwendungen, in denen sie die höchsten Erträge und den höchsten Nutzen stiften. Der Arbeitsmarkt tendiert – von befristeten Störungen abgesehen – zur Vollbeschäftigung, wenn Anpassungsmechanismen, die zu Reallohnsenkungen führen, nicht gestört werden.

Vom Geldsektor gehen nach klassischer Auffassung keine bedeutsamen Wirkungen auf Einkommen und Beschäftigung aus. Nach der Quantitätstheorie beeinflusst die Geldmenge und deren Veränderung lediglich das allgemeine Preisniveau, nicht aber die relativen Preise. Die Realwerte aller Güter würden also durch Geldmengenänderungen nicht berührt.

Ein Nachfrageausfall durch Erhöhung der Ersparnis würde nach klassischer Auffassung keinen Produktions- und Beschäftigungsrückgang bewirken, da die Erhöhung der Ersparnis den Zins senken und damit die Nachfrage nach Investitionsgütern steigern würde. Ein Nachfrageausfall seitens der Haushalte würde also über eine Zinssatzsenkung durch zusätzliche Investitionsnachfrage der Unternehmen ausgeglichen.

Der Kerngedanke des **Keynesianismus**, in den die Erfahrungen aus der Weltwirtschaftskrise 1929–1932 eingeflossen sind, besteht darin, dass eine Marktwirtschaft nicht zwangsläufig zur Vollbeschäftigung tendiert, sondern vielmehr über längere Zeit in Unterbeschäftigung verharren kann, wenn nicht durch eine entsprechende Wirtschaftspolitik gegengesteuert wird. Die Höhe des Volkseinkommens und der Beschäftigung wird durch die Höhe der geplanten Gesamtnachfrage (Konsumnachfrage, Investitionsnachfrage, Staatsnachfrage und Auslandsnachfrage) bestimmt. Das Saysche Theorem wurde auf den Kopf gestellt: die Nachfrage schafft die Produktion (das Angebot) und nicht umgekehrt. Die mögliche Starrheit von Preisen und Löhnen wird mit ins Kalkül gezogen. Sparen ist nach dem britischen Nationalökonomen **John Maynard Keynes** (1883–1946; Hauptwerk: The General Theory of Employment, Interest and Money; London 1936) als Nichtnachfrage zu verstehen und nicht als Angebot auf dem Geldsektor, das den Zins sinken und die Nachfrage nach Investitionsgütern steigen ließe. Keynes lehnt die Quantitätstheorie ab. Er macht darauf aufmerksam, dass Geld nicht nur als Tauschmittel, sondern auch als vollkommen liquides Vermögensobjekt gehalten werden kann. Der Zins wird durch die Nachfrage nach Geld (Nachfrage nach Liquidität) und durch das Geldangebot bestimmt. Da andererseits der Zins auch die Höhe der Nachfrage nach Investitionen beeinflusst, ist bei Keynes eine Beziehung zwischen dem Geld- und Gütersektor hergestellt. Der Keynesianismus war zunächst bis in die Sechziger- und Siebzigerjahre gängige Doktrin. In den Siebziger- und Achtzigerjahren wurde vor allem in den angelsächsischen Ländern der Monetarismus dominant.

Der **Monetarismus** geht auf den Amerikaner **Milton Friedman** zurück. Friedman lehnt im Gegensatz zu Keynes staatliche Programme als Mittel zur Konjunkturpolitik und überhaupt jede dirigistische Beeinflussung der Wettbewerbswirtschaft ab. Friedman und dessen Anhänger weisen der Entwicklung der Geldmenge eine zentrale Bedeutung für die Wirtschaftsentwicklung zu. Wie die Neoklassiker sind auch die Monetaristen davon überzeugt, dass die Marktwirtschaft grundsätzlich zur Vollbeschäftigung tendiert. Der Grund für auftretende Arbeitslosigkeit wird bei den Monetaristen nicht in mangelnder Nachfrage gesehen, sondern als Ergebnis einer natürlichen Arbeitslosigkeit, die sich im Wesentlichen dadurch ergibt, dass bisherige berufliche Fähigkeiten nicht mehr gebraucht und/oder alte Produktionsstandorte aufgegeben werden (strukturelle Arbeitslosigkeit) oder Sucharbeitslosigkeit bei freiwilligem oder unfreiwilligem Arbeitsplatzwechsel entsteht (friktionelle Arbeitslosigkeit).
Eine sinnvolle Wirtschaftspolitik besteht nach Ansicht der Monetaristen nicht in einer fallweisen (diskretionären) Politik, sondern in einer langfristig angelegten stabilen Geld- und insbesondere Geldmengenpolitik, die sich an der Entwicklung der Produktionsmöglichkeiten orientiert.

Hier trifft sich das monetaristische Konzept auch mit den Anhängern einer **angebotsorientierten Wirtschaftspolitik**. Die Angebotstheoretiker bemängeln, dass im Zuge des Keynesianismus einseitig die Nachfragesteuerung durch Staatsinterventionismus betont worden sei mit der Folge der Konservierung überalteter Strukturen durch Arbeitsplatzerhaltungsmaßnahmen und der Folge wachsender Staatsverschuldung, und es nun erforderlich sei, durch entsprechende Gesetze und Steuererleichterungen die Investitions- und Leistungsbereitschaft und damit die Angebotsseite zu stärken und so zu Wachstum und Nachfrage nach Arbeit beizutragen. Dieses Konzept hat in den Achtzigerjahren ihren Niederschlag in der amerikanischen Politik unter Reagen und der britischen Politik unter Thatcher gefunden.

Die Forschung entwickelte sich vor allem in folgende Richtungen:

- *Postkeynesianer* (Davidson, Harrod, Klein, Kaldor, Kalecki, Kregel, Minsky, Robinson, Shackle, Sraffa); gemeinsam ist ihnen, dass sie z. B. angesichts des ständigen Wachstums internationaler Konzerne und angesichts der oligopolistischen Preissetzung von Großunternehmen neoklassisch konzipierte Konkurrenz- und Gleichgewichtsmodelle zur Erklärung der Realität ablehnen; Realitätsnähe wird auch dadurch angestrebt, dass man den ständigen Wandel durch gesetzliche und institutionelle Gegebenheiten berücksichtigt.

- *Neue keynesianische Makroökonomik* (Barro, Clower, Grossmann, Leijonhufvud, Malivaud); diese auch als Ungleichgewichtstheorie charaktersisierte Konzeption versucht davon abzugehen, zur Erklärung der Realität Gleichgewichtskonzepte (vgl. Kapitel 7.6 und 7.7) zu verwenden.

- *Neue klassische Makroökonomik*, auch als Monetarismus vom Typ II bezeichnet (Lucas, Sargent); dieser ist noch stärker als der Friedmansche Monetarismus von konservativem Gedankengut beeinflusst; von zentraler Bedeutung für wirtschafts-politische Schlussfolgerungen ist die Annahme rationaler Erwartungen bei unvoll-kommener Information, d. h. auf „vernünftigerweise" zu erwartende wirtschaftspo-litische Maßnahmen stellen sich die Wirtschaftssubjekte schon vorsorglich ein, so dass diese Maßnahme möglicherweise ins Leere stößt (These der Politikinsuffizi-enz).

  Der ursprüngliche Monetarismus, der zunächst keynesianisch nachfrageorientiert war mit dem Unterschied, dass statt der direkten Nachfragepolitik die Geldpolitik betont wurde, entwickelte sich zu einer Neuformulierung der Neoklassik, was schließlich in der Neuen Klassik endete, d. h. zu einer Wegwendung von der Nachfragepolitik hin zu einer angebotsorientierten Wirtschaftspolitik (Reagonomics) führte. Die traditio-nelle Makroökonomik geriet damit in eine Krise.

- Mittlerweile hat man die Frage der *Mikro-Fundierung der Makroökonomik* aufgewor-fen. Neben Ansätzen der Spieltheorie und der experimentellen Ökonomie kommen der empirischen Wirtschaftforschung in Form von Großversuchen mit ökonometri-scher Modellierung zur Bewertung von Politikmaßnahmen eine besondere Bedeutung zu (z. B. Card, Heckman, Angrist und Krueger). Ökonomen fordern für diese Zwecke eine Freigabe aller amtlichen Daten, insbesondere auch auf Individualebene, um das Defizit der deutschen Forschung (im Vergleich zur amerikanischen) abzubauen und eine Politikberatung mit hoher Qualität gewährleisten zu können (Zimmermann, 2002).

- Nach der *Theorie realer Konjunkturzyklen* (*Real-Business-Cycle-Theory*, *RBC-Theory*) werden Konjunkturschwankungen durch reale Schocks (technologische In-novationen, Naturkatastrophen, Kriege) ausgelöst (Kydland, Prescott, Plosser u. a.). Im Keynesianismus waren es Schwankungen der gesamtwirtschaftlichen Nachfrage und im Monetarismus monetäre Schocks (ausgelöst durch die Geldpolitik), die man als Ursache von Konjunkturzyklen sah.

In den Kapiteln 7.3–7.6 beschränken wir uns im Wesentlichen auf das Keynesianische Modell (*IS/LM-Modell*), da es das wohl bekannteste Modell des 20. Jahrhunderts ist, und Keynesianische Elemente eine Renaissance erleben.

Beispiele für eine aktive Stabilisierungspolitik des Staates gab es z. B. nach den Amts-übernahmen der US-Regierungen in den Jahren 2001 und 2009. Keynesianische Argu-mente fand man bei Mitgliedern des deutschen Sachverständigenrates und bei Maß-nahmepaketen zur Konjunkturpolitik (Mankiw 2008). In der aktuellen Finanz- und Wirtschaftskrise werden (verstärkt) Haushaltsdefizite zur Erhöhung der Gesamtnach-frage in Kauf genommen.

Die „Keynesianische Theorie" ist keine Wiedergabe der „General Theory" (1936) von John Maynard Keynes, sondern eine Keynes-Interpretation, deren wichtigste Vertreter Hansen, Hicks, Klein, Modigliani, Patinkin, Samuelson, Solow und Tobin sind.

Die in der Literatur verwendeten graphischen Instrumente stammen nicht von Keynes. In seiner „General Theory" findet sich nur eine einzige Abbildung (auf S. 180).

Während wir in Kapitel 7.6 nur Güter- und Geldmarkt zur Bestimmung des „gesamtwirtschaftlichen Gleichgewichts" betrachten, fügen wir in Kapitel 7.7 dem *IS/LM-Modell* noch den Arbeitsmarkt und die Produktionsfunktion der klassisch-neoklassischen Theorie hinzu („Totalmodell").

7.2   Gesamtwirtschaftliche Güternachfrage

Die gesamtwirtschaftliche Nachfrage zerlegen wir in vier große Komponenten:

- Konsumnachfrage der privaten Haushalte und privaten Organisationen ohne Erwerbszweck (C)

- Investitionsnachfrage der privaten Unternehmen (I)

- Staatsnachfrage (A)

- Auslandsnachfrage (Ex), abzüglich der Nachfrage nach Importgütern (Im)

7.2.1   Konsumnachfrage

Der vom Umfang her bedeutendste Posten unter den Nachfragekomponenten in der Bundesrepublik Deutschland ist der **private Konsum** (Konsumausgaben der privaten Haushalte und der privaten Organisationen ohne Erwerbszweck). Dieser betrug im Jahre 2007 knapp 57 Prozent vom Bruttoinlandsprodukt.

Wenn man danach fragt, von welchen Größen der geplante Konsum für eine Periode abhängt, könnte man folgende Einflussgrößen anführen:

- das verfügbare Einkommen der betrachteten Periode

- Erwartungen über künftige Einkommen

- das verfügbare Einkommen früherer Perioden

- die Höhe des Vermögens

- Erwartungen über Änderungen des Preisniveaus

- Verfügbarkeit und Kosten von Konsumkrediten

- Sparneigung

- Einkommensverteilung

Die **Keynesianische Konsumfunktion** vereinfacht die Zusammenhänge derart, dass man nicht zwischen verfügbarem Einkommen und Volkseinkommen unterscheidet und dass als Bestimmungsgröße für den kurzfristigen Konsum lediglich die Höhe des Volkseinkommens betrachtet wird:

$$C = C(Y)$$

Bei Annahme einer geschlossenen Volkswirtschaft ohne staatliche Aktivität ließe sich die Keynesianische Konsumhypothese wie folgt beschreiben:

- Mit steigendem Volkseinkommen wächst der (geplante) Konsum

- Bei sehr niedrigem Volkseinkommen ($Y < Y_0$) ist der Konsum höher als das Volkseinkommen (Entsparen)

- Bei Y_0 wird das gesamte Volkseinkommen konsumiert

- Ist $Y > Y_0$ werden Teile des Volkseinkommen gespart

- Die **durchschnittliche Konsumquote** $\frac{C}{Y}$ nimmt mit steigendem Volkseinkommen ab

- Die **marginale Konsumquote** $c = \frac{dC}{dY}$ nimmt mit steigendem Volkseinkommen ab. Die marginale Konsumquote c gibt an, um wieviel der Konsum zunimmt, wenn das Volkseinkommen um eine Einheit steigt. Steigt z. B. das Volkseinkommen um 1 Euro und werden davon 80 Cents für Konsum verausgabt, so beträgt die marginale Konsumquote $c = 0, 8$.

In Abbildung 7.1 ist neben der Konsumfunktion auch die (geplante) Ersparnis $S = S(Y)$ eingezeichnet. Die (geplante) **Ersparnis** S ist der (geplante) Konsumverzicht $(Y - C)$.

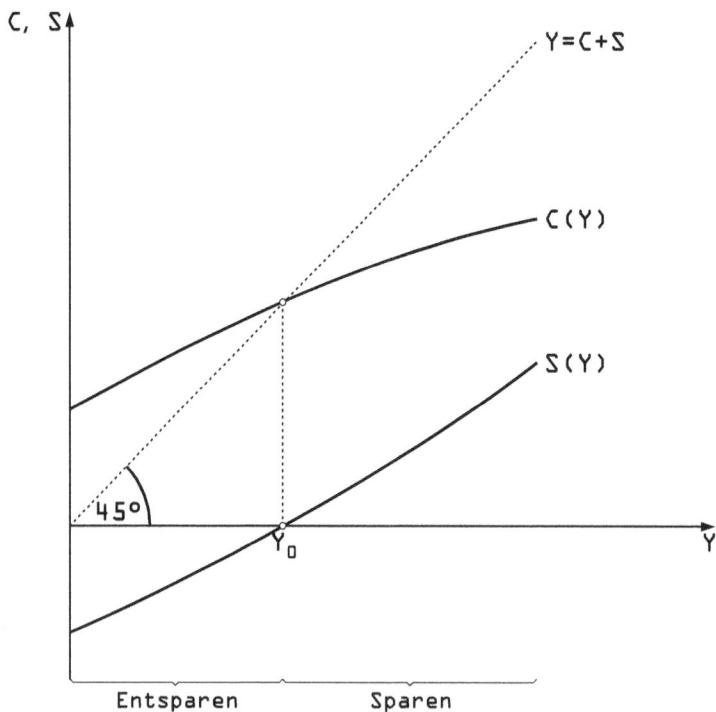

Abbildung 7.1: Keynesianische Konsumfunktion

Keynes unterstellt hierbei Freiheit von Geldillusion, d. h. dass die Konsumfunktion als Zusammenhang zwischen dem realen Volkseinkommen und dem Realkonsum zu verstehen ist, also Änderungen des Geldwertes keinen Einfluss auf die Höhe des Realkonsums haben.

Die von Keynes ohne empirische Untersuchungen aufgestellte Konsumhypothese bezieht sich auf eine kurzfristige Konsumfunktion, die angibt, wie hoch der (geplante) Konsum bei alternativen Höhen des Volkseinkommens derselben Periode wäre. Empirische Untersuchungen über einen längeren Zeitraum von Jahren haben ergeben, dass die langfristige **Konsumfunktion** als eine Funktion über die zeitliche Entwicklung des tatsächlichen Konsums in Abhängigkeit vom tatsächlichen Volkseinkommen in etwa durch den Nullpunkt verläuft und linear ist. Bei einer solchen langfristigen Konsumfunktion wäre dann die durchschnittliche mit der marginalen Konsumquote identisch.

Ökonometrische Untersuchungen haben für die Variante mit dem **Robertson-Lag**, die den (geplanten) Konsum in Abhängigkeit vom Volkseinkommen der Vorperiode darstellt, bessere Ergebnisse als für die Keynesianische Konsumhypothese gebracht:

$$C_t = C_t \left(Y_{t-1} \right)$$

7.2.2 Investitionsnachfrage

Der Investitionstätigkeit kommt im Rahmen der Analyse der Höhe von Volkseinkommen und Beschäftigung eine besondere Bedeutung deswegen bei, weil diese wesentlich größeren Schwankungen unterworfen sind als die Konsumnachfrage. Die Höhe der einkommenswirksamen (privaten) **Nettoinvestition** kann von verschiedenen Bestimmungsfaktoren abhängig sein:

- von der Höhe der Gewinne der laufenden Periode

- von den erwarteten Gewinnen

- von den Gewinnsteuern

- von der Konsumnachfrage bzw. vom Volkseinkommen

- von der Änderung der Konsumnachfrage bzw. der Änderung des Volkseinkommens

- vom Marktzinssatz

- vom internen Zinssatz, d. h. der erwarteten innerbetrieblichen Verzinsung der Investition

Von Keynes wird besonders die Abhängigkeit der Investition vom **internen Zinssatz** r, den er als **Grenzleistungsfähigkeit des Kapitals** bezeichnet, und dem **Marktzinssatz** i betont.

Nimmt man an, dass die erwarteten Nettoerträge einer geplanten Investition in n künftigen Perioden mit $E_1, E_2, \ldots, E_n$ und die Anschaffungskosten der geplanten Investition mit K_0 bezeichnet werden, so kann man den internen Zinssatz r dadurch errechnen, dass man denjenigen Zinssatz sucht, der die auf den Zeitpunkt unmittelbar vor der Investition diskontierten Nettoerträge $E_1, E_2, \ldots, E_n$ genauso groß werden lässt wie die Anschaffungskosten K_0:

$$\frac{E_1}{1+r} + \frac{E_2}{(1+r)^2} + \ldots + \frac{E_n}{(1+r)^n} = K_0$$

Ist $r \geq i$, also der errechnete interne Zinssatz größer als der Marktzinssatz i, den eine Anlage auf dem Kapitalmarkt erbringen würde, so lohnt sich die Investition.

Geht man davon aus, dass der interne Zinssatz (die Grenzleistungsfähigkeit des Kapitals) bei zunehmender **Investition** abnimmt, so wird in Abbildung 7.2 mit I_0 diejenige Höhe der Investition gekennzeichnet, die bei gegebenem Marktzinssatz i realisiert wird.

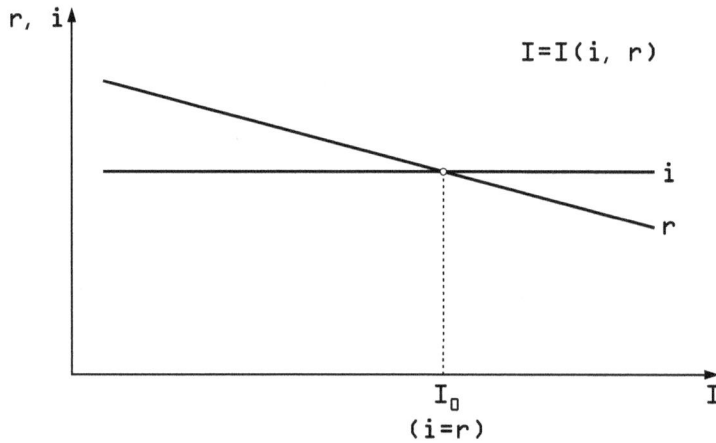

Abbildung 7.2: Interner Zinssatz und Marktzinssatz

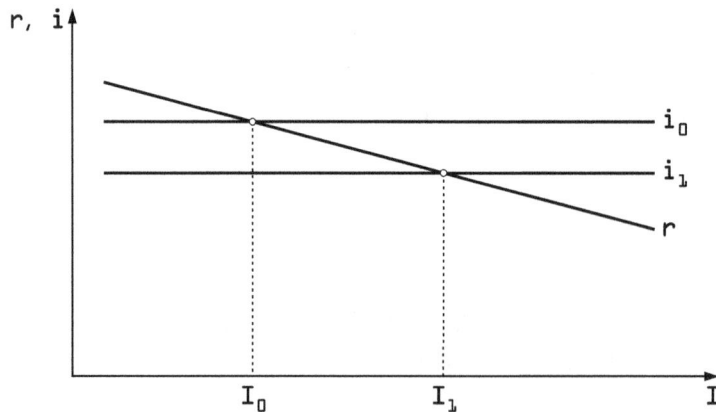

Abbildung 7.3: Änderung des Marktzinssatzes

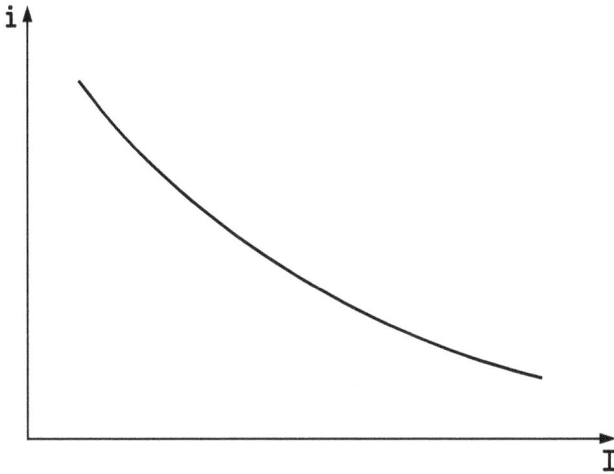

Abbildung 7.4: Keynesianische Investitionsfunktion

Würde bei sonst gleichen Bedingungen der Marktzinssatz i von i_0 auf i_1 fallen, so würde die Höhe der Investition von I_0 auf I_1 steigen (vgl. Abbildung 7.3).

Bei gegebener Grenzleistungsfähigkeit des Kapitals kann dann die **Keynesianische Investitionsfunktion** einfach als $I = I(i)$ geschrieben werden (vgl. Abbildung 7.4).

7.2.3 Staatsnachfrage

Die **Staatsnachfrage A** besteht aus den beiden Komponenten **staatlicher Konsum** und **staatliche Investition**.

Man beachte, dass die Ausgaben des Staates im Rahmen der Umverteilung von Einkommen hier nicht berücksichtigt sind, sondern lediglich die einkommenswirksamen Ausgaben des Staates für Güter (Sachgüter und Dienstleistungen).

Der staatliche Konsum enthält u. a. die Gehälter der Beamten und öffentlich Bediensteten, Ausgaben für die Verteidigung, Ausgaben der Sozialversicherung für Medikamente. Die staatliche Investition fällt hauptsächlich im Bereich der Infrastruktur (z. B. Straßen, Kanäle, Schulen, Krankenhäuser, Wasserver- und -entsorgung) an.

Der gesamte Komplex von Staatseinnahmen und -ausgaben wird im Rahmen der wirtschaftswissenschaftlichen Darstellung in einem eigenen Untersuchungsgebiet, der *Finanzwissenschaft* behandelt.

7.2.4 Auslandsnachfrage

Die Auslandsnachfrage Ex betrug in der Bundesrepublik Deutschland im Jahre 2007 fast 40 Prozent des Bruttoinlandsprodukts.

Einkommenswirksam ist allerdings nur der **Außenbeitrag**, also die Differenz zwischen Export und Import. Der Außenbeitrag $(Ex - Im)$, gemessen am Bruttoinlandsprodukt, betrug im Jahre 2007 knapp 7 Prozent.

7.3 Güterwirtschaftliches Gleichgewicht

Der Einfachheit halber betrachten wir in den Kapiteln 7.3 bis 7.7 eine geschlossene Volkswirtschaft ohne staatliche Aktivität.

Güterwirtschaftliches Gleichgewicht besteht dann, wenn die **geplante Ersparnis** gleich der **geplanten Nettoinvestition** ist.

Die **IS-Kurve** in Abbildung 7.5 ist hierbei der geometrische Ort aller i, Y-Kombi-nationen, für die jeweils $S_{gepl} = I_{gepl}$ ist, also für die jeweils güterwirtschaftliches Gleichgewicht besteht. In dieser Darstellung ist die Keynesianische Investitionsfunktion unterstellt.

In Abbildung 7.6 ist eine lineare Konsumfunktion sowie die Gesamtnachfragefunkti-on $C(Y) + I_0$ dargestellt (geschlossene Volkswirtschaft ohne staatliche Aktivität, in der unabhängig von der Höhe des Volkseinkommens und unabhängig von der Höhe des Zinssatzes die *autonome* Nettoinvestition I_0 geplant wird). In der unteren Darstellung der Abbildung 7.6 ist die Sparfunktion $S = S(Y)$ sowie die geplante *autonome* Netto-investition I_0 eingezeichnet.

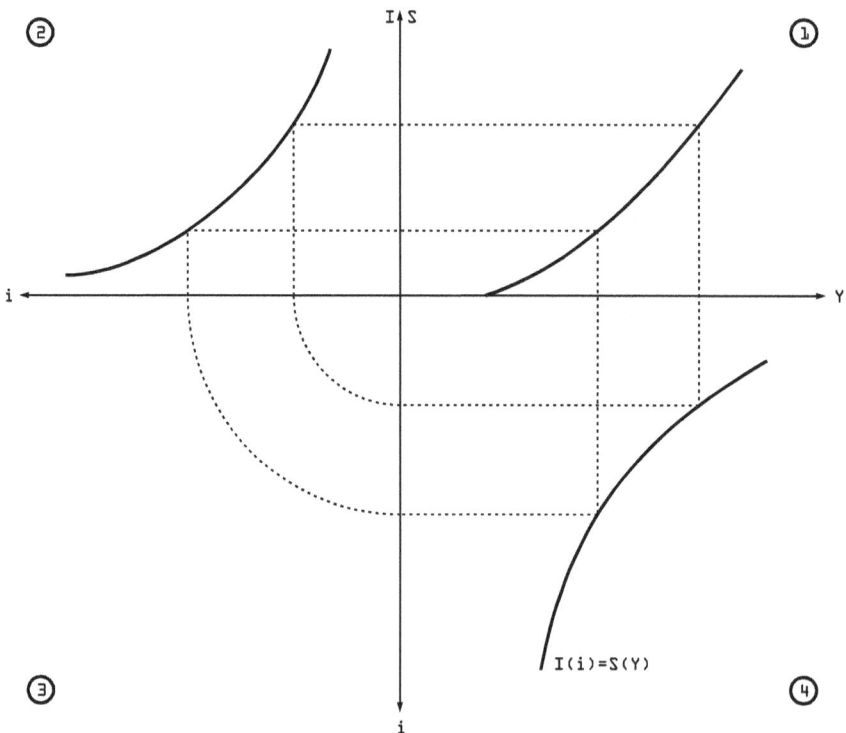

Abbildung 7.5: IS-Kurve – Güterwirtschaftliches Gleichgewicht
bei Keynesianischer Konsum- und Investitionsfunktion

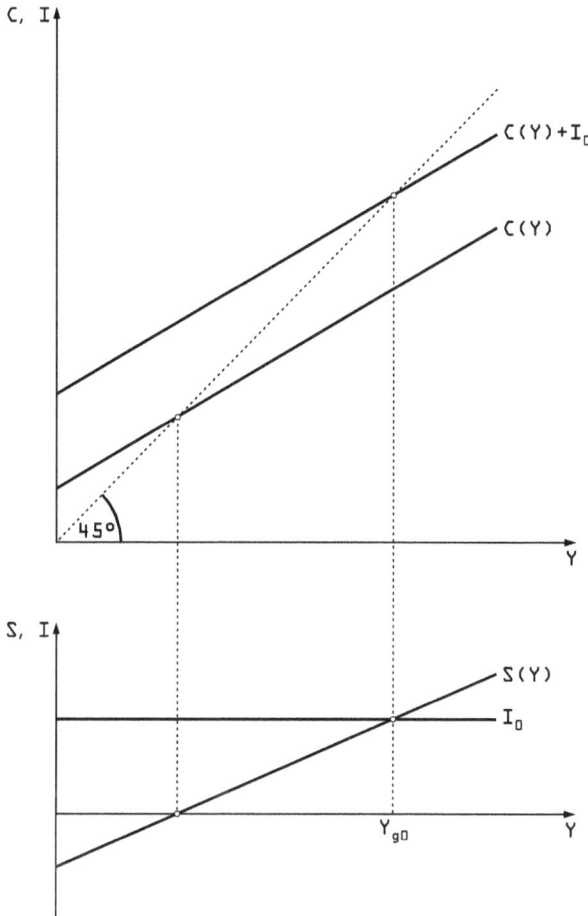

Abbildung 7.6: Güterwirtschaftliches Gleichgewicht
bei linearer Konsumfunktion und autonomer Investition

Gleichgewicht besteht beim Volkseinkommen Y_{g0}, da dann die geplante Ersparnis der geplanten Nettoinvestition ist oder – anders ausgedrückt – die geplante Gesamtnachfrage $C(Y) + I_0$ dem Gesamtangebot Y_{g0} entspricht.

7.4 Multiplikatorprozesse

Im folgenden gehen wir von einer gegebenen Gleichgewichtssituation in einer geschlossenen Volkswirtschaft ohne staatliche Aktivität aus. Ferner nehmen wir an, dass es sich bei diesem Gleichgewicht um ein Gleichgewicht bei Unterbeschäftigung handelt.
Betrachten wir nun die Wirkungen einer Störung dieser Gleichgewichtssituation, wenn die autonome Nettoinvestition um den Betrag $\Delta I = 100$ gegenüber der bisherigen Höhe der Investition gesteigert und dann in dieser Höhe beibehalten wird.

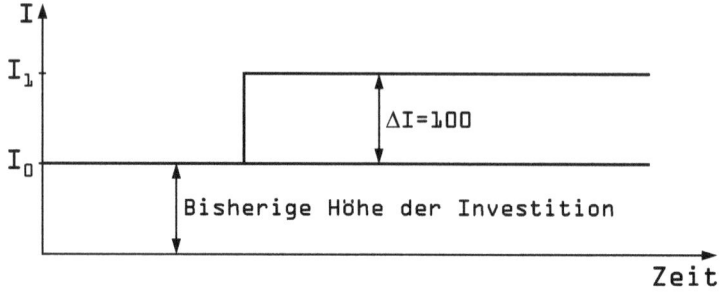

Abbildung 7.7: Erhöhung der autonomen Nettoinvestition

Wir unterstellen hier eine lineare Konsumfunktion mit dem Robertson-Lag:

$$C_t = C_t\left(Y_{t-1}\right) = cY_{t-1}$$

wobei wir für die marginale Konsumquote c den Wert 0,8 ansetzen. Ferner gilt bei Annahme einer geschlossenen Volkswirtschaft ohne staatliche Aktivität und einer autonomen Nettoinvestition I:

$$Y_t = cY_{t-1} + I$$

Periode	Investitionsänderung gegenüber der Ausgangsperiode 0	Induzierte Konsumänderung gegenüber der Ausgangsperiode 0	Änderung des Volkseinkommens gegenüber der Ausgangsperiode 0
1	100	-	100
2	100	80	180
3	100	144	244
4	100	195,2	295,2
5	100	236,16	336,16
.	.	.	.
.	.	.	.
.	.	.	.
↓	↓	↓	↓
∞			500

Abbildung 7.8: Multiplikatorprozess

In der n-ten Periode ergibt sich gegenüber der Ausgangsperiode 0 folgender Zuwachs des Volkseinkommens:

$$100 + 0,8 * 100 + 0,8^2 * 100 + \ldots + 0,8^{n-1} * 100$$
$$= \frac{100}{1 - 0,8} * (1 - 0,8^n)$$
$$= 500 * (1 - 0,8^n)$$

Da $0,8^n$ mit wachsendem n abnimmt und gegen Null konvergiert, nähert sich der Zuwachs des Volkseinkommens asymptotisch dem Wert 500:

$$\Delta Y = \frac{1}{1 - 0,8} * 100 = 500$$

Allgemein gilt also bei den gemachten Annahmen:

$$\Delta Y = \frac{1}{1 - c} \Delta I$$

Den Ausdruck $\frac{1}{1-c}$ bezeichnet man als **Multiplikator**.

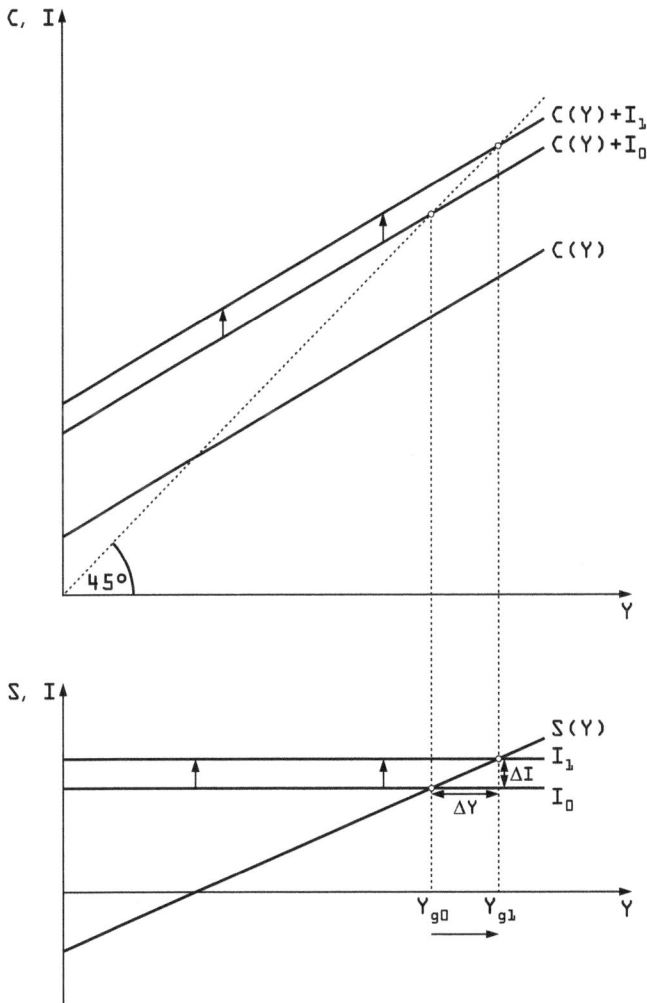

Abbildung 7.9: Änderung des Gleichgewichtsvolkseinkommens (Multiplikatoreffekt) bei linearer Konsumfunktion und autonomer Investition

Eine Investitionserhöhung um 100 Geldeinheiten über das Ausgangsniveau hinaus führt also bei einer marginalen Konsumquote von $c = 0,8$, d. h. einer marginalen Sparquote von $s = 0,2$, zu einer Erhöhung des Gleichgewichtsvolkseinkommens um 500 Geldeinheiten. Je größer die marginale Konsumquote, d. h. je kleiner die marginale Sparquote ist, desto größer ist der **Multiplikatoreffekt**.

Die durch den Multiplikatoreffekt bewirkte Änderung des Gleichgewichtsvolkseinkommens lässt sich auch durch eine Ergänzung der Abbildung 7.6 graphisch verdeutlichen (vgl. Abbildung 7.9).

Eine Erhöhung der autonomen Nettoinvestition um ΔI über das Ausgangsniveau hinaus führt zu einer Erhöhung des Gleichgewichtsvolkseinkommens von Y_{g0} auf Y_{g1}. Hierbei handelt es sich nur dann um eine reale Erhöhung, wenn die Volkswirtschaft unterbeschäftigt ist. Wäre Y_{g0} ein Gleichgewichtsvolkseinkommen bei Vollbeschäftigung, würde der Multiplikatoreffekt lediglich zu einer Steigerung des Preisniveaus führen.

Neben den multiplikativen Wirkungen von Investitionsänderungen können auch Änderungen der anderen Nachfragekomponenten **Multiplikatorprozesse** auslösen. Die Idee des Multiplikators geht bereits auf Vorläufer von Keynes zurück.

7.5   Geldwirtschaftliches Gleichgewicht

Geldwirtschaftliches Gleichgewicht besteht dann, wenn die Nachfrage nach Geld dem Geldangebot entspricht.

Die **Geldnachfrage** bezeichnet Keynes als Nachfrage nach **Liquidität**, wobei er drei Motive für die **Kassenhaltung** unterscheidet:

- das **Transaktionsmotiv**

- das **Vorsichtsmotiv**

- das **Spekulationsmotiv**

Jeder Haushalt und jedes Unternehmen benötigt einen bestimmten Kassenbestand, um die laufenden Ausgaben für Sachgüter und Dienstleistungen bestreiten zu können. Die hierzu benötigte Zahlungsmittelmenge bezeichnet man als **Transaktionskasse**. Die Nachfrage nach Transaktionskasse L_T ist eine wachsende Funktion des Volkseinkommens:

$$L_T = L_T(Y) = kY$$

wobei k eine Proportionalitätskonstante (**Kassenhaltungskoeffizient**) ist.

Die Geldnachfrage zu Transaktionszwecken hängt bei gegebenem k in dieser vereinfachten Sicht also nur vom Volkseinkommen Y ab und ist unabhängig von der Höhe des Zinssatzes (vgl. Abbildung 7.10):

Da neben den vorhersehbaren Ausgaben und Einnahmen auch nicht vorhersehbare Ereignisse eintreten können, werden die Wirtschaftssubjekte für diesen Fall aus dem

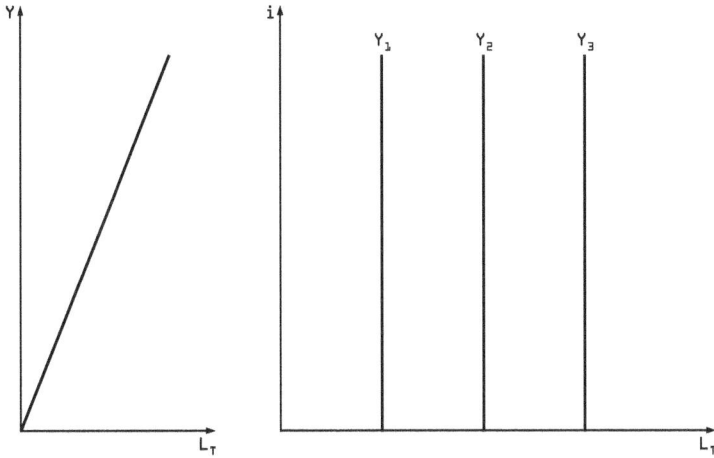

Abbildung 7.10: Geldnachfrage zu Transaktionszwecken

Vorsichtsmotiv heraus einen zusätzlichen Kassenbestand halten wollen. Das Vorsichts-motiv wird im folgenden nicht weiter betrachtet.

Ein weiteres Motiv zur Kassenhaltung ergibt sich nach Keynes aus der Vermögensstruk-tur der Wirtschaftssubjekte, die zumindest einen Teil ihres Vermögens in finanziellen Werten halten. Keynes unterscheidet hinsichtlich des finanziellen Vermögens nur zwei Möglichkeiten: man kann festverzinsliche Wertpapiere halten oder eben Liquidität, um die Möglichkeit zu haben, später zu niedrigeren Kursen, d. h. zu höheren Effektivzins-sätzen, festverzinsliche Wertpapiere zu erwerben.
Die aus diesem Spekulationsmotiv resultierende nachgefragte Liquidität nennt man Geldnachfrage zu Spekulationszwecken oder kurz **Spekulationskasse**.

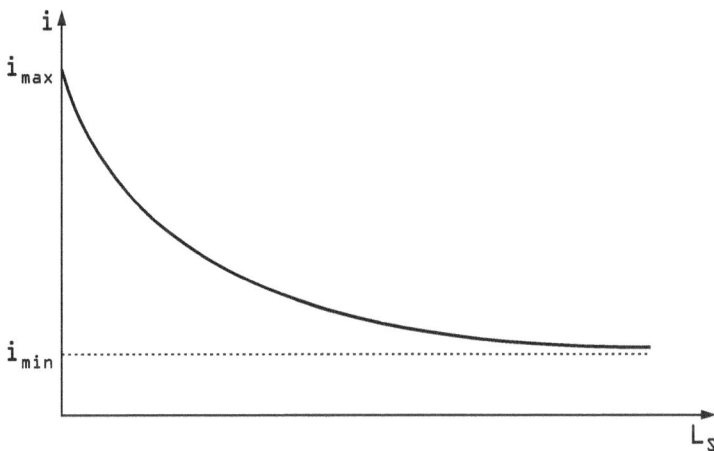

Abbildung 7.11: Geldnachfrage zu Spekulationszwecken

Die gesamtwirtschaftliche Geldnachfrage zu Spekulationszwecken ist vom Marktzinssatz i abhängig:

$$L_S = L_S(i)$$

Liegt der Marktzinssatz über der Normalvorstellung der Wirtschaftssubjekte, werden sie Wertpapiere kaufen, da sie später mit sinkenden Zinsen, d. h. steigenden Kursen rechnen. Liegt der Marktzinssatz unter der Normalvorstellung der Wirtschaftssubjekte, wird Liquidität (Kasse) gehalten, um Kursverluste bei später steigenden Zinsen zu vermeiden und um später zu höheren Effektivzinssätzen anlegen zu können. Je niedriger der Zinssatz, desto höher wird die gesamtwirtschaftliche Nachfrage nach Spekulationskasse sein. Keynes war der Auffassung, dass es einen Zinssatz i_{min} geben könne, bei dem alle Wirtschaftssubjekte ihr finanzielles Vermögen nur noch in Form von Kasse halten wollen, weil bei diesem niedrigen Zinssatz eine Umwandlung von Kasse in Wertpapiere zu teuer und/oder zu mühevoll wäre.

Zur Verdeutlichung des Zusammenhangs zwischen **Effektivzinssatz** und **Kurs** eines festverzinslichen Wertpapiers sei daran erinnert, dass sich der Effektivzinssatz aus folgender Beziehung ergibt:

$$\text{Effektivzinssatz} = \frac{\text{Nominalzinssatz} * 100}{\text{Kurs}} \, [\%]$$

Sinkt z. B. der Kurs einer Anleihe mit einem Nominalzinssatz von 8 Prozent von 100 auf 95, so beträgt für den Käufer, der diese Anleihe zum Kurs 95 erwirbt, der Effektivzinssatz $\frac{8*100}{95} = 8,42\%$.

Die gesamte Geldnachfrage ergibt sich aus der Summe der Geldnachfrage nach Transaktions- und nach Spekulationszwecken (vgl. Abbildung 7.12):

$$L = L(Y, i) = L_T + L_S$$

Im Keynesianischen Ansatz wird unterstellt, dass das **Geldangebot** M eine autonome Größe ist, die von der Höhe des Zinssatzes unabhängig ist.

Bei *gegebenem* Volkseinkommen ergibt sich dann der **Gleichgewichtszinssatz** i_g als Schnittpunkt zwischen der gesamtwirtschaftlichen Geldnachfragefunktion und der zins-

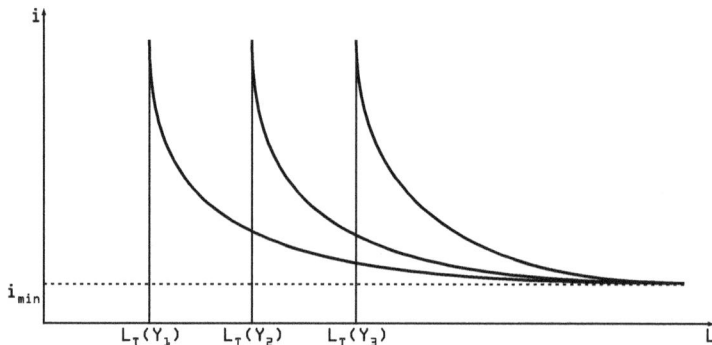

Abbildung 7.12: Gesamte Geldnachfrage

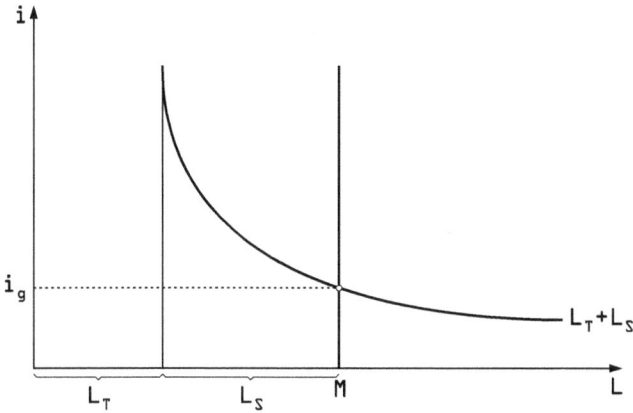

Abbildung 7.13: Gleichgewichtszinssatz

unelastischen Geldangebotsfunktion. Beim Zinssatz i_g entspricht die Geldnachfrage dem Geldangebot (vgl. Abbildung 7.13).

Es gibt nun sehr viele denkbare i, Y-Kombinationen, die bei gegebenem Geldangebot zu geldwirtschaftlichem Gleichgewicht führen.
In Abbildung 7.14 gehen wir von einer gegebenen Geldmenge M aus, die entweder für Transaktions- oder Spekulationszwecke nachgefragt werden kann (1. Quadrant). Im

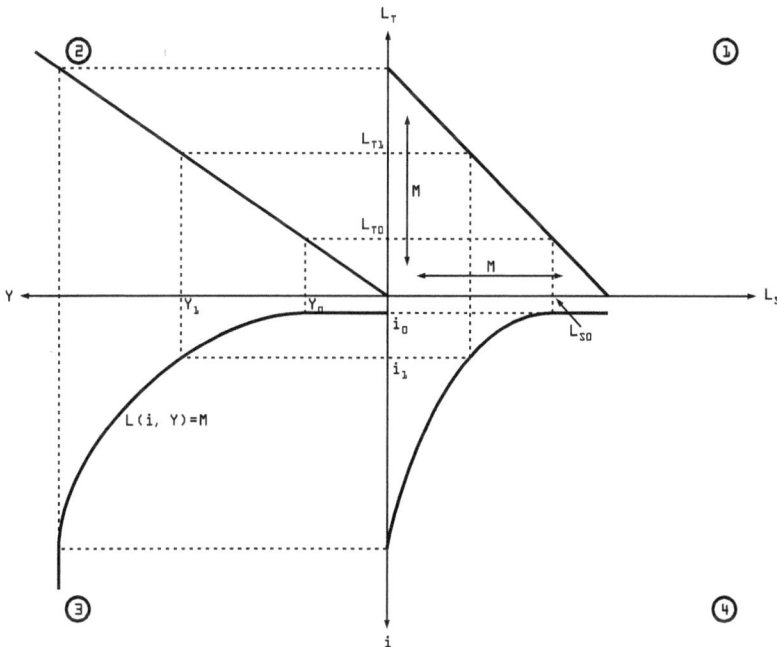

Abbildung 7.14: LM-Kurve – Geldwirtschaftliches Gleichgewicht

2. Quadranten tragen wir die Geldnachfrage zu Transaktionszwecken ab. Im 4. Quadranten ist die Geldnachfrage zu Spekulationszwecken eingezeichnet. Hat das Volkseinkommen z. B. die Höhe Y_o, so wird die Zahlungsmittelmenge L_{T0} für Transaktionszwecke nachgefragt. Da insgesamt nur die Geldmenge M zur Verfügung steht, muss – damit Gleichgewicht besteht – die Nachfrage nach Spekulationskasse L_{S0} betragen. Das wird aber nur dann der Fall sein, wenn der Zinssatz die Höhe i_0 hat. D. h. bei der Kombination i_0, Y_0 (3. Quadrant) herrscht geldwirtschaftliches Gleichgewicht.

Hätte das Volkseinkommen die Höhe Y_1 gehabt, so müsste der Zinssatz i_1 betragen, damit die Geldnachfrage dem Geldangebot entspricht. Verbinden wir im 3. Quadranten alle i, Y-Kombinationen, bei den $L_T + L_S = M$ ist, erhalten wir die sogenannte **LM-Kurve**. Die LM-Kurve ist also der geometrische Ort aller i, Y-Kombinationen, bei denen **geldwirtschaftliches Gleichgewicht** besteht.

7.6   Gesamtwirtschaftliches Gleichgewicht

Gesamtwirtschaftliches Gleichgewicht besteht dann, wenn sowohl güterwirtschaftliches als auch geldwirtschaftliches Gleichgewicht besteht. Zeichnen wir die IS-Kurve und die LM-Kurve in ein i, Y-Diagramm ein, das nach dem britischen Nationalökonomen **John Richard Hicks** als **Hicksdiagramm** bekannt ist, gibt uns der Schnittpunkt beider geometrischen Orte den **Gleichgewichtszinssatz** i_{gg} und das **Gleichgewichtsvolkseinkommen** Y_{gg} an (vgl. Abbildung 7.15).

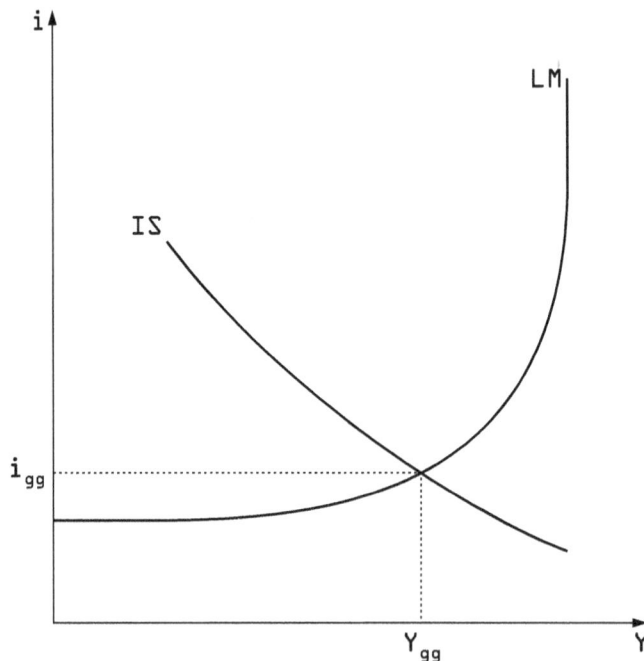

Abbildung 7.15: Gesamtwirtschaftliches Gleichgewicht (Hicks-Diagramm)

Nur bei der Kombination i_{gg}, Y_{gg} herrscht sowohl güter- als auch geldwirtschaftliches Gleichgewicht.

Wirtschaftpolitisch interessant ist nun, welche Auswirkungen z. B. Änderungen der Konsumneigung, der Investitionsneigung, der Liquiditätsneigung oder der Geldmenge auf den Gleichgewichtszinssatz und das Gleichgewichtseinkommen einer unterbeschäftigten Wirtschaft im Keynesianischen Modell haben.

Aus Platzgründen soll hier nur eine Änderung der Investitionsneigung bei sonst gleichen Bedingungen betrachtet werden.

Eine Erhöhung der Investitionsneigung kann durch eine Verschiebung der Investitionsfunktion nach links oben dargestellt werden. Eine Erhöhung der Investitionsneigung bedeutet, dass bei jedem hypothetischen Zinssatz i mehr investiert würde als in der Ausgangssituation (vgl. Abbildung 7.16). Daraus ergibt sich eine Verschiebung der IS-Funktion im 4. Quadranten nach unten rechts.

Wir übertragen nun die Verschiebung der IS-Funktion in das Hicks-Diagramm:

Schneidet die **IS-Kurve** die **LM-Kurve** im mittleren Bereich (vgl. Abbildung 7.17), ergibt sich aus der Erhöhung der Investitionsneigung ein höherer Gleichgewichtszinssatz und ein höheres Gleichgewichtsvolkseinkommen.

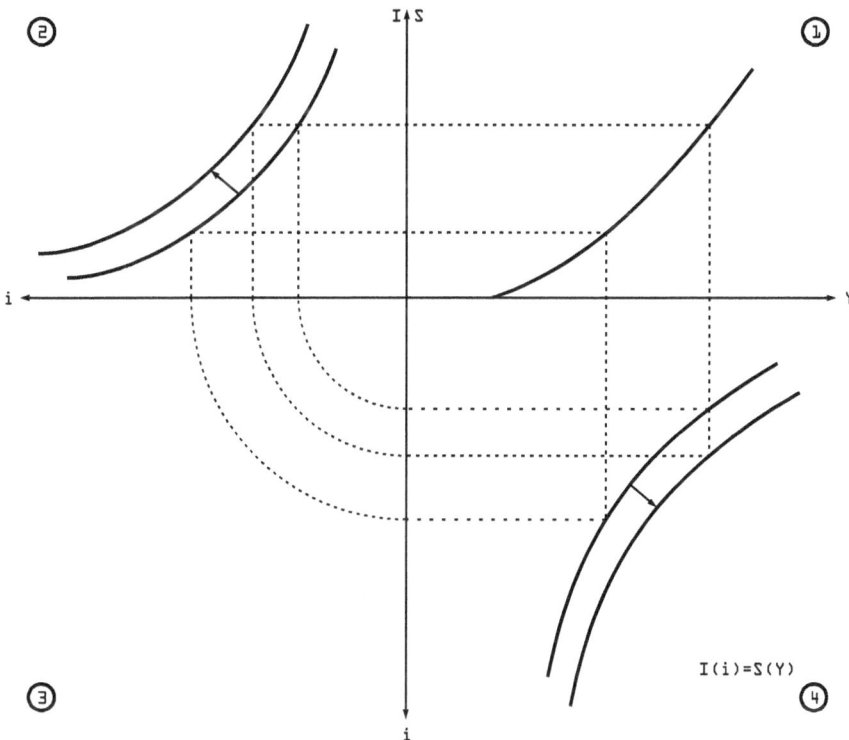

Abbildung 7.16: IS-Kurve – Erhöhung der Investitionsneigung

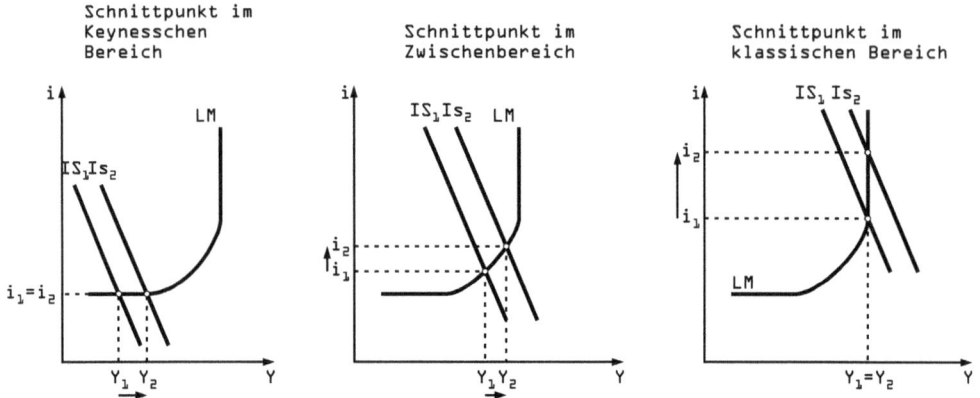

Abbildung 7.17: Verschiebung der IS-Kurve

Die modellimmanente Erklärung für den ablaufenden Prozess ist folgende:
Durch die Erhöhung der Investitionsneigung erhöht sich über den Multiplikatorprozess das Volkseinkommen; dies führt zu einer höheren Nachfrage nach Transaktionskasse. Da die Geldmenge konstant ist, werden die Wirtschaftssubjekte zur Beschaffung von Liquidität für Transaktionszwecke festverzinsliche Wertpapiere verkaufen. Bei sonst gleichen Bedingungen fallen durch die Erhöhung des Wertpapierangebots die Kurse, d. h. der Effektivzinssatz steigt. Bei steigenden Zinsen wird nun weniger Liquidität für Spekulationszwecke nachgefragt, so dass die zusätzlich erforderliche Transaktionskasse aus der Spekulationskasse freigesetzt wird.
Andererseits wird durch die Erhöhung des Zinssatzes die Investitionstätigkeit eingeschränkt, so dass der durch die Erhöhung der Investitionsneigung initiierte Multiplikatorprozess abgeschwächt wird und die Erhöhung des Gleichgewichtsvolkseinkommens dadurch niedriger ausfällt als bei unverändertem Zinssatz.

Schneidet die IS-Kurve die LM-Kurve im sogenannten **Keynes-Bereich** (vgl. Abbildung 7.17), kann die zusätzlich erforderliche Transaktionskasse aus der Spekulationskasse ohne Zinssteigerungen befriedigt werden, da der Zinssatz bereits so niedrig war, dass die Wirtschaftssubjekte ihr finanzielles Vermögen bereits in der Ausgangssituation voll als Kasse hielten. Der Multiplikatoreffekt kommt hier voll zur Wirkung. Es gilt die einfache Multiplikatorformel aus Kapitel 7.4. Das Gleichgewichtsvolkseinkommen steigt stark an, der Gleichgewichtszinssatz bleibt unverändert.

Schneidet die IS-Kurve die LM-Kurve im sogenannten **klassischen Bereich** (vgl. Abbildung 7.17), so kann kein Geld für die Transaktionskasse aus der Spekulationskasse gewonnen werden, da bereits in der Ausgangssituation aufgrund des hohen Zinssatzes keine Liquidität für Spekulationszwecke nachgefragt wurde. Die Wertpapierverkäufe zur Auffüllung der Transaktionskasse führen via Kurssenkungen zu einem starken Zinsanstieg, der den von der Erhöhung der Investitionsneigung ausgehenden Multiplikatoreffekt vollständig kompensiert. Der Gleichgewichtszinssatz steigt stark an, das Gleichgewichtsvolkseinkommen bleibt unverändert.

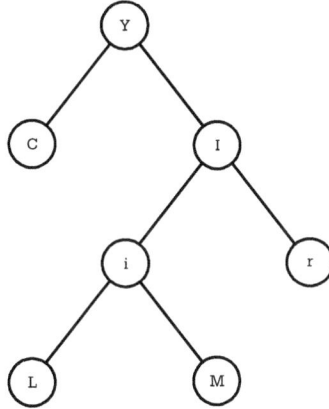

Abbildung 7.18: Keynesianisches Modell (Güter- und Geldmarkt)

Das bisher skizzierte Keynesianische Modell zur Erklärung des Volkseinkommens in einer geschlossenen Volkswirtschaft ohne staatliche Aktivität fassen wir in Abbildung 7.18 kurz zusammen: Die Nachfrage nach Liquidität (L) und das Geldangebot (M) bestimmen den Marktzinssatz (i); Der Marktzinssatz (i) und die Grenzleistungsfähigkeit des Kapitals (r) determinieren die Investitionsnachfrage (I); die Investitionsnachfrage (I) und die Konsumnachfrage (C) bestimmen die Höhe des Volkseinkommens (Y).

7.7 Gleichgewicht auf dem Güter-, Geld- und Arbeitsmarkt (Totalmodell)

Im folgenden fügen wir dem IS/LM-Modell (als Nachfragesektor) den Arbeitsmarkt und die Produktionsfunktion der klassisch-neoklassischen Theorie (als Angebotssektor) hinzu. In diesem Totalmodell wollen wir die Gleichgewichtsbedingen für Vollbeschäftigung bestimmen.

Der Arbeitsmarkt ist in Abbildung 7.19 im Quadranten 1 dargestellt. N_a sei die Kurve des Arbeitsangebots, N_n die Kurve der Arbeitsnachfrage.
Im Schnittpunkt erhalten wir den Gleichgewichtsreallohn $\left(\frac{l}{P}\right)^*$ und die Vollbeschäftigung N^*. Beim Gleichgewichtsreallohn gibt es keine unfreiwillige Arbeitslosigkeit.

Im Quadranten 2 findet man die Produktionsfunktion $Y = f(N; \overline{\kappa})$. Die Produktion (das reale Volkseinkommen) ist abhängig von den Produktionsfaktoren Arbeit und Realkapital, wobei mit $\overline{\kappa}$ ein konstanter Kapitalstock unterstellt wird. Bei Vollbeschäftigung N^* erhält man über die Produktionsfunktion das Vollbeschäftigungseinkommen Y^*.

Der Nachfragesektor besteht aus dem IS/LM-System (Quadrant 3), aus dem sich der Gleichgewichtszinssatz und das Gleichgewichtsvolkseinkommen ergeben.

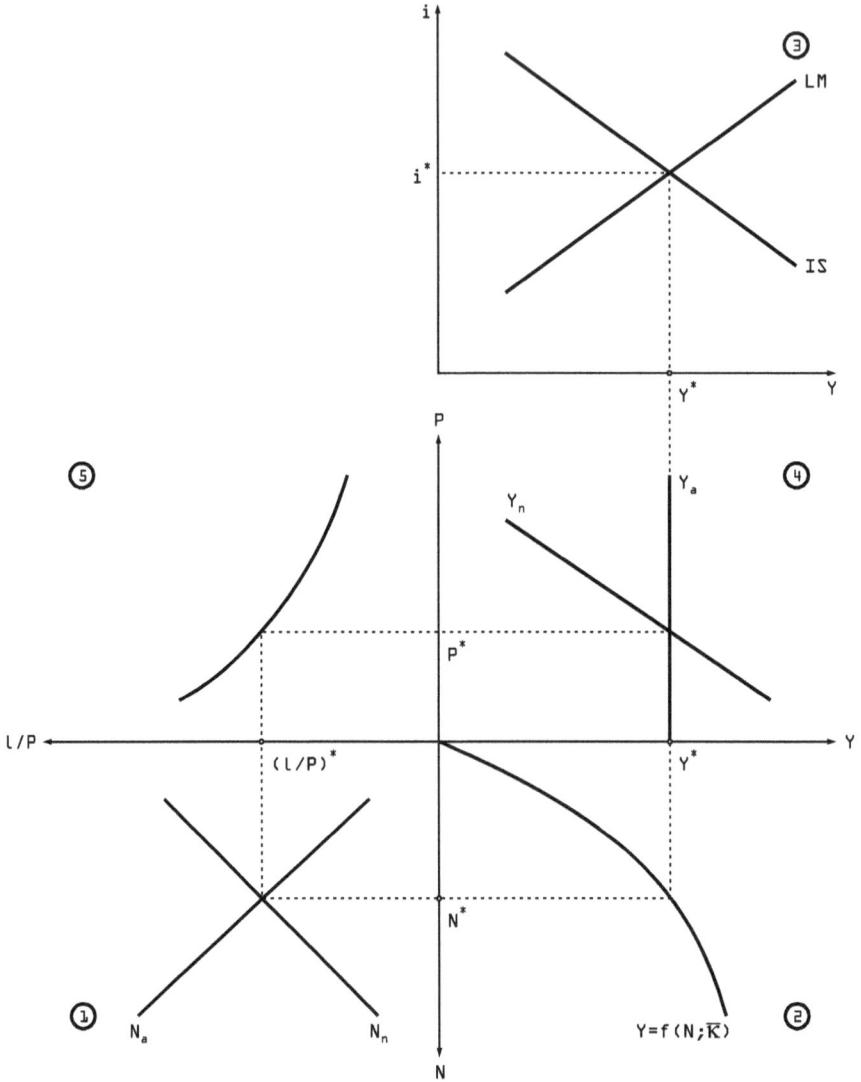

Abbildung 7.19: Keynesianisches Totalmodell (Neoklassische Synthese)

Im Quadranten 4 treffen Angebots- und Nachfragesektor aufeinander, und es kann das zum Vollbeschäftigungseinkommen (Y^*) zugehörige Preisniveau (P^*) bestimmt werden. Das Güterangebot Y_a wird vom Arbeitsmarkt und der Produktionsfunktion determiniert und ist vom Preisniveau unabhängig. Die Güternachfrage Y_n ist keine gewöhnliche Nachfragefunktion, sondern hier der geometrische Ort aller Kombinationen aus Preisniveau und Realeinkommen, bei denen sowohl güter- als auch geldwirtschaftliches Gleichgewicht besteht: Das Ausgangsgleichgewicht sei bei gegebener IS-Funktion im Schnittpunkt mit der LM_{P_1}-Funkton gegeben, d. h. einer LM-Kurve beim Preisniveau P_1 (vgl. Abbildung 7.20). Bei einem Anstieg des Preisniveaus auf P_2 nimmt die

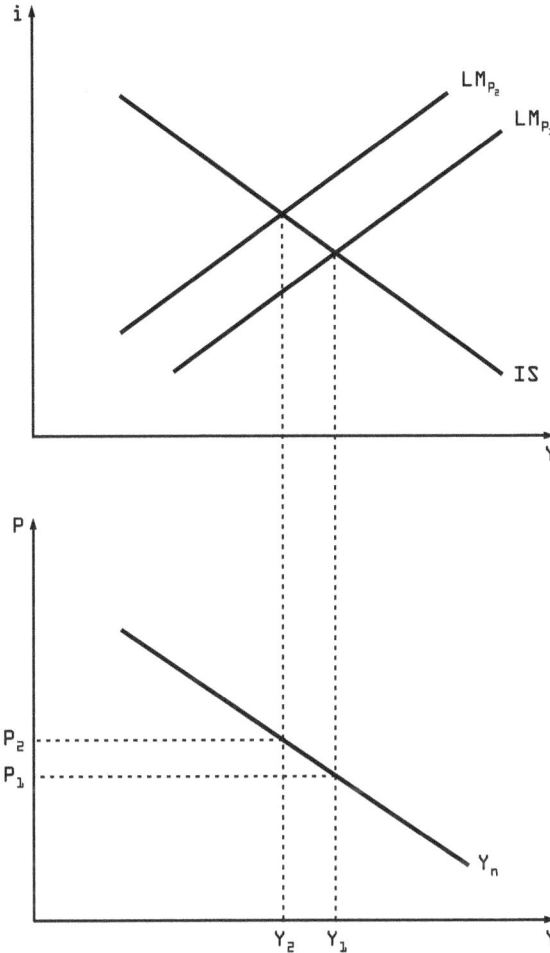

Abbildung 7.20: Herleitung der Y_n-Kurve

reale Geldmenge $\left(\frac{M}{P}\right)$ ab. Zur Herstellung eines neuen geldwirtschaftlichen Gleichgewichts ist es erforderlich, dass auch die Geldnachfrage zurückgeht. Dies erfordert einen Rückgang des Realeinkommens (und Anstieg des Zinssatzes), was eine Linksverschiebung der LM-Kurve (LM_{P_2}) bedingt. Die Linksverschiebung wurde verursacht durch eine Erhöhung des Preisniveaus. Der neuen LM_{P_2}-Kurve ist im Gleichgewicht ein geringeres Realeinkommen zugeordnet. Je höher das Preisniveau ist, desto geringer ist das zuzuordnende Gleichgewichtsrealeinkommen. Dies wird durch die Y_n-Kurve ausgedrückt. Bei gegebenem Vollbeschäftigungseinkommen Y^* ergibt sich das zugehörige Preisniveau P^* im Schnittpunkt der Y_a- und Y_n-Kurven.

Im Quadranten 5 kann dem Reallohn $\left(\frac{l}{P}\right)^*$ das Preisniveau P^* zugeordnet und damit der Nominallohn l^* im Totalgleichgewicht bestimmt werden.

Anhand des Totalmodells lassen sich Situationen aufzeigen, bei denen sich eine andauernde Unterbeschäftigung einstellt, d. h. ein Gleichgewicht bei Unterbeschäftigung entsteht (vgl. Felderer/Homburg 1999; diese Autoren betrachten die IS-Kurve als Gleichgewichtskurve für den *Kapitalmarkt*). Dies kann z. B. der Fall sein, wenn die Investitionsnachfrage – etwa bei pessimistischen Erwartungen der Investoren – vollkommen zinsunelastisch ist (**Investitionsfalle**).

Ein Gleichgewicht bei Unterbeschäftigung erhält man auch dann, wenn der Zinssatz i^*, der zur Vollbeschäftigung führt (vgl. Abbildung 7.19), unter i_{min} (vgl. Abbildung 7.11) liegt. Kann der Zinssatz die Schranke i_{min} nicht unterschreiten, d. h. wird die Geldnachfrage zu Spekulationszwecken L_S bei i_{min} vollkommen elastisch (weil die Wirtschaftssubjekte den Zinssatz bereits als so niedrig , d. h. die Kurse der festverzinslichen Wertpapiere als so hoch betrachten, dass man, um Kursverluste zu vermeiden, Kassenhaltung vorzieht), tritt unabhängig vom Reallohn eine Nachfragelücke und Unterbeschäftigung ein (**Liquiditätsfalle**). Der durch die Nachfragelücke verbundene Preisdruck führt nicht zu einer Erhöhung der Nachfrage.

Eine weitere Situation, bei der Gleichgewicht bei Unterbeschäftigung entstünde, wäre ein **starrer** oder auf Änderungen von Angebot und Nachfrage nicht ausreichend reagibler **Nominallohnsatz**, der einen Angebotsüberhang auf dem Arbeitsmarkt und damit eine Beschäftigung und ein Volkseinkommen unterhalb von N^* bzw. Y^* bewirkt.

Kapitel 8

Arbeitslosigkeit

Der Arbeitsmarkt wird in der Literatur zunehmend spezifisch behandelt und nicht (nur) als Teil der Makro- oder Mikroökonomik. Eine eigenständige Behandlung ist nicht allein auf die Entwicklung der Arbeitslosigkeit in den letzten drei Jahrzehnten zurückzuführen, sondern auch auf einige Besonderheiten, die ihn von Güter- und Geldmärkten unterscheiden (Franz 2006): So gibt es in Form der Gewerkschaften Institutionen, die es vergleichsweise auf Güter- und Geldmärkten nicht gibt. Der Arbeitsmarkt ist stärker reguliert (z. B. Arbeitszeitbeschränkungen, Kündigungsschutz, Zulassungsbeschränkungen für bestimmte Berufe) als andere Märkte. Arbeitnehmer stellen das größte Wählerpotential und stehen somit im Focus der Politiker. Auf Arbeitsmärkten spielen nicht nur ökonomische, sondern auch soziale Aspekte und Werturteile eine wichtige Rolle.

Die aktuelle Forschung auf dem Gebiet der Arbeitsmärkte ist zum großen Teil mikroökonomisch fundiert. Man untersucht z. B. den Einfluss von Lohnersatzleistungen oder der Lohnspreizung oder von Arbeitsbeschaffungsmaßnahmen auf die Beschäftigung. Man versucht, das Mismatch (Auseinanderlaufen) zwischen vorhandenen und benötigten Qualifikationen, regionales (keine offenen Stellen in Region A, viele offenen Stellen in Region B) und sektorales (Zunahme der Beschäftigung in Branche A, Abnahme der Beschäftigung in Branche B) Mismatch zu analysieren oder geht der Frage nach, warum die Nachfrage nach Geringqualifizierten relativ abnimmt.

Wir werden uns hier (in den Kapiteln 8.1 und 8.2) lediglich auf eine kurze Zusammenfassung möglicher Ursachen der Arbeitslosigkeit beschränken und fragmentarisch einige Vorschläge ansprechen, die zum Abbau der Arbeitslosigkeit gemacht worden sind.

8.1 Ursachen der Arbeitslosigkeit

In den alten Ländern der Bundesrepublik Deutschland ist die Arbeitslosigkeit von 1950 bis 1970 kontinuierlich (mit Ausnahme eines kurzzeitigen Anstiegs während der Rezession von 1967) von knapp zwei Millionen auf unter 200 000 zurückgegangen. Seit 1970 (mit Ausnahme der zweiten Hälfte der Siebziger- und Achtzigerjahre sowie von 1998 bis 2001) hat die Zahl der bei den Arbeitsämtern erfassten Arbeitslosen bis zum Jahre 2005 zugenommen, und zwar auf knapp 5 Millionen im wiedervereinigten Deutschland. Dies entsprach nach alter Rechenart einer Arbeitslosenquote von 13,0%, nach neuer Rechenart einer Arbeitslosenquote von 11,7%. (Nach der alten Berechnungsmethode wurde die **Arbeitslosenquote** als Anteil der Arbeitslosen an den abhängigen zivilen Erwerbspersonen, nach der neuen Methode als Anteil an allen zivilen Erwerbspersonen, zu denen auch Selbständige gehören, bestimmt. Zu den abhängigen Erwerbspersonen gehören sowohl die abhängigen Erwerbstätigen als auch die erfassten Arbeitslosen).

Danach ging die Zahl der Arbeitslosen bis zum November 2008 auf knapp unter 3 Millionen zurück. Die Zahl der Erwerbstätigen erreichte im Jahre 2008 mit durchschnittlich mehr als 40 Millionen einen neuen Höchststand in der Bundesrepublik Deutschland. Die Finanz- und Wirtschaftskrise hat bis zu diesem Zeitpunkt noch nicht zu einer Erhöhung der Arbeitslosigkeit geführt.

Zu beachten ist, dass in den Arbeitsmarktstatistiken der **Bundesagentur für Arbeit** die stille Reserve derer, die arbeiten möchten, sich aber nicht bei den Arbeitsämtern melden, nicht berücksichtigt ist. Die Teilnehmer an Arbeitsbeschaffungsprogrammen und die in den Vorruhestand entlassenen Arbeitnehmer zählen ebenfalls nicht zu den statistisch erfassten Arbeitslosen.

International streng vergleichbar sind die Arbeitsmarktstatistiken nicht, da die Definitionen der „Arbeitslosigkeit" unterschiedlich sind. Seit dem Jahre 2004 werden in der deutschen Arbeitslosenstatistik in Anpassung an die in der Europäischen Union und in der Internationalen Arbeitsorganisation (ILO) üblichen Standards nur noch diejenigen arbeitslosen Personen erfasst, die auch tatsächlich eine Arbeit suchen. Die ILO-Kriterien zielen auf den Arbeitswunsch und nicht auf die Registrierung ab.

Eine monokausale Erklärung für Arbeitslosigkeit gibt es nicht.

Nach klassischer Auffassung gibt es bei nach oben und nach unten flexiblen Löhnen keine längerfristige *unfreiwillige* Arbeitslosigkeit. Wenn es dennoch unfreiwillige Arbeitslosigkeit gibt, könne es nur daran liegen, dass die Reallöhne über dem Gleichgewichtslohnsatz liegen (**klassische Arbeitslosigkeit**).

Von **konjunktureller oder keynesianischer Arbeitslosigkeit** spricht man dann, wenn eine zu geringe gesamtwirtschaftliche Nachfrage als ursächlich für Arbeitslosigkeit betrachtet wird. Die Keynesianische Position kann in etwa dadurch beschrieben werden, dass sowohl das Angebot von Arbeit (durch die Arbeitnehmerhaushalte) als auch die Nachfrage nach Arbeit (durch die Unternehmen) als verhältnismäßig unabhängig vom Reallohnsatz erachtet wird. Die Nachfrage nach Arbeit hänge vielmehr von der gesamtwirtschaftlichen Nachfrage ab. Nach Keynes sind Lohnsenkungen als Mittel zur Bekämpfung von Arbeitslosigkeit politisch nicht durchsetzbar. Sein Rezept waren staatliche Budgetdefizite (**deficit spending**) zur Erhöhung der gesamtwirtschaftlichen Nachfrage.

Konjunkturelle Arbeitslosigkeit kann auch durch reale Schocks wie abrupte technologische Innovationen, Naturkatastrophen und Kriege ausgelöst werden.

Bei Arbeitslosigkeit durch technischen Fortschritt spricht man von **technologischer Arbeitslosigkeit.**

Durch eine zu geringe Investitionstätigkeit kann **Kapitalmangelarbeitslosigkeit** entstehen.

Ursachen von **struktureller Arbeitslosigkeit** können veränderte Produktionsstrukturen und Qualifikationsanforderungen sowie Ausbildungsmängel sein.

Jahreszeitlich bedingte Schwankungen bei der Auslastung der Produktionskapazitäten verursachen **saisonale Arbeitslosigkeit.**

Arbeitslosigkeit, die durch mangelnde Mobilität und Markttransparenz bei der Suche nach neuen Arbeitsplätzen entsteht, nennt man **friktionelle Arbeitslosigkeit.**

8.2 Wirtschaftspolitische Empfehlungen zum Abbau der Arbeitslosigkeit

Wenn die Beschäftigung zunehmen soll, muss die **Grenzproduktivität der Arbeit** (zusätzliches Bruttoinlandsprodukt pro zusätzlicher Arbeitsstunde) höher sein als der Lohn. Ein Unternehmen wird in der Regel nur dann einen zusätzlichen Arbeitnehmer einstellen, wenn dieser mehr erwirtschaftet als er kostet.

Die daraus abgeleitete Lohnformel des Sachverständigenrates besagt daher in ihrer einfachsten Form, dass die **Reallöhne** um den **Produktivitätszuwachs** steigen können. Da die Grenzproduktivität volkswirtschaftlich nicht gemessen werden kann, nahm der Sachverständigenrat an, dass zwischen Grenzproduktivität und Durchschnittsproduktivität der Arbeit ein proportionaler Zusammenhang besteht. Wenn also die Durchschnittsproduktivität um 3 Prozent steigt, dann steigt auch die Grenzproduktivität um 3 Prozent und die Löhne können ebenfalls um 3 Prozent steigen.

Die Durchschnittsproduktivität der Arbeit ist das reale Bruttoinlandsprodukt pro Arbeitsstunde. Das Statistische Bundesamt definiert die **Arbeitsproduktivität** (Durchschnittsproduktivität der Arbeit) als Bruttoinlandsprodukt (in Preisen eines Basisjahres) dividiert durch die Anzahl der Erwerbstätigen.

Diese *Lohnformel* trifft nur zu, wenn im Ausgangszeitpunkt Vollbeschäftigung herrscht. Um Arbeitslosigkeit abzubauen, dürften die Löhne nur weniger erhöht werden als es der Lohnformel entspräche oder müssten sogar zur Verhinderung von Arbeitslosigkeit gesenkt werden.

Die Anhänger einer angebotsorientierten Beschäftigungspolitik fordern zur Verringerung der Arbeitslosigkeit u. a. steuerliche und gesetzliche Maßnahmen zur *Erhöhung der Investitions- und Leistungsbereitschaft* sowie zur Umgestaltung der *Arbeits- und Sozialgesetzgebung.* Die heute gültigen Bestimmungen zum Kündigungsschutz und zu Sozialplänen sowie die zu geringe Neigung der Politik, die *Subventionierung unrentabler Produktionsstrukturen einzuschränken*, betrachtet man als beschäftigungshemmend.

In Frage gestellt wird die Effizienz von Flächentarifverträgen, wenn sich Tarifforderungen am produktivsten Unternehmen oder der beschäftigungsstärksten Region orientieren und als Lohnmaßstab auch für Bezirke mit hoher Arbeitslosigkeit und geringer Produktivität gelten. Die Forderungen nach einer *Differenzierung der Tarifverträge, dezentraler Lohnfindung, betrieblichen Bündnissen* der Arbeit oder *Selbstbestimmung der Arbeitnehmer* (über Arbeitsplatzsicherung oder Lohnerhöhung, *frei vereinbare Löhne unterhalb der untersten Tarifgruppe*), werden damit begründet, dass in zentralen Lohnverhandlungssystemen der Lohn seine allokative Funktion nicht erfüllen, d. h. die Knappheitsrelationen auf den einzelnen Teilmärkten nicht mehr anzeigen kann.

Frei aushandelbare Arbeitszeiten zwischen Arbeitnehmern bzw. Betriebsrat einerseits und den Unternehmen andererseits würden die Betriebe in die Lage versetzen, die Produktionsfaktoren bedarfsoptimierend einzusetzen, die Kosten zu senken und damit Lohnerhöhungsspielräume zu gewinnen oder die Beschäftigung zu erhöhen. Ob solche Regelungen auch einen Beitrag zur Nutzenoptimierung der Arbeitnehmer liefern, ist offen.

Denkbar wäre es auch, dass Arbeitnehmer und Unternehmen eine bestimmte Gesamtstundenzahl (z. B. pro Jahr) vereinbaren, die von den Unternehmen in Teileinheiten (außerhalb von ausgenommenen Zeiträumen) dann abrufbar sind, wenn sie benötigt werden.

Mehrfach wurden bereits Vorschläge zu größerer *Lohnflexibilität* gemacht. Statt einer festen (im Voraus) vereinbarten Lohnerhöhung könnte man die Belegschaft am Unternehmenserfolg (im Nachhinein) beteiligen. Auch eine Lösung derart, dass man sich auf eine Lohnerhöhung von $a + x$ einigt, wobei a im Vorhinein und x im Nachhinein (nach Feststellung des Betriebserfolges) festgelegt werden, wäre vorstellbar.

Befristete Beschäftigung (Zeitverträge) hat in anderen Ländern, z. B. Spanien, eine wesentlich größere Bedeutung als in Deutschland. Die Einstellungsschwelle wird bei einer Befristung von Arbeitsverträgen herabgesetzt. Erfahrungen z. B. bei Volkswagen haben jedoch gezeigt, dass versucht wird, auslaufende Zeitverträge in Dauerbeschäftigung umzuwandeln. Eine Möglichkeit, Arbeitnehmer ohne Einstellung zu beschäftigen, bieten *Leiharbeitsfirmen* oder *Personal-Service-Agenturen*. Die soziale Absicherung der Arbeitnehmer wird von den Leiharbeitsunternehmen übernommen.

Anreize für Unternehmensgründungen zeigten bisher positive Effekte, trotz damit auch wachsender Firmenpleiten.

Nach der *Kaufkraftthese* soll Arbeitslosigkeit durch Lohnerhöhungen bekämpft werden, da dann die Arbeitnehmer mehr Kaufkraft haben und damit die Nachfrage steigt, wobei vorausgesetzt wird, dass bei einer Erhöhung des Lohnsatzes auch die Lohnsumme zunimmt.

Gegner dieser Hypothese argumentieren, dass höhere Lohnsätze die Kosten erhöhen, die Wettbewerbsfähigkeit verschlechtern, die Gewinne und Investitionen bei sonst gleichen Bedingungen reduzieren und damit die Nachfrage nach Arbeit und möglicherweise über eine Verringerung der Lohnsumme auch die Güternachfrage zurückgehen.

Insbesondere von Gewerkschaften wurden Forderungen zur Verkürzung der Arbeitszeit gestellt, und zwar nicht, um primär mehr Wohlstand durch Freizeit zu schaffen, sondern um Arbeitslose wieder in Beschäftigung zu bringen. Rein rechnerisch suggeriert

eine Verkürzung der Wochenarbeitszeit, dass die „vorhandenen knappen Arbeitsplätze"
dann auf mehr Beschäftigte verteilt werden können (*These der Arbeitsknappheit*).
Das Problem liegt in der Annahme, dass „Arbeit" knapp ist. Die Kritiker einer Verkürzung der Wochenarbeitszeit entgegnen, dass nur die Möglichkeit, die Tariflöhne zu
erwirtschaften und zu bezahlen beschränkt sei, d. h. bei Lohnsätzen unterhalb von Ta-
riflöhnen würde die Nachfrage nach Arbeit steigen.
Eine Verkürzung der Lebensarbeitszeit müsste entweder über eine Senkung der Renten,
einer Erhöhung der Beiträge zur Rentenversicherung oder über Steuern finanziert werden. In den USA hat man mittlerweile die Lebensarbeitszeit verlängert, in Deutschland
hat man die „Rente mit 67" beschlossen, allerdings mit langfristigen Übergangsrege-
lungen.

Politisch kontrovers war bislang die Diskussion über das *Lohnabstandsgebot*.
Für Arbeitslose besteht unter Umständen kein Anreiz, eine sozialversicherungspflichtige
Beschäftigung aufzunehmen, wenn die Differenz zwischen Lohn und Lohnersatzleistung
zu gering ist.
Zu den Lohnersatzleistungen gehören Arbeitslosengeld I und Arbeitslosengeld II.
Das **Arbeitslosengeld I (ALG I)** ist eine Leistung der deutschen Arbeitslosenversi-
cherung.
Die Bezugsdauer von ALG I ist befristet und hängt vom Lebensalter und der Dauer
des Versicherungspflichtverhältnisses ab. Der Leistungssatz beträgt zurzeit 60%; für
Arbeitslose mit Kindern 67% des Nettoentgelts.
Das **Arbeitslosengeld II (ALG II)** ist keine Versicherungsleistung, sondern eine aus
Steuermitteln finanzierte Grundsicherungsleistung für erwerbsfähige Hilfebedürftige.
Beim Übergang von Arbeitslosengeld I zu Arbeitslosengeld II wird zurzeit ein auf zwei
Jahre befristeter Zuschlag bezahlt, der nach dem ersten Jahr halbiert wird.
Arbeitslosigkeit ist keine zwingende Voraussetzung für den Bezug von ALG II; es kann
auch ergänzend von Personen mit einem nicht bedarfsdeckenden Erwerbseinkommen
(Working Poor) oder mit einem besonders geringem ALG I (Aufstocker) bezogen wer-
den.
Nichterwerbsfähige Hilfebedürftige, die mit einem erwerbsfähigen Hilfebedürftigen in
einer Bedarfsgemeinschaft leben, erhalten **Sozialgeld**, soweit sie keinen Anspruch auf
Grundsicherung im Alter und bei Erwerbsminderung haben. ALG II/Sozialgeld um-
fassen pauschalierte Regelleistungen, Leistungen für Mehrbedarfe und angemessene
Kosten für Unterkunft und Heizung.
Nichterwerbsfähige Hilfebedürftige, die nicht mit einem Erwerbsfähigen in einer Bedarfsgemeinschaft leben, können **Sozialhilfe** nach dem Sozialgesetzbuch SGB XII erhalten. Nichterwerbsfähig ist jemand in diesem Zusammenhang dann, wenn er dem
allgemeinen Arbeitsmarkt nur weniger als drei Stunden am Tag zur Verfügung stehen
kann.

Durch das ALG II wird ein Anspruchslohn definiert, der wie ein Mindestlohn wirkt.
Darunter besteht kein Anreiz, einen Arbeitsplatz zu suchen.

In erheblichem Umfang werden Mittel für den *zweiten Arbeitsmarkt* (subventionierten
Arbeitsmarkt), z. B. in Form von *Arbeitsbeschaffungsmaßnahmen* (ABM), zur Verfügung gestellt. Kritisch einzuwenden ist, dass die Mittel für den zweiten Arbeitsmarkt
auf dem ersten Arbeitsmarkt (nicht subventionierten Arbeitsmarkt) erwirtschaftet wer-

den müssen und ggf. Arbeitsplätze auf dem ersten Arbeitsmarkt gefährden. Mikroöko-
nomische Untersuchungen zeigen, dass staatlich initiierte Arbeitsbeschaffungsmaßnahmen die Wahrscheinlichkeit, wieder einen stabilen Arbeitsplatz auf dem ersten Arbeitsmarkt zu erhalten, nicht erhöhen, sondern senken.

„The German economy labors under the burden of heavy regulation and weak incen-
tives. The German welfare state has succeeded in raising the wages and benefits of
protected insiders but at the cost of low employment growth, low productivity growth
in the manufactoring sector, and higher unit labor costs" (Heckman 2002, S. 20).

Kapitel 9

Konjunktur und Wachstum

9.1 Begriffe

Unter **Wachstum** versteht man Änderungen der volkswirtschaftlichen Produktionskapazität (des Produktionspotenzials).
Mit dem Begriff der **Konjunktur** beschreibt man den Zustand des Auslastungsgrades der gesamtwirtschaftlichen Produktionskapazität.

Hat eine Volkswirtschaft 10 Maschinen und steigt der Auslastungsgrad von 75 Prozent auf 90 Prozent, so spricht man von einem *konjunkturellen* Aufschwung. Wird in dieser Volkswirtschaft eine weitere Maschine investiert, steigt also der Kapitalstock von 10 auf 11 Maschinen, so spricht man von *Wachstum*.

Wenn die gesamtwirtschaftliche mengenmäßige Nachfrage nicht so schnell zunimmt wie die Produktionskapazität steigt, so sinkt der durchschnittliche Auslastungsgrad, d. h. „die Konjunktur schwächt sich ab". Steigt die Nachfrage schneller als die Produktionskapazität zunimmt, erhöht sich der Auslastungsgrad, befindet sich die Konjunktur im Aufschwung.

Wachstumszyklen sind Schwankungen im Wachstum der Produktionskapazität; **Konjunkturzyklen** sind Schwankungen im Auslastungsgrad der Produktionskapazität, sofern sie nicht saisonal bedingt sind. In der öffentlichen und politischen Diskussion werden die Begriffe Konjunktur und Wachstum nicht immer sauber auseinandergehalten.

9.2 Konjunkturzyklen

Im Verlauf eines Konjunkturzyklus' unterscheidet man (vgl. Abbildung 9.1) die Phasen **Erholung (Aufschwung)**, **Hochkonjunktur (Boom)**, **Abschwung** und **Rezession**. Bei wirtschaftlichem Stillstand spricht man von „Stagnation".

Produktion
(logarithmischer Maßstab)

Produktionspotential

Trend der Produktion

Rezession

Abschwung

Hochkonjunktur

Erholung

Zeit

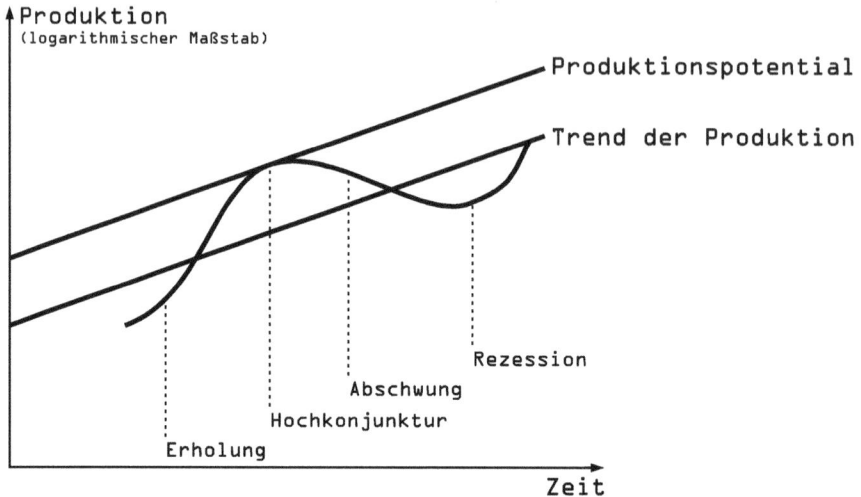

Abbildung 9.1: Verlauf eines Konjunkturzyklus

Diese Begriffe für die Phasen eines Zyklus' werden nicht einheitlich definiert; so sprechen viele von einer „Rezession", wenn man zwei aufeinanderfolgende Quartale mit negativen Wachstumsraten (des Bruttoinlandsprodukts) hat. Die Weltbank (Internationale Bank für Wiederaufbau und Entwicklung) spricht schon von einer Rezession, wenn die Wachstumsrate global kleiner als 2,5 Prozent ist.

Man hat Schwankungen unterschiedlicher Länge beobachtet:

- Kondratieff-Wachstumszyklen mit einer Länge von 45–60 Jahren, die mit innovativen Wachstumsphasen einhergehen

- Juglar-Zyklen mit einer Länge von 7–11 Jahren

- Kitchin-Zyklen mit einer Länge von 3–5 Jahren

Empirische Untersuchungen von ökonomischen Zeitreihen in der Bundesrepublik Deutschland zeigen, dass sich Konjunkturzyklen mit einer Länge zwischen 3 und 5 Jahren nachweisen lassen.

Theoretische Erklärungen für Konjunkturzyklen gibt es in einer beträchtlichen Vielfalt. Es gibt rein monetäre Erklärungen, Überinvestitionstheorien, Unterkonsumtionstheorien, marxistische Krisentheorien, psychologische Theorien, Oszillationsmodelle von Samuelson und Hicks, stochastische Theorien (Krelle: Politisch, sozialpolitisch oder psychologisch veranlasste Nachfrageänderungen, technischer Fortschritt und staatliche Wirtschaftspolitik entscheiden letztlich via Zufallsprozess über zyklische Prozesse und konjunkturelle Wendepunkte) sowie die Theorie realer Konjunkturzyklen, die reale Schocks wie abrupte technologische Innovationen, Naturkatastrophen und Kriege als ursächlich sieht. Es wird auch behauptet, dass Konjunkturzyklen rein politisch bedingt sind, und zwar entweder dadurch, dass fiskal- und geldpolitische Maßnahmen,

die zur Stabilisierung der Konjunkturzyklen gedacht sind, über das Ziel hinausschie-
ßen, oder dadurch, dass gemäß dem Ziel der *Maximierung* der *Wählerstimmen* vor
der Wahl expansive Konjunkturpolitik betrieben wird und man sich nach der Wahl
mit der Eindämmung der Inflation, mit Budget- und mit Beschäftigungsproblemen
herumschlagen muss. Auch die Bevölkerungsentwicklung, Präferenzverschiebungen bei
den Konsumenten oder Setzung neuer Prioritäten in der Politik können ebenso konjunkturelle Bewegungen auslösen wie etwa eine drastische Änderung der Steuerlast-
quote oder die Schaffung eines gemeinsamen Marktes zwischen einzelnen Volkswirtschaften.

9.3   Konjunkturindikatoren

Als **Konjunkturindikatoren** werden eine Reihe von ökonomischen Größen verwendet.
Will man versuchen, diese zu systematisieren, so könnte man verschiedene Gruppen
bilden.

Man könnte *einfache* und *komplexe Indikatoren*, die aus mehreren Teilindikatoren zu-
sammengesetzt sind, unterscheiden.

Man könnte auch in *objektive* (quantitative Zeitreihen der amtlichen und nichtamtlichen
Statistik) und *subjektive* Indikatoren (gebildet auf der Grundlage von Umfragen, die
sich auf Meinungen, Stimmungen, Urteile und Erwartungen stützen) einteilen.

Ferner könnte man nach führenden Indikatoren (*leading indicators*), gleichlaufenden Indikatoren (*coinciding indicators*) und nachlaufenden Indikatoren (*lagging indicators*)
gruppieren. Für die Konjunkturprognose sind natürlich die leading indicators, die konjunkturelle Entwicklungsphasen möglichst vor ihrer Realisierung anzeigen sollen, von
besonderem Interesse.

Einige *einfache Indikatoren* sind z. B. das Nationaleinkommen, der Index der Netto-
produktion, der Auftragseingang, der Auftragsbestand, die Kapazitätsauslastung, der
Einzel- und Großhandelsumsatz, der private Verbrauch, Verbrauchs- und Gebrauchs-
güterkäufe, PKW-Käufe, Beschäftigte, Arbeitslose, Kurzarbeiter, offene Stellen, Mas-
seneinkommen, Kosten, Preise, Import und Export, Industrieproduktion im Ausland,
Aktienkurse.
Zu den *komplexen Indikatoren* gehören *Diffusionsindizes* und das *Geschäftsklima*.
Die einfachste Art eines **Diffusionsindex** gibt die Anzahl der steigenden Zeitreihen in
Prozent aller beobachteten Zeitreihen an. Die Stärke des Anstiegs einer Reihe bleibt
außer Betracht (vgl. Diffusionsindex des National Bureau of Economic Research). Besondere Bedeutung hat auch das **Geschäftsklima** (*GK*), entwickelt vom Ifo-Institut
für Wirtschaftsforschung, erlangt. Es wird in ähnlicher Form inzwischen von ca. 40 Ländern ermittelt. Das Geschäftsklima wird monatlich aus den Antworten zu den Fragen 1
und 11 des Konjunkturtestfragebogens des Ifo-Instituts, den Fragen zur *Geschäftslage*
und zur *Geschäftserwartung*, berechnet (vgl. Abb. 9.2).

Man ermittelt bei beiden Indikatoren die Salden aus den gewichteten positiven und
negativen Meldungsanteilen. (Die Antworten zur mittleren Rubrik bleiben unberück-

Wir beurteilen unsere Geschäftslage
für XY z.Z. als

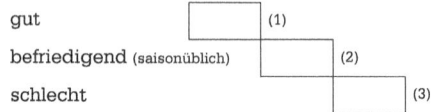

gut   [   ] (1)

befriedigend (saisonüblich)   [   ] (2)

schlecht   [   ] (3)

Unsere Geschäftslage für XY wird in
den nächsten 6 Monaten in konjunktureller Hinsicht - also unter Ausschal-
tung rein saisonaler Schwankungen

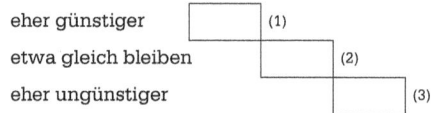

eher günstiger   [   ] (1)

etwa gleich bleiben   [   ] (2)

eher ungünstiger   [   ] (3)

Abbildung 9.2: Geschäftslage und Geschäftserwartung

sichtigt). Aus dem Saldo der Geschäftslage (GL) und dem Saldo der Geschäftserwartung (GE) berechnet man dann das geometrische Mittel:

$$\text{Geschäftsklima}\,(GK) = \sqrt{(GL + 200)\,(GE + 200)} - 200$$

Das Geschäftsklima hat z. B. gegenüber der Konjunkturkomponente des Produzierenden Gewerbes einen durchschnittlichen Vorlauf (lead) von etwa drei Monaten.

9.4   Mittel der Konjunkturpolitik

Unter **Konjunkturpolitik** versteht man Maßnahmen des Staates und/oder der Zentralbank zur Realisierung der gesamtwirtschaftlichen Ziele der Preisniveaustabilität,
der Vollbeschäftigung und des außenwirtschaftlichen Gleichgewichts bei angemessenem
Wirtschaftswachstum.

Ansatzpunkte der Konjunkturpolitik können die gesamtwirtschaftliche Nachfrage und
das gesamtwirtschaftliche Angebot sein. Auf der Nachfrageseite kann an der Konsumnachfrage, der Investitionsnachfrage , der Staatsnachfrage und dem Außenbeitrag an-
gesetzt werden.
Ansatzpunkte auf der Angebotsseite sind Löhne, Gewinne, Zinsen, Importpreise, Produktion, Produktionsfaktoren, Produktions- und Importabgaben.

Unter dem Begriff **Konjunkturpolitik** kann sowohl Geldpolitik, Fiskalpolitik, Lohnpolitik, Devisenpolitik und Wettbewerbspolitik subsumiert werden.

Die Wettbewerbspolitik gehört zu den angebotsorientierten Instrumentarien, die Devisenpolitik kann sowohl angebotsorientiert, wenn es z. B. um Beeinflussung von Import-
preisen durch Zölle, oder auch nachfrageorientiert sein, wenn man z. B. durch Devisen-

marktinterventionen die Auslandsnachfrage zu steuern versucht. Träger der Lohnpolitik sind die Gewerkschaften und Arbeitgeberverbände; der Staat hat allenfalls die Möglichkeit, als Arbeitgeber der öffentlich Bediensteten und durch allgemeine (Maßhalte-)Appelle Einfluss zu nehmen. Die Lohnpolitik ist sowohl auf der Angebotsseite (Kosten) als auch auf der Nachfrageseite (Konsumnachfrage) wirksam.

Der Mitteleinsatz der Konjunkturpolitik konzentriert sich im Wesentlichen auf die Bereiche der Geldpolitik und Fiskalpolitik.

Die **Instrumente der Geldpolitik** liegen bei der Zentralbank. Die Geldpolitik ist sowohl angebotsorientiert (Zinsen, Geldmenge) als auch nachfrageorientiert, da über die Steuerung der Geldmenge und die Beeinflussung der Zinssätze zumindest indirekt die gesamtwirtschaftliche Nachfrage (Private Konsum- und Investitionsnachfrage sowie Staatsnachfrage und Außenbeitrag) beeinflusst werden.

Instrumente der Fiskalpolitik sind primär angebotsorientiert. Im Stabilitätsgesetz ist z. B. vorgesehen, dass Abschreibungssätze gesenkt oder erhöht, die Einkommens- und Körperschaftssteuer herauf- oder herabgesetzt, die Kreditaufnahme beschränkt oder zusätzliche Ausgabenprogramme finanziert oder öffentliche Ausgaben verschoben oder vorgezogen werden können.

Konjunkturpolitische Maßnahmen sind zukunftsbezogen. Bis die Eingriffsnotwendigkeit erkannt wird, Beschlüsse gefasst und umgesetzt werden, vergeht Zeit. Empirische Untersuchungen zeigen, dass sich z. B. geldpolitische Entscheidungen der Zentralbank erst nach sechs Monaten oder mehr auswirken.

9.5 Ein einfaches Konjunkturmodell

Im folgenden wird ein einfaches oszillatorisches Modell (Multiplikator-Akzelerator-Modell) zur Erklärung konjunktureller Schwankungen vorgestellt.

Wir gehen von folgenden Annahmen aus: $C_t = cY_{t-1}$, wobei die marginale Konsumquote mit $c = 0,5$ unterstellt wird.

Wir nehmen an, dass die *autonome Investition* (die unabhängig vom Konsum oder dem Volkseinkommen ist) pro Periode um 10 Einheiten zunimmt.

Ferner gehen wir von einer *induzierten Investition* aus, die abhängig von der Änderung des Konsums (oder der Änderung des Volkseinkommens) ist

$$I_t^{ind} = \beta\,(C_t - C_{t-1}) \text{ bzw. } I_t^{ind} = \beta\,(Y_t - Y_{t-1})$$

Wir verwenden hier die erste Variante. Die Gültigkeit dieser Gleichung beruht auf der Voraussetzung, dass zwischen der Größe des **Kapitalstocks** κ und der Größe des **Realkonsums** C eine direkte Proportionalität besteht: $\kappa = \beta C$. Ist $\beta = 2$, so bedeutet dies, dass man für die Bereitstellung eines bestimmten Realkonsums einen doppelt so hohen Kapitalstock benötigt. Daraus folgt, dass die *Änderung* des Kapitalstocks $\Delta\kappa = I$ der Änderung des Konsums proportional ist:

$$I_t^{ind} = \beta\,(C_t - C_{t-1})$$

Diese Gleichung kann für $\beta = 2$ so interpretiert werden, dass die Unternehmen bei einer Steigerung des Realkonsums ihre Kapazitäten um das Zweifache der *Konsumänderung* ändern wollen (**Akzelerationsprinzip** oder **Beschleunigungsprinzip**).

Die Größe β bezeichnet man als **Akzelerator**.

Die Abhängigkeit der induzierten Nettoinvestition von der Entwicklung des Konsums kann graphisch durch Abbildung 9.3 wiedergegeben werden (E. Schneider 1973).

In nachfolgendem Zahlenbeispiel der Abbildung 9.4 (H. Siebert 2007) sei der Akzelerator $\beta = 2$, und die autonome Investition in der 1. Periode sei 100 Einheiten. Das Volkseinkommen ist dann in diesem vereinfachten Modellstart ebenfalls 100 Einheiten. Der Konsum erfolgt mit einer Verzögerung von einer Periode (Robertson-Lag). In der 2. Periode werden gemäß o.a. Annahmen Konsumausgaben in Höhe von $0,5 * 100$ getätigt. Aufgrund des Akzelerators ergibt sich somit die induzierte Investition in Höhe von $2 * (50 - 0) = 100$. Das Volkseinkommen resultiert dann in der zweiten Periode aus der Summe aus Konsum, induzierter und autonomer Investition: $50 + 100 + 110 = 260$. Das Volkseinkommen in der zweiten Periode bestimmt nun den Konsum in der dritten Periode usw.

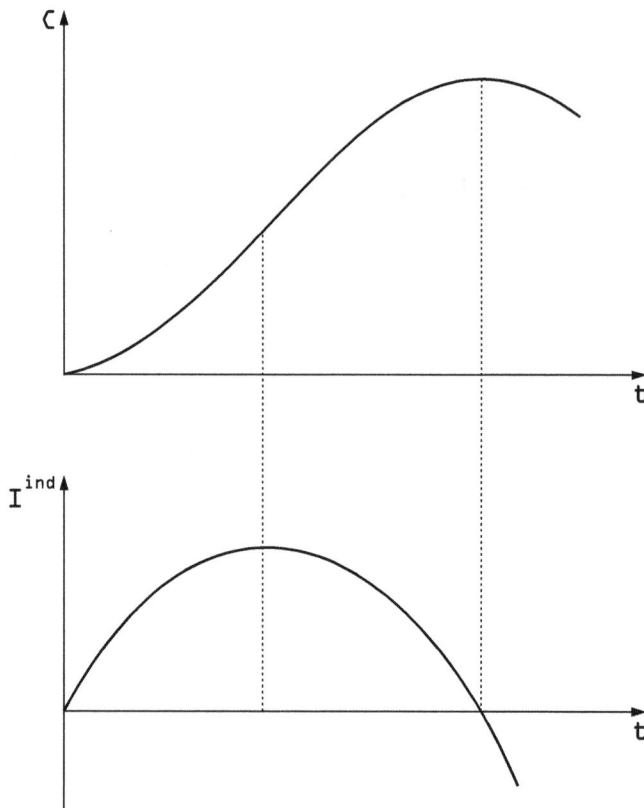

Abbildung 9.3: Durch Konsumänderung induzierte Nettoinvestition

Periode	Autonome Investition	Konsum	Veränderung des Konsums zur Vorperiode	Induzierte Investition	Volks- einkommen
1	100	-	-	-	100
2	110	50	50	100	260
3	120	130	80	160	410
4	130	205	75	150	485
5	140	243	38	76	459
6	150	230	-13	-26	354
7	160	177	-53	-106	231
8	170	116	-61	-122	164
9	180	82	-34	-68	194
10	190	97	15	30	317

Abbildung 9.4: Multiplikator-Akzelerator

Durch eine Kombination von Multiplikator- und Akzeleratorwirkungen können so Schwankungen des Volkseinkommens erklärt werden. Der Multiplikatoreffekt entsteht, weil Änderungen der Investitionsnachfrage über Einkommensänderungen zu Änderungen der Konsumnachfrage führen.
Der Akzeleratoreffekt resultiert daraus, dass die Konsumänderung wiederum die Investitionsnachfrage beeinflusst.

Für andere Werte des Akzelerators und der marginalen Konsumquote ergeben sich andere Zeitreihen für das Volkseinkommen.

9.6 Bestimmungsfaktoren des Wachstums

Wachstum ist deswegen ein wichtiges Ziel der Wirtschaftspolitik,

- weil es in der Regel die Güterversorgung einer Gesellschaft verbessert, also Knappheit reduziert,

- weil eine wachsende Volkswirtschaft tendenziell auch für Vollbeschäftigung sorgt,

- weil es in einer wachsenden Wirtschaft leichter durchsetzbar ist, Umverteilungen, d. h. Korrekturen der sich aus dem Marktprozess ergebenden Einkommensverteilung, vorzunehmen.

- weil Wachstum die Staatseinnahmen erhöht und die Finanzierung öffentlicher Güter und die Bereitstellung sozialer Sicherheit erleichtert,

- weil nur Wachstumsprozesse das Nord-Süd-Problem lösen können, wenn eine Umverteilung unter den Status-quo-Bedingungen nicht auf Akzeptanz stößt.

Als Wachstum hatten wir oben die Änderung der volkswirtschaftlichen Produktionskapazität definiert. Im praktischen Umgang mit diesem Begriff wird allerdings meistens als Messgröße das Nationaleinkommen pro Kopf herangezogen, obwohl dann
wachstums- und konjunkturbedingte Änderungen undifferenziert bleiben.

Die Produktionskapazität und auch das Nationaleinkommen einer Volkswirtschaft
hängt vom eingesetzten (Real-)Kapital, der Arbeit, dem technischen Wissen, dem Um-
weltsystem, dem Boden und dem sozialen System ab.

Beim **Kapital** können wir zwischen dem direkt produktiven Kapital und dem Infra-
strukturkapital (z. B. Verkehrswege, Energieversorgung, Bildungs- und Gesundheitswe-
sen, Umweltschutz, Abfallwirtschaft, Verwaltung, innere und äußere Sicherheit, Sport
und Freizeit, Telekommunikation, Informationsgewinnung) unterscheiden, das keinen
direkten Kapazitätseffekt hat, jedoch eine wichtige Voraussetzung für die Akkumulati-
on von produktivem Kapital ist.

Der Produktionsfaktor **Arbeit**, üblicherweise gemessen in Form von geleisteten Ar-
beitsstunden, kann vermehrt werden, wenn entweder bei konstanter Anzahl der Arbeitnehmer die Arbeitszeit zunimmt oder bei konstanter Arbeitszeit die Anzahl der
Beschäftigten steigt. Insbesondere für Entwicklungsländer besteht das Problem beim
Arbeitsangebot nicht quantitativ, sondern qualitativ. Vor allem in diesen Ländern muss
die Bildungsökonomik als eine Investition betrachtet werden, die zwar Kosten verursacht, aber auch Erträge in Form von Wachstumspotenzial abwirft. Die Mobilität des
Produktionsfaktors Arbeit ist eine weitere wachstumswirksame Eigenschaft.

Technisches Wissen kann sich in den Tatbeständen ausdrücken

- dass ein bereits produziertes Gut mit geringerem Faktoreinsatz hergestellt wird,

- dass neue Güter produziert werden,

- dass neue Organisationsformen den Faktoreinsatz minimieren und das Outputpo-
  tenzial erhöhen,

- dass neues Wissen gesucht (Grundlagenforschung) und nach erfolgreicher Erkenntnis
  auch verbreitet wird,

- dass neues Wissen über berufsbegleitende Aus- und Weiterbildung zur Erhöhung
  des Humankapitals und der Grenzproduktivität der Arbeit führt.

Die **Umwelt** ist Wachstumsfaktor dadurch,

- dass sie der Ökonomie öffentliche Konsumgüter (Luft, Wasser, Erholung) zur Verfügung stellt,

- dass sie bei Produktion und Konsum anfallende Abfallprodukte als Schadstoffemp-
  fänger aufnimmt.

Der Produktionsfaktor **Boden** kann zwar kaum vermehrt, jedoch qualitativ verbessert werden (technischer Fortschritt in der Landwirtschaft, Bewässerungssysteme, Änderungen von Organisationsformen).

Als Abbauboden (Gewinnung von Rohstoffen) und als Bodenfläche ist der Boden auch Produktionsfaktor für die Industrie.

Die Entwicklung des **sozialen Systems** ist insbesondere für Entwicklungsländer ein wichtiger Faktor für wirtschaftliches Wachstum. Darunter ist die Entwicklung der Verfassung, der politischen Gewaltenteilung, der Wirtschafts- und Rechtsordnung und der gesellschaftlichen Struktur zu verstehen. Wachstumsrelevant sind auch Familien- und Wertestrukturen, soziale Schichtungen, Religion und Mentalität.

Obwohl wir uns bisher bei der Diskussion von wachstumsrelevanten Einflussgrößen nur mit der Angebotsseite auseinandergesetzt haben, ist zu beachten, dass letztlich Kapazitätswachstum nur dann erfolgen wird, wenn die gesamtwirtschaftliche Nachfrage ausreicht, um die wachsenden Kapazitäten auszulasten.

9.7 Ein einfaches Wachstumsmodell

Eines der einfachsten Wachstumsmodelle ist das von **Domar**. Er geht von einem einzigen Wachstumsfaktor, der Investition, aus und vernachlässigt alle anderen.

Bezeichnen wir den Kapitalstock wieder mit κ und mit Y_k die bei einem bestimmten Ausnutzungsgrad erreichbare Produktionskapazität, so gibt der Quotient

$$\frac{\kappa}{Y_k} = \frac{1}{\sigma}$$

den **Kapitalkoeffizienten** (capital-output-ratio) an, d. h. er sagt aus, welcher Kapitalstock zur Erzeugung einer Outputeinheit erforderlich ist.

$$\sigma = \frac{Y_k}{\kappa}$$

gibt die **Kapitalproduktivität** an.

Entsprechend gilt dann:

$$\Delta Y_k = \sigma \Delta \kappa = \sigma I \ .$$

Hat die Kapitalproduktivität σ z. B. den Wert $\frac{1}{2}$ bzw. der Kapitalkoeffizient den Wert 2, dann braucht man zwei zusätzliche Kapitaleinheiten, um eine zusätzliche Outputeinheit herstellen zu können. Eine Investition in Höhe von 100 hat also dann einen **Kapazitätseffekt** von 50.

Nun hat aber eine Investition nicht nur einen Kapazitätseffekt, sondern auch einen **Einkommenseffekt**. Diesen Tatbestand haben wir bereits beim Investitionsmultiplikator in Kapitel 7.4 kennengelernt. Der Investitionsmultiplikator bringt zum Ausdruck, welches zusätzliche Volkseinkommen ΔY bei einer zusätzlichen Investition ΔI entsteht:

$$\Delta Y \;=\; \frac{1}{1-c}\Delta I$$

$$=\; \frac{1}{s}\Delta I \;,$$

wobei c die marginale Konsum- und s die marginale Sparquote bezeichnen.

Da zusätzliches Einkommen zur Nachfrage nach Gütern (Konsum- und Investitionsgütern) verwendet wird, ist mit diesem Einkommenseffekt die Nachfrageseite unseres
Modells beschrieben.

Soll der Einkommenseffekt dem Kapazitätseffekt entsprechen, also die volle Auslastung
der neu geschaffenen Kapazität gewährleistet sein, so muss die Produktionskapazität
und die Nachfrage um denselben Betrag steigen, also $\Delta Y_k = \Delta Y$ sein.

Da

$$\Delta Y_k = \sigma I \text{ und } \Delta Y = \frac{1}{s}\Delta I \;,$$

gilt als Bedingung für **gleichgewichtiges Wachstum**

$$\sigma I = \frac{1}{s}\Delta I \;.$$

Stellt man diese Bedingungsgleichung um, ergibt sich

$$\frac{\Delta I}{I} = s\sigma \;.$$

$\frac{\Delta I}{I}$ ist die Wachstumsrate der Investition.

Beträgt z. B. die marginale Sparquote $s = 0,1$ und ist die Kapitalproduktivität $\sigma = \frac{1}{2}$ (der Kapitalkoeffizient $= 2$), so ergäbe sich eine gleichgewichtige Wachstumsrate der
Investition von $0,05$, d. h. 5 Prozent.

Die Nettoinvestition müsste also in jeder Periode um 5 Prozent zunehmen, d. h. die
Nettoinvestition müsste im Zeitablauf nach einer Exponentialfunktion wachsen, wenn
störungsfreies Wachstum gewährleistet sein soll. Das bedeutet, dass zur Erhaltung der
Vollbeschäftigung ein absolut konstantes Wachstum der Investition nicht ausreicht.
Um den vergrößerten Kapitalstock voll zu nutzen, muss absolut immer mehr investiert
werden, um das erforderliche nachfragewirksame Einkommen zu schaffen.

Die Stärke des erforderlichen Wachstums hängt im Domar-Modell von der marginalen Sparquote und dem Kapitalkoeffizienten ab. Eine hohe marginale Sparquote erfordert bei gegebenem Kapitalkoeffizienten eine hohe Wachstumsrate der Nettoinvestition, wenn Gleichgewicht erhalten bleiben soll, wenn also Angebot und Nachfrage
immer um denselben Betrag zunehmen, d. h. der Kapazitätseffekt der Investition dem
Einkommenseffekt entsprechen soll. Man kann sich dies so erklären, dass dann, wenn
verhältnismäßig viel gespart wird, die Unternehmen um so mehr investieren müssen,
um Einkommen und Nachfrage zur Auslastung der Kapazitäten zu schaffen.

In diesem Wachstumsmodell ergibt sich also hinsichtlich der Wirkung einer hohen marginalen Sparquote ein anderes Resultat als in der kurzfristigen Theorie zur Erklärung

der Höhe des Volkseinkommens (vgl. Kapitel 6.1). Dies ist jedoch kein Widerspruch. Man beachte, dass man in der kurzfristigen Theorie zur Erklärung der Höhe des Volkseinkommens im Rahmen eines gegebenen Kapitalstocks analysiert, d. h. dass man vom Kapazitätseffekt der Nettoinvestition absieht.

9.8 Grenzen des Wachstums

Grenzen des Wachstums werden seit der gleichnamigen Studie des Club of Rome aus dem Jahre 1972 immer wieder hinterfragt. Immer mehr Menschen ziehen Wirtschaftswachstum grundsätzlich in Zweifel. Es wird geltend gemacht, dass Produktionsweise und Konsumverhalten der Industrieländer zu unvertretbaren Belastungen der natürlichen Lebensgrundlagen geführt haben und unserem Wirtschaftswachstum Grenzen durch die Vefügbarkeit natürlicher Ressourcen und durch die Aufnahmefähigkeit der Umwelt für Emissionen und Abfallstoffe gezogen seien.

Problematisch ist die Verwendung der Größe Nationaleinkommen oder Nationaleinkommen pro Kopf als Wohlstands-, Leistungs- und Wachstumsindikator. Das Nationaleinkommen erfasst nur am Markt erbrachte Leistungen. Viele wohlfahrtssteigernde Aktivitäten, z. B. Hausfrauen- bzw. Hausmännerarbeit, freiwillige und ehrenamtliche Tätigkeiten, Nachbarschaftshilfe und der Zuwachs an Freizeit bleiben unberücksichtigt. Ebenfalls nicht erfasst wird die Schattenwirtschaft (Schwarzarbeit). Nach der derzeitigen Berechnungsmethode vermehren am Markt erbrachte Leistungen den Wert des Nationaleinkommens auch dann, wenn sie ausschließlich defensiven Charakter haben, also zur Beseitigung oder Vermeidung von negativen Begleiterscheinungen des Wirtschaftens dienen und gesellschaftlich Kostencharakter haben, wie z. B. die Reparatur von Umweltschäden oder Leistungen von Unfall- und Haftpflichtversicherungen. Ferner gehen Kosten des Wachstums in Form von Umweltbelastungen und der Ausschöpfung natürlicher Ressourcen in die Nationaleinkommensberechnung überhaupt nicht ein, obwohl sie eigentlich in Abzug gebracht werden müssten.

Trotz alledem bleibt Wachstum nach überwiegender Auffassung wünschenswert. Soll die Umwelt besser geschützt werden, ohne dass dies zu Lasten anderer Bereiche geht, ist Wachstum ebenso erforderlich wie zur Finanzierung der sozialen Sicherung und zur Erhöhung der Beschäftigung. Bei einer Begrenzung des Wachstums kann materieller Wohlstand nur zu Lasten anderer verteilt werden. Ohne Wachstum wird der Verteilungskampf zum Nullsummenspiel.

Kapitel 10

Internationale Wirtschaftsbeziehungen

10.1 Wohlfahrtsgewinne durch internationale Arbeitsteilung

Nehmen wir an, es gibt zwei Länder A und B, die jeweils die beiden Güter Wein und Tuch produzieren können. Bereits **David Ricardo** (1772–1823) hat gezeigt, dass selbst dann, wenn Land A alle Güter mit besseren Produktionsmethoden und geringeren Kosten herstellen kann als Land B, Spezialisierung und Außenhandel für beide Länder lohnend ist. Dies ist dann der Fall, wenn sich Land A auf die Produktion des Gutes beschränkt, in dem es bei der Herstellung dem Land B besonders stark überlegen ist, und Land B das Gut produziert, bei dem die Unterlegenheit gegenüber Land A vergleichsweise gering ist.

Unterstellen wir, dass Land A mit allen seinen Produktionsfaktoren maximal 100 Einheiten Wein oder 120 Einheiten Tuch herstellen kann, und dass Land B mit allen seinen Produktionsfaktoren maximal 50 Einheiten Wein oder 100 Einheiten Tuch herstellen kann. Dann hat Land A in der Weinproduktion gegenüber Land B einen größeren Vorteil als in der Tucherzeugung. In der Weinerzeugung hat also Land A nicht nur einen absoluten, sondern – wie man sagt – auch einen „komparativen Vorteil". Land B ist zwar in der Herstellung beider Güter unterlegen, der Nachteil bei der Tuchproduktion ist aber kleiner als der Nachteil bei der Weinproduktion; man sagt dann, Land B hat einen „komparativen Vorteil" in der Tuchproduktion.

Das **Theorem der komparativen Kosten** besagt nun, dass beide Länder einen Wohlfahrtsgewinn erzielen, wenn sich jedes Land auf die Produktion des Gutes spezialisiert, bei dem es einen komparativen Vorteil hat: also Land A produziert nur Wein, Land B produziert nur Tuch, Land A exportiert seine Weinüberschüsse an Land B und importiert von Land B dessen überschüssiges Tuch.

Dass sich für beide Länder Außenhandel lohnt, ist nicht unmittelbar intuitiv, kann aber wie folgt gezeigt werden:

Ohne Außenhandel muss Land A auf 120 Einheiten Tuch verzichten, wenn es 100 Einheiten Wein herstellen möchte. Die (Opportunitäts-)Kosten für 1 Einheit Wein betragen also 1,2 Einheiten Tuch.

Ohne Außenhandel muss Land B auf 100 Einheiten Tuch verzichten, wenn es 50 Einheiten Wein herstellen möchte. Die (Opportunitäts-)Kosten für 1 Einheit Wein betragen somit 2 Einheiten Tuch. Man kann sagen, in Land A kostet 1 Einheit Wein 1,2 Einheiten Tuch, und in Land B kostet 1 Einheit Wein 2 Einheiten Tuch.

Nehmen wir nun an, dass sich bei Aufnahme von Handelsbeziehungen (am Weltmarkt) ein Tauschverhältnis (terms of trade) bildet, das zwischen den nationalen Preisrelationen liegt, z. B. 1 Einheit Wein : 1,5 Einheiten Tuch.

Bei Spezialisierung und Außenhandel erhält Land A für 1 Einheit Wein, die es an Land B exportiert, 1,5 Einheiten Tuch. (Bei Autarkie (Selbstversorgung) hätte Land A bei Verzicht auf Produktion von 1 Einheit Wein nur 1,2 Einheiten Tuch produzieren können).
Bei Spezialisierung und Außenhandel muss Land B, um 1 Einheit Wein zu importieren, nur 1,5 Einheiten Tuch exportieren. (Bei Autarkie hätte Land B auf 2 Einheiten Tuch verzichten müssen, um 1 Einheit Wein produzieren zu können).

Beide Länder können bei Spezialisierung und Außenhandel mehr Güter konsumieren als bei Autarkie.

10.2 Zahlungsbilanz

Die **Zahlungsbilanz** ist die systematische Erfassung aller ökonomischen Transaktionen, die während einer Periode zwischen Inländern und Ausländern stattgefunden haben. Dabei gelten als **Inländer**

- alle natürlichen Personen mit ständigem Wohnsitz im Inland unabhängig von ihrer Nationalität,

- alle übrigen Wirtschaftssubjekte, soweit der Schwerpunkt ihrer wirtschaftlichen Tätigkeit im Inland liegt.

Im Gegensatz zu einer betriebswirtschaftlichen Bilanz handelt es sich bei der Zahlungsbilanz nicht um eine Bestandsrechnung, sondern um eine Bewegungsrechung (Strombzw. Bestandsänderungsrechnung). In einer Zahlungsbilanz werden auch nicht nur Zahlungen, sondern auch unentgeltliche Leistungen erfasst.

Aus der Tatsache, dass jede Transaktion nach dem Grundsatz der doppelten Buchführung registriert wird, folgt, dass der rechnerische Saldo der Zahlungsbilanz stets Null sein muss.

Wenn in der Praxis dennoch von einer unausgeglichenen Zahlungsbilanz gesprochen wird, kann damit nur der Saldo einer einzelnen Teilbilanz oder einer bestimmten Kombinationen von Teilbilanzen gemeint sein.

Die Zahlungsbilanz wird in folgende Teilbilanzen untergliedert:

- Leistungsbilanz
  - Handelsbilanz
  - Dienstleistungsbilanz
  - Bilanz der Erwerbs- und Vermögenseinkommen
  - Bilanz der Laufenden Übertragungen
- Bilanz der Vermögensübertragungen
- Kapitalbilanz
  - Direktinvestitionen
  - Wertpapiere
  - Finanzderivate
  - Übriger Kapitalverkehr
  - Veränderungen der Währungsreserven
- Bilanz der statistisch nicht aufgliederbaren Transaktionen (Restposten)

In der **Handelsbilanz** wird der Handel mit Sachgütern erfasst. Die Exporte werden fob (free on board), die Importe cif (cost, insurance, freight) bewertet.

In der **Dienstleistungsbilanz** werden alle Käufe und Verkäufe von Dienstleistungen gebucht. Sie enthält im Wesentlichen den gesamten Reiseverkehr (einschließlich der Käufe von Sachgütern durch Touristen), den Transithandel, Transporte, Transport- und sonstige Versicherungen, wobei nur die Verwaltungsleistungen und die Ertragskomponente in der Dienstleistungsbilanz, die eigentlichen Risikoprämien sowie grenzüberschreitende Entschädigungszahlungen und Rückvergütungen dagegen in der Bilanz der „Laufenden Übertragungen" gebucht werden.

Kapitalerträge und die Einkommen aus unselbständiger Arbeit (die Faktoreinkommen von Inländern aus dem Ausland und von Ausländern im Inland) werden als „**Erwerbs- und Vermögenseinkommen**" gebucht.

Zu den „**Laufenden Übertragungen**" gehören z. B. Überweisungen von Gastarbeitern in ihre Heimatländer, Entwicklungshilfe und vor allem Zahlungen an die EU. Zahlungen von der EU müssen hingegen teilweise als vermögenswirksam betrachtet werden, so z. B. Zuschüsse für Infrastrukturmaßnahmen.

Der Saldo der **Leistungsbilanz** ergibt sich aus den aggregierten Salden der Handels-, Dienstleistungsbilanz sowie den Salden der Bilanz der Erwerbs- und Vermögenseinkommen und der Bilanz der laufenden Übertragungen.

Die „**Vermögensübertragungen**" sind als gesonderte Bilanz ausgewiesen. Für die Klassifizierung als Vermögensübertragung ist es ausreichend, wenn ein Transfer als „einmalig" betrachtet wird (z. B. Schuldenerlasse, Erbschaften, Schenkungen, Erbschafts- und Schenkungssteuern, bestimmte Investitionszuschüsse, Vermögensmitnahmen von Aus- bzw. Einwanderern).

In der **Kapitalbilanz** werden Direktinvestitionen und alle privaten und öffentlichen Transaktionen verbucht, die Forderungen oder Verbindlichkeiten gegenüber dem Ausland begründen oder beenden.
Beispiele sind die Errichtung von Unternehmen im Ausland bzw. ausländische Direktinvestitionen im Inland, grenzüberschreitende Transaktionen von Aktien, festverzinslichen Wertpapieren, Geldmarktpapieren und Derivaten, die direkte Kreditvergabe und -aufnahme durch Kreditinstitute, Unternehmen, Privatpersonen, den Staat sowie grenzüberschreitende Mittelab- und -zuflüsse der Deutschen Bundesbank.
Ferner werden die Veränderungen der Währungsreserven der Bundesbank als Teilbilanz der Kapitalbilanz erfasst. Früher wurden die Veränderungen der Währungsreserven der Bundesbank als eigene Position (Devisenbilanz) außerhalb der Kapitalbilanz aufgeführt.

Die statistisch nicht aufgliederbaren Transaktionen (**Restposten**) beruhen auf Mängeln bei der statistischen Erfassung der Transaktionen zwischen Inländern und Ausländer (z. B. bei nicht gemeldeten Kapitaltransfers).

Mithilfe der Bilanz der nicht aufgliederbaren Transaktionen ist dann die Summe aller Teilbilanzen gleich Null.

10.3   Entwicklung des Weltwährungssystems

Seit dem II. Weltkrieg bis etwa 1970 war die westliche **Weltwährungsordnung** geprägt durch das **Bretton-Woods-System**. (Bretton-Woods ist ein kleiner Badeort in New Hampshire, USA).

Die Bundesrepublik Deutschland trat dem Bretton-Woods-Abkommen 1952 bei.

Es beruhte auf drei Pfeilern:

• dem Prinzip der **fixen (festen) Wechselkurse**

• dem Prinzip der Währungskonvertierbarkeit und Konvertierbarkeit von US-Dollar in Gold

• dem Prinzip der multilateralen Kredithilfe, d. h. dem Prinzip gegenseitiger Unterstützung mit Währungskrediten

Jede Währung der Mitgliedsländer war in Gewichtseinheiten von Gold definiert; damit waren dann auch die Paritäten der Währungen untereinander fixiert. Eine Bandbreite von ± 1 Prozent war zulässig. Um die **Wechselkurse** in dieser **Bandbreite** zu halten, waren die nationalen Zentralbanken gehalten, auf den Dollar-Devisenmärkten die nationalen Währungen (mit Dollars) zu kaufen (zu stützen) oder (gegen Dollars) zu verkaufen. Der **Dollar** wurde damit zur **Leitwährung**. Jedes Land (mit Ausnahme der USA) war also gezwungen, **Währungsreserven** (Gold und Dollars) zu halten.

Die **Währungen** waren untereinander **konvertibel**, konnten also ohne mengenmäßige Beschränkungen an den Devisenmärkten gehandelt werden. Jedes Land hatte das Recht, Dollars in Gold oder in die eigene Währung einzutauschen.

Bei fundamentalen Ungleichgewichten waren **Auf-** und **Abwertungen** der nationalen Währungen möglich. Bei Änderungssätzen von mehr als 10 Prozent war dies allerdings nur mit Zustimmung des **Internationalen Währungsfonds** (IWF) erlaubt.

Durch eine Politik der starken Geldmengenvermehrung in den USA ab 1963, der Finanzierung des Vietnamkrieges, die ständigen Handelsbilanzdefizite und starken Kapitalexporte der USA kam es zu einem drastischen Anstieg der in der Welt „vagabundierenden" Dollars und zu einem zunehmenden Vertrauensverlust in die Leit- und Reservewährung. Die US-Goldbestände schmolzen durch zunehmenden Umtausch von Dollars in Gold dahin, so dass die USA die Konvertierbarkeit von US-Dollar in Gold aufhoben. Auch die Bundesrepublik Deutschland hat sich nicht mehr an das Bretton-Woods-Abkommen gehalten: Aufgrund der rasch ansteigenden Inflation durch Stützungskäufe von Dollars hat Deutschland die Intervention am Dollarmarkt aufgegeben und die DM gegenüber dem Dollar floaten lassen, d. h. man ist zu einem flexiblen Wechselkurs gegenüber dem Dollar übergegangen (1970).

Im Realignment vom Dezember 1971 (Vereinbarung neuer Leitkurse mit einer Bandbreite von $\pm\,2,25$ Prozent und die Abschaffung des Dollars als Bezugsgröße für den Wechselkursmechanismus), kam es nochmals zu dem Versuch, den Dollar auf niedrigerer Basis zu stabilisieren.

Im Jahre 1972 vereinbarten einige europäischen Länder engere Bandbreiten untereinander ($\pm\,1,125$ Prozent), behielten jedoch die Bandbreite von $\pm\,2,25$ Prozent gegenüber dem Dollar bei („Schlange im Tunnel"). Im Jahre 1973 ging eine Gruppe von europäischen Ländern zum Gruppenfloating über. Dieser Europäische Wechselkursverbund wurde auch als „Schlange" bezeichnet. Innerhalb der Gruppe hatte man fixe Wechselkurse mit einer Bandbreite von $\pm\,2,25$ Prozent, die Gruppe insgesamt floatete jedoch gegenüber dem Dollar, d. h. es gab keine Aufrechterhaltung fester Bandbreiten mehr gegenüber dem Dollar. Bei ständig wechselnden Mitgliedschaften in diesem losen Verbund schrumpfte die Schlange schließlich auf sechs Mitgliedsländer zusammen (Benelux-Staaten, Dänemark, Norwegen und die Bundesrepublik Deutschland).

Nach den Währungsbeschlüssen von Kingston/Jamaica (1976) hatte man praktisch einen Schwebezustand, in dem jedes Mitgliedsland des IWF in der Wahl des Wechselkurssystems frei war.

Um in Europa eine Zone währungspolitischer Stabilität zu schaffen und um dem europäischen Integrationsprozess neue Impulse zu geben, haben die EG-Länder im Jahre 1979 das Europäische Währungssystem (EWS) in Kraft gesetzt. Man hoffte dabei, dass ein System fixer Wechselkurse bei Konvertibiliät der Währungen den Zwang zur Annäherung der nationalen Wirtschaftspolitiken mit sich bringt.

10.4 Das Europäische Währungssystem (EWS)

Zentraler Punkt des **EWS** war die **Europäische Währungseinheit** (**ECU**; **European Currency Unit**). (Der ECU (frz. „Schild") war als Ecu d'or die Hauptgoldmünze Frankreichs seit Ludwig IX).

Der ECU war als Währungskorb definiert, der sich aus bestimmten Beträgen der Währungen der Mitgliedsstaaten zusammensetzte. Er war die Bezugsgröße (numeraire) für die Wechselkurse. Jede Währung der EG-Länder hatte einen ECU-bezogenen **Leitkurs** (Mittelkurs). Um diese Wechselkurse wurden ursprünglich **Bandbreiten** von ± 2, 25 Prozent gelegt. Einige Währungen konnten eine Bandbreite von ± 6 Prozent in Anspruch nehmen. Nach den Währungsturbulenzen im September 1992 sind Pfund und Lira aus dem Wechselkursmechanismus ausgeschieden. Nach weiteren Währungsturbulenzen wurden die Bandbreiten zwischen den meisten Währungen erheblich erweitert. Die griechische Drachme nahm damals noch nicht am Mechanismus teil. Der österreichische Schilling wurde später neu aufgenommen.

Anpassungen der Leitkurse konnten im gegenseitigen Einvernehmen vorgenommen werden. Die Zentralbanken der Mitgliedsländer mussten die Wechselkurse ihrer Währungen durch Interventionen am Devisenmarkt in den vorgesehenen Bandbreiten halten. Stieß z. B. die DM im Verhältnis zum französischen Franc an den oberen Interventionspunkt, so war die Deutsche Bundesbank verpflichtet, französische Franc aufzukaufen, und die französische Zentralbank war verpflichtet, DM abzugeben. Es waren also immer zwei Zentralbanken gleichzeitig zur Intervention verpflichtet.

Im Vertragssystem des EWS wurden auch erweiterte Beistands- und Kreditsysteme vereinbart. Im Rahmen der kurzfristigen Finanzierungshilfe konnten Kredite in unbegrenzter Höhe zur Finanzierung von obligatorischen und intramarginalen Interventionen gegeben werden, die in der Regel innerhalb von 45 Tagen zurückgezahlt werden mussten. Zur Überbrückung kurz- und mittelfristiger Zahlungsbilanzschwierigkeiten durfte ein der Höhe nach begrenzter Währungsbeistand mit einer Laufzeit von 3 Monaten bzw. 2–5 Jahren gewährt werden. Letzterer war allerdings mit wirtschaftspolitischen Auflagen verbunden.

Dem Europäischen Fonds für währungspolitische Zusammenarbeit (EFWZ) wurden in der Anlaufphase 20 Prozent der Währungsreserven (des Dollar- und Goldbestandes) der nationalen Zentralbanken übertragen und damit eine Anfangsmenge von ECU bereitgestellt. Zur Rückzahlung von Krediten im Rahmen des Beistands- und Kreditsystems konnten auch die ECU-Guthaben beim EFWZ benutzt werden.

Die Gefahr eines Systems **fixer Wechselkurse** besteht bei unterschiedlichen Inflationsraten in den einzelnen Mitgliedsländern darin, dass Inflation in die geldwertstabilen Länder importiert wird (vgl. Kapitel 6.5.1.1). Voraussetzung für die dauerhafte Funktionsfähigkeit eines Systems fixer Wechselkurse ist nicht nur eine Harmonisierung der Geldpolitik, sondern nach herrschender Meinung eine generelle Harmonisierung der Wirtschaftspolitik.

Die weitere währungspolitische Entwicklung in der Europäischen Union war allerdings von einem anderen Ansatz geprägt. Die gemeinsame Währung (feste Umrechnungskurse) wurde – abgesehen von der Harmonisierung der Geldpolitik – *vor* der generellen

Harmonisierung der Wirtschaftspolitik realisiert. Inwieweit die Umkehrung der Reihenfolge politischen Zwängen unterlag oder ein beabsichtigter Impuls zur Beschleunigung der Harmonisierungsbemühungen vorlag, bleibt offen.

Bevor wir die Schritte zur Europäischen Währungsunion skizzieren, stellen wir kurz die Vor- und Nachteile von Systemen fixer und flexibler Wechselkurse gegenüber.

10.5 Devisenmarkt und Wechselkurs

Als **Wechselkurs** bezeichnet man den in ausländischer Währung ausgedrückten Preis für eine Einheit der Inlandswährung („Ein Euro kostet 1,30 US-Dollar"). Als **Devisenkurs** bezeichnet man den Preis für eine Einheit der ausländischen Währung, ausgedrückt in inländischer Währung („1 US-Dollar kostet 0,77 Euro").

Devisen im engeren Sinn sind die auf fremde Währung lautenden und im Ausland zahlbaren Forderungen, bestehend aus Sichtguthaben, Wechseln und Schecks. Nicht zu den Devisen werden ausländische Barzahlungsmittel (**Sorten**) und Fremdwährungsguthaben bei inländischen Kreditinstituten gerechnet. Im Interbankengeschäft spielt nur der Handel mit Sichtguthaben an ausländischen Plätzen eine Rolle. Im weiteren Sinn versteht man unter **Devisen** Forderungen in fremder Währung, über die kurzfristig verfügt werden kann (also auch Geldmarktanlagen).

Die Höhe der Wechselkurse wird bestimmt durch das Angebot und die Nachfrage von Devisen auf dem **Devisenmarkt** (Devisenbörse). Das Devisenangebot resultiert aus Exporterlösen, Kapitalimporten und empfangenen monetären Übertragungen. Die Devisennachfrage entsteht aus Importen, Kapitalexporten und aus zu leistenden monetären Übertragungen. Die Preisbildung auf dem Devisenmarkt vollzieht sich nach den Regeln der Preisbildung der vollständigen Konkurrenz (vgl. Kapitel 5.4).
Wechselkurse werden auch durch spekulative Transfers beeinflusst; so wird an den Devisen- und Finanzmärkten auch über erwartete Zinssatzdifferenzen sowie über die erwartete Güte der wirtschaftlichen und politischen Entwicklung in den einzelnen Währungsräumen abgestimmt.

Auf dem **Devisenkassamarkt** werden Devisen in Form eines Kassageschäfts gehandelt, d. h. Übergabe und Bezahlung müssen innerhalb von zwei Tagen nach Vertragsabschluss erfolgen, und zwar zum **Kassakurs**.

Auf dem **Devisenterminmarkt** werden Devisen in Form eines Termingeschäfts gehandelt, d. h. Übergabe und Bezahlung erfolgen eine bestimmte Zeit nach Vertragsabschluss, und zwar zu dem bereits bei Vertragsabschluss vereinbarten **Terminkurs**.

Bei einem reinen System **flexibler Wechselkurse** findet freier Handel ohne Beteiligung der Zentralbanken statt. Bei einem System **fixer Wechselkurse** treten Zentralbanken zum Zwecke der Wechselkursstabilisierung als Anbieter oder Nachfrager nach Devisen auf.

Bei **flexiblen Wechselkursen** besteht die Tendenz zum Ausgleich der Leistungsbilanz. Erhöhen sich die Exporte des Inlands, so resultiert daraus ein zusätzliches Angebot an Devisen, das bei sonst gleichen Bedingungen den Devisenkurs drückt, d. h. zu einer Aufwertung der Währung des Inlandes führt. Dadurch werden für das Ausland inländische Güter teurer und für die Inländer Importgüter billiger. Damit wird der Exportüberschuss wieder abgebaut und die Leistungsbilanz in der Tendenz ausgeglichen.

Flexible Wechselkurse können den internationalen Handel stören, da sich aus der Beweglichkeit der Wechselkurse unsichere Kalkulationsgrundlagen für Exporteure, Importeure und Investoren ergeben. Solche Kursrisiken lassen sich allerdings durch Devisentermingeschäfte ausschalten. Es wird angeführt, dass es bei starken Wechselkursschwankungen zu erheblichen Beschäftigungsschwankungen in der Exportindustrie kommen kann. Gegen flexible Wechselkurse wird ferner eingewandt, dass (auch) sie inflationsfördernd wirken können, da man nicht wie bei **fixen Wechselkursen** gezwungen ist, eine stabilitätsorientierte Politik zu betreiben, um Devisenabflüsse zu verhindern. Bei fixen Wechselkursen könne man gleichsam die Länder zur Preisstabilität „erziehen" und einen gewissen Druck zur Koordination der nationalen Wirtschaftspolitiken ausüben. Fixe Wechselkurse hätten in diesem Sinne eine Integrationsfunktion.

Andererseits wenden Befürworter **flexibler Wechselkurse** ein, dass dann Binnenwirtschaftpolitik autonom, ungestört und effizienter betrieben und Inflationsimport durch Außenhandelsüberschüsse und den direkten internationalen Preiszusammenhang (vgl. Kapitel 6.5.1.1) vermieden werden kann.

Weltweit haben wir heute ein Mischsystem **fixer und flexibler Wechselkurse**. Einige Währungen sind aneinandergekoppelt, andere Währungen sind an den US-Dollar, an den Euro und an andere Währungen gebunden.

Eine Reihe wichtiger Währungen sind untereinander flexibel (US-Dollar, Britisches Pfund, Schweizer Franken, Euro, Yen). Rund um die Uhr werden durch die Preisbildung auf den Devisenmärkten diese Währungen ständig auf- bzw. abgewertet.

Was bedeutet die **Abwertung** einer Währung?

Bei einer Abwertung sinken aus Sicht des Auslandes alle Preise und Löhne im Inland. Daher kann eine Abwertung ein Instrument sein, um die Wettbewerbsfähigkeit und Beschäftigung bei rigiden (nach unten wenig flexiblen) Löhnen zu erhöhen.

Eine Abwertung der Inlandswährung führt dazu, dass die Reallöhne der Inländer sinken: für die gleichen Nominallöhne kann man weniger Importgüter kaufen; für die gleiche Menge an Importen muss das abwertende Land mehr Exporte liefern, also mehr Faktorleistungen erbringen. Eine Abwertung verschlechtert die **realen Austauschrelationen (terms of trade)**.

Steigende Importpreise erhöhen das Inflationspotenzial in der Abwertungszone. Mit der Abwertung steigt das Inflationspotenzial nicht unmittelbar, sondern es ändern sich zunächst (bei konstanter nachfragewirksamer Geldmenge) nur die relativen Preise. Erst wenn die Zentralbank eine Erhöhung der nachfragewirksamen Geldmenge zulässt, kann sich das allgemeine Preisniveau auf Dauer erhöhen.

10.6 Europäische Wirtschafts- und Währungsunion

10.6.1 Schritte zur Europäischen Einigung

Die sechs Staaten der Europäischen Gemeinschaft für Kohle und Stahl (EGKS), Belgien, Bundesrepublik Deutschland, Frankreich, Italien, Luxemburg und die Niederlande, gründeten 1957 in Rom die **Europäische Wirtschaftsgemeinschaft** (**EWG**) und die Europäische Atomgemeinschaft (EURATOM). Sie hatten „den festen Willen, die Grundlagen für einen immer engeren Zusammenschluss der europäischen Völker zu schaffen", wie es im Gründungsvertrag der EWG heißt. Im Jahre 1967 entstand mit dem Zusammenschluss der Organe von EGKS, EURATOM und EWG die **Europäische Gemeinschaft** (**EG**), die ein Jahr später die **Zollunion** vollendete. Seither sind Exporte und Importe zwischen EG-Staaten zollfrei. Im Jahre 1973 traten Dänemark, Irland und das Vereinigte Königreich von Großbritannien und Nordirland der EG bei. Griechenland kam 1981 hinzu, Portugal und Spanien folgten 1986.

Im Jahre 1992 unterzeichneten in der niederländischen Stadt Maastricht diese zwölf Staaten den „Vertrag über die **Europäische Union** (**EU**)".
Im Jahre 1995 sind drei weitere Staaten der EU beigetreten: Finnland, Österreich und Schweden.
Der **Binnenmarkt** ist seit 1. Januar 1993 verwirklicht. Noch bestehenden Schranken für die freie Mobilität von Menschen, Sachgütern und Dienstleistungen sowie Kapital wurden – zumindest im Grundsatz – aufgehoben. Mit dem Binnenmarkt entstand der größte Markt der westlichen Welt mit mehr als 320 Mio Verbrauchern.
Die Binnenzölle sind zwar schon seit 1968 abgeschafft, aber an deren Stelle wurden oft andere Handelshemmnisse gesetzt, die mit Anforderungen von Verbrauchersicherheit, Gesundheits- und Umweltschutz begründet wurden. Allein bei den nationalen Anforderungen an Produktgestaltung und Herstellungsverfahren gab es auf industriellem Gebiet in der EG mehr als 100 000 voneinander abweichende Vorschriften. Der Verzicht auf solche **nichttarifäre Handelshemmnisse** zählt zum Kern der Harmonisierung auf dem Sachgütersektor.
Auch der Dienstleistungsverkehr und der Kapitalverkehr waren durch unterschiedliche und komplexe nationale Regulierungssysteme noch stark behindert. Die Niederlassungsfreiheit für Selbständige war ebenso zu regeln wie die Anerkennung von Qualitäts- und beruflichen Befähigungsnachweisen. Ferner musste auch noch die öffentliche Auftragsvergabe wettbewerbsgerecht gestaltet werden.

In Maastricht ist der „Fahrplan" für die Weiterentwicklung des Binnenmarktes zu einer **Europäischen Wirtschafts- und Währungsunion** (**EWWU**) festgelegt worden.

Die **Währungsunion** unterscheidet sich vom EWS dadurch, dass Änderungen der Wechselkurse, also Auf- und Abwertungen nicht mehr möglich sind. Im Gegensatz zum ECU wurde die neue Währung **Euro** nicht mehr als Korbwährung konzipiert. Für die Geldpolitik sind nicht mehr die nationalen Zentralbanken, sondern ist die **Europäische Zentralbank** (**EZB**) zuständig (vgl. Kapitel 6.3).

Welche Länder ab 1.1.1999 der **Europäischen Währungsunion** (**EWU**) angehören durften, wurde nach dem Maastrichter Vertrag von der Erfüllung von „Konvergenzkriterien" abhängig gemacht. Ferner konnten der Währungsunion nur Staaten angehören, deren Währungen seit mindestens zwei Jahren am Wechselkursmechanismus des EWS teilnahmen und zwei Jahre lang nicht abgewertet wurden.

Der Sinn der Konvergenzkriterien bestand darin, über eine Angleichung der Inflationsraten und Zinssätze sowie eine Eindämmung der öffentlichen Verschuldung die EZB in die Lage zu versetzen, die Geldpolitik zu harmonisieren, sowie Vertrauen für die neue Währung zu schaffen.

Die **Konvergenzkriterien** waren erfüllt, wenn

- der Mitgliedsstaat eine anhaltende Preisstabilität und eine während des letzten Jahres vor der Prüfung gemessene durchschnittliche Inflationsrate aufweist, die um nicht mehr als 1,5 Prozentpunkte über der Inflationsrate jener – höchstens drei – Mitgliedsstaaten liegt, die auf diesem Gebiet der Preisstabilität das beste Ergebnis erzielt haben,

- der Mitgliedsstaat die im Rahmen des Wechselkursmechanismus des EWS vorgesehenen normalen Bandbreiten zumindest in den letzten zwei Jahren vor der Prüfung ohne starke Spannungen eingehalten und den bilateralen Leitkurs seiner Währung gegenüber der Währung eines anderen Mitgliedsstaates nicht von sich aus abgewertet hat,

- das geplante oder tatsächliche öffentliche Defizit des Mitgliedslandes 3 Prozent und seine Verschuldung 60 Prozent seines Bruttoinlandsprodukts zu Marktpreisen nicht übersteigt,

- im Verlauf von einem Jahr vor der Prüfung in einem Mitgliedsstaat der durchschnittliche langfristige Nominalzinssatz um nicht mehr als 2 Prozentpunkte über dem entsprechenden Satz in jenen – höchstens drei – Mitgliedsstaaten gelegen hat, die auf dem Gebiet der Preisstabilität das beste Ergebnis erzielt haben.

Man muss allerdings berücksichtigen, dass diese Konvergenzkriterien für den Europäischen Rat nicht bindend waren. Der Rat musste lediglich die Berichte der Europäischen Kommission und des Europäischen Währungsinstituts gebührend würdigen und konnte mit qualifizierter Mehrheit entscheiden, ob man die Voraussetzungen als gegeben betrachtete.

Letztlich wurde bei einigen Beitrittsländern großzügig verfahren.

Die Auswahl der Teilnehmerstaaten erfolgte bereits im Mai 1998. Zuvor gaben die EWU-Teilnehmerstaaten ihre Meldungen über die Erfüllung (oder nicht vollständige Erfüllung) der Maastricht-Kriterien ab.

Nach den erfolgten Stellungnahmen der Europäischen Kommission und des Europäischen Währungsinstituts wurden das Europäische Parlament und die nationalen Parlamente befasst, bevor die Staats- und Regierungschefs auf Empfehlung der Finanzminister über die Teilnehmerstaaten Belgien, Deutschland, Finnland, Frankreich, Irland, Italien, Luxemburg, Niederlande, Österreich, Portugal und Spanien entschieden. Griechenland verfehlte damals sämtliche Konvergenzkriterien. Sonderfälle sind Dänemark sowie Großbritannien und Schweden, die noch nicht der Europäischen Währungsunion beigetreten sind.

Am 1.1.1999 wurden die Wechselkurse der teilnehmenden Staaten durch unwiderruflich festgelegte **Umrechnungskurse** ersetzt. Der **Euro** wurde zu einer eigenständigen Währung mit fixem Umrechnungskurs gegenüber den Währungen der Teilnehmerstaaten. Von den zuletzt notierten ECU-Kursen gab es bei der Euro-Umstellung kleinere Abweichungen. Die Deutsche Mark wurde leicht aufgewertet, was in der Öffentlichkeit bemerkenswerterweise unkommentiert blieb. Im bargeldlosen Zahlungsverkehr konnten (bis 2002) sowohl der Euro als auch die nationalen Währungen verwendet werden. Es gab jedoch faktisch nur noch eine einzige Währung unter den Teilnehmerstaaten, die entweder in Euro oder jeder der beteiligten nationalen Währungen ausgedrückt werden konnte. Die geldpolitische Verantwortung ging auf die EZB über.

Alle Verträge, die auf eine nationale Währung lauten, behielten Ihre Gültigkeit. Der Umtausch der nationalen Banknoten und Münzen gegen Euro-Banknoten und Euro-Münzen begann am 1. Januar 2002. Kraft EU-Rechts erfolgte dann automatisch die Ersetzung aller Beträge, die in nationaler Währung gehalten wurden, durch die entsprechenden Euro-Beträge. Am 01. Januar 2002 wurde der Euro alleiniges gesetzliches Zahlungsmittel.

Nachstehend findet der Leser einen chronologischen Überblick über die Stufen der europäischen Einigung (Quelle: Bundesverband der Deutschen Volksbanken und Raiffeisenbanken(o.J.); Brasche (2008); von mir ergänzt).

1951   18. April – Vertrag zur Gründung der Europäischen Gemeinschaft für Kohle und Stahl (Montanunion).

1957   25. März – Die 6 Gründungsländer Belgien, Deutschland, Frankreich, Italien, Luxemburg und die Niederlande unterzeichnen die Römischen Verträge über die Europäische Wirtschaftsgemeinschaft (EWG) und die Europäische Atomgemeinschaft (EAG), die zum 1. Januar 1958 in Kraft treten.

1960   Gründung der EFTA (Europäische Freihandelszone) gegründet; Großbritannien bildet mit Dänemark, Norwegen, Schweden, Österreich und Portugal in Konkurrenz zur EWG die EFTA.

1967   01. Juli – Die Geburtsstunde der Europäischen Gemeinschaft (EG). Der Vertrag über den Zusammenschluss der Organe der Europäischen Gemeinschaft für Kohle und Stahl, der Europäischen Wirtschaftsgemeinschaft und der Europäischen Atomgemeinschaft tritt in Kraft.

1968   01. Juli – Abschaffung aller Binnenzölle zwischen den EG-Mitgliedsstaaten und Einführung eines gemeinsamen Außenzolls. Damit ist die Zollunion verwirklicht.

1969   Beschluss der Staats- und Regierungschefs der EG, bis 1980 eine Wirtschafts- und Währungsunion zu errichten.

1971   Verabschiedung des Werner-Plans (genannt nach dem damaligen luxem-
        burgischen Ministerpräsidenten Werner) auf der Grundlage des Beschlus-
        ses von 1969. Er sieht einen dreistufigen Übergang zu einer Europäischen
        Wirtschafts- und Währungsunion vor. Infolge weltweiter Währungsturbu-
        lenzen und des Zusammenbruchs des Systems weltweit fester Wechselkurse
        wird der Plan jedoch noch im gleichen Jahr ad acta gelegt.

1972   21. März – Gründung des Europäischen Währungsverbunds. Damit wird
        die Europäische Währungsschlange eingeführt.

1973   01. Januar – Beitritt von Großbritannien, Irland und Dänemark zur EG,
        die nunmehr 9 Mitglieder hat.

1979   13. März – Ablösung der Währungsschlange durch das Europäische Wäh-
        rungssystem (EWS). Der ECU wird dessen gemeinsame Währungseinheit.

1981   01. Januar – Beitritt Griechenlands zur EG.

1986   Die EG-Kommission legt in ihrem Weiß-Buch einen Maßnahmenkatalog
        und einen Zeitplan für die Vollendung des gemeinsamen Binnenmarktes bis
        Ende 1992 vor.

1986   01. Januar – EG-Beitritt von Portugal und Spanien. Unterzeichnung der
        Einheitlichen Europäischen Akte von Vertretern der nunmehr 12 Mitglieds-
        staaten. Darin wird das Ziel festgeschrieben, bis Ende 1992 einen Europäi-
        schen Binnenmarkt zu verwirklichen. Am 1. Juli 1987 tritt die Einheitliche
        Europäische Akte in Kraft.

1990   Bereits vor der Unterzeichnung des Maastrichter Vertrages beginnt die
        1. Stufe der Europäischen Wirtschafts- und Währungsunion (EWWU). In
        dieser Phase wurde die volle Liberalisierung des Kapitalverkehrs in der EG
        erreicht. Im Dezember nehmen die Regierungskonferenzen zur Politischen
        Union und zur Wirtschafts- und Währungsunion ihre Arbeit auf.
        Mit dem Beitritt der Deutschen Demokratischen Republik zur Bundesre-
        publik Deutschland sind auch die fünf neuen Bundesländer Mitglieder der
        EG.

1991   Im niederländischen Maastricht beschließen die EG-Staats- und Regierungs-
        chefs, bis 1999 die EWWU zu verwirklichen.

1992   07. Februar – Die Außen- und Finanzminister der EG-Mitgliedsstaaten un-
        terzeichnen den Vertrag über die Europäische Union (EU).

1993   Zum Jahresbeginn wird der Europäische Binnenmarkt Realität. Nach Hin-
        terlegung aller Ratifikationsurkunden tritt am 1. November der Vertrag
        über die EU in Kraft.

1994   01. Januar – Die zweite Stufe der EWWU beginnt. Zeitgleich wird das
        Europäische Währungsinstitut (EWI) mit Sitz in Frankfurt/Main errichtet.

| 1995 | 01. Januar – Beitritt von Österreich, Schweden und Finnland zur EU. Diese umfasst nun 15 Staaten. Im Dezember legen die Staats- und Regierungschefs den Zeitplan für die Umsetzung der EWWU fest und entscheiden sich für „Euro" als den Namen der europäischen Währung. |

| 1997 | 17. Juni – Die europäischen Staats- und Regierungschefs einigen sich auf den Vertrag von Amsterdam, der die Mitentscheidungsrechte des Europäischen Parlaments erweitert. |

Sie beschließen gleichzeitig einige wesentliche Elemente der EWWU: Den Stabilitäts- und Wachstumspakt sowie die Grundzüge des neuen Wechselkursmechanismus (EWS II).

Da nicht alle EU-Länder an der Währungsunion teilnahmen, sollten durch das EWS II nicht teilnehmende Länder an den Euro gebunden und zugleich die Voraussetzungen für einen späteren Beitritt verbessert werden. Das EWS II wurde 1999 durch den Wechselkursmechanismus II (WKM II) ersetzt. Die Teilnahme ist freiwillig. Die Währungen der am WKM II teilnehmenden Länder dürfen von ihrem Euro-Leitkurs um maximal ±15% abweichen.

| 1999 | 01. Januar – Start der Europäischen Währungsunion (EWU) mit folgenden unwiderruflich festen **Umrechnungskursen** der EWU-Währungen: |

EWU-Währungen	*Feste Umrechnungskurse (1 EURO)*
Belgischer Franc	40,3399
DM	1,95583
Finnmark	5,94573
Französischer Franc	6,55957
Holländischer Gulden	2,20371
Irisches Pfund	0,787564
Italienische Lira	1936,27
Österreichischer Schilling	13,7603
Portugiesischer Escudo	200,482
Spanische Peseta	166,386

| 2000 | Vertrag von Nizza; Weiterentwicklung der Entscheidungsstrukturen der EU zur Herstellung der Erweiterungsfähigkeit. |

| 2001 | Beitritt Griechenlands zur EWU. Die griechische Drachme wurde mit einem Umrechnungskurs von 340,75 Drachmen je Euro bewertet. |

| 2002 | In Kopenhagen wird der Beitritt von zehn neuen Mitgliedern verhandelt. Deutschland, Frankreich und Portugal können die Drei-Prozentgrenze beim öffentlichen Defizit nicht einhalten. |

| 2004 | EU-Beitritt von zehn weiteren Staaten (Estland, Lettland, Litauen, Malta, Polen, Slowakei, Slowenien, Tschechische Republik, Ungarn, Zypern). Wahlen zum Europäischen Parlament mit Abgeordneten aus den 25 EU-Ländern. |

2005   „Verfassungsvertrag" scheitert.

2007   EU-Beitritt von Bulgarien und Rumänien; Euro-Einführung in Slowenien;
            „Reformvertrag" von Lissabon (noch nicht ratifiziert) als Nachfolger des
            gescheiterten „Verfassungsvertrages".

2008   Euro-Einführung in Malta und Zypern.

2009   Euro-Einführung in der Slowakei.

10.6.2   Chancen und Risiken der Europäischen Wirtschafts- und Währungsunion

Chancen und positive wirtschaftliche Effekte ergeben sich sowohl auf mikro- und makroökonomischer Ebene.

Für Unternehmen sind in der Euro-Zone die Preise für Sachgüter und Dienstleistungen unmittelbar vergleichbar. Die Preistransparenz erhöht die Wettbewerbsintensität unter den Anbietern und verringert den Spielraum für Preisdifferenzierung und gibt Anreize für Produkt und Prozessinnovationen. Ein größerer Absatzmarkt ermöglicht niedrigere Stückkosten (steigende Skalenerträge) und macht geringere Preise möglich. Durch einheitliche Standards verringern sich Produktions- und Entwicklungskosten.
Transaktionskosten beim Währungstausch entfallen, Unternehmen müssen ihre Erlöse aus Exportgeschäften nicht mehr gegen Wechselkursschwankungen hedgen (absichern). Investitionsentscheidungen, auch auf den Finanzmärkten, können ohne das Risiko von Wechselkursschwankungen getroffen werden. Kreditnehmer können die Konditionen unter allen Anbietern der Euro-Zone ohne Absicherungskosten vergleichen. Verwerfungen von Preisen und Zinsen aufgrund von Devisenspekulationen sind nicht mehr möglich.

Durch die Intensivierung der Arbeitsteilung im Binnenmarkt und wachsende Skalenerträge steigen die Wettbewerbsfähigkeit der Volkswirtschaften in der Europäischen Wirtschafts- und Währungsunion und die Chancen für mehr Wachstum und Beschäftigung.
Die Liberalisierung des öffentlichen Auftragswesens könnte bei sonst gleichen Bedingungen die Staatsausgaben senken, sinkende Exportpreise könnten die Exporte und damit die Produktion und die Nachfrage nach Arbeit, sinkende Importpreise die Binnennachfrage erhöhen (Brasche 2008).
Eine Politik der Kohäsion (Gruppenzusammenhalt) bietet die Chance für eine stabilisierende Friedensepoche in Europa. Die europäische Integration stärkt die Verhandlungsposition gegenüber Rohstofflieferanten und ermöglicht die Ausdehnung des politischen Einflusses.

Zu einem Problem kann die unterschiedliche Leistungsfähigkeit der Euro-Länder führen. Bei flexiblen oder in Bandbreiten flexiblen Wechselkursen haben sich Veränderungen der Produktivität einzelner Länder in Veränderungen der Wechselkurse niedergeschlagen. Dieser Ausgleichsmechanismus ist mit der einheitliche Währung weggefallen. Dieses „Ventil" muss nunmehr durch die Strukturpolitik der EU ersetzt werden.

Die regionalpolitischen Subventionen der EU bestehen nicht in konsumtiven Transferzahlungen oder Zuschüssen zu den Haushalten einzelner Länder, sondern in selektiver
und konzentrierter Förderung von Teilregionen eines Mitgliedsstaates. Hierfür wurden
„Zielregionen" definiert.
Die Regionalpolitik beansprucht in etwa ein Drittel, die gemeinsame Agrarpolitik et-
wa 50% des EU-Haushalts. Die Finanzierung stößt insbesondere bei den Nettozahlern
(Länder, die mehr an die EU abführen als sie zurückerstattet bekommen) auf Ak-
zeptanzprobleme und erzeugt Skepsis in der Bevölkerung gegenüber einer Aufnahme
weiterer Mitglieder.
Neben der Fähigkeit der EU, weitere Mitglieder aufzunehmen (Absorptionsfähigkeit,
Integrationsfähigkeit), werden auch in Zukunft die Regional- und Agrarpolitik, die
Beiträge zum EU-Haushalt und die institutionelle Arbeitsfähigkeit zentrale Diskussi-
onsthemen bleiben.

10.7 Globalisierung

„**Globalisierung**" bedeutet Intensivierung des weltweiten Wettbewerbs durch zunehmenden Handel und wachsende Kapitalströme über Länder- und Kontinentgrenzen
hinweg. Indikatoren der Globalisierung sind das Wachstum der Weltexporte, die Direktinvestitionen und die Devisenumsätze. Auch die wachsende Zahl der Mitglieder der
WTO (World Trading Organization) und der Vorläuferorganisation GATT (General
Agreement on Tariffs and Trade) belegen die ökonomische Akzeptanz der Liberalisierung und Öffnung der Märkte, trotz der noch fehlenden Breite der Globalisierung in
Entwicklungs- und Schwellenländern.

Sowohl Unternehmen als auch Staaten sind dem internationalen Standortwettbewerb
ausgesetzt.
Der **globale Wettbewerb** verringert für Unternehmen Preiserhöhungsspielräume und
damit Möglichkeiten, Kostensteigerungen zu überwälzen, und gibt Anreize, die Produktivität durch Rationalisierungsinvestitionen, aber auch durch Personalabbau zu
erhöhen. Internationaler Standortwettbewerb führt dazu, dass der Einzelstaat nicht
mehr beliebig wirtschaftspolitisch intervenieren kann, dass also Regierungskompetenz
schwindet. Nationale Gesetze (auch Steuersysteme), die Regulierung von Löhnen und
unterschiedliche Lohnniveaus werden in Frage gestellt.
Differenzen in den Lohnniveaus verschiedener Länder führen dann zu Anpassungsdruck,
wenn sie nicht den Differenzen in der Arbeitsproduktivität entsprechen.
Unterschiedliche Lohnniveaus können auch bei internationaler Arbeitsteilung aufrecht-
erhalten werden, wenn sich Länder mit hohem Lohnniveau auf hochproduktive Spezialisierungen ausrichten. Voraussetzung für einen Strukturwandel in hochproduktive
Spezialisierungen ist allerdings, dass es nicht zu einem dauerhaften Mismatch (Aus-
einanderklaffen) zwischen benötigten und vorhandenen Qualifikationen kommt. D. h.
es sind Investitionen in die Bildung erforderlich, um das Humankapital und damit die
Grenzproduktivität der Arbeit zu erhöhen.

Globalisierung im Sinne des Zusammenwachsens der Weltwirtschaft über alle Kontinen-
te ist nicht neu. Die Entdeckung des Seeweges nach Indien (1499) brach die Monopol-

macht der Venezianer beim Handel mit Gewürzen. Die schließlich regelmäßig zwischen Europa und Indien verkehrenden Handelsschiffe führten zu einem Preisverfall; somit kamen Wohlfahrtsgewinne des Handels auch Konsumenten zugute (0. Storbeck, Logik und Dynamik der Globalisierung, in: Handelsblatt-Agenda, Januar 2007).

Wohlfahrtsgewinne bei Außenhandel entstehen durch **komparative Vorteile** und **steigende Skalenerträge.**

David Ricardo zeigte (für den Zweiländerfall) in seinem Werk „On the Principles of Political Economy and Taxation" (1817), dass bei Spezialisierung und Außenhandel mehr Güter konsumiert werden können als bei Autarkie (Selbstversorgung), und zwar dann, wenn sich jedes Land auf die Produktion des Gutes spezialisiert, bei dem es einen komparativen Vorteil hat (vgl. Kapitel 10.1). (Einen „komparativen" Vorteil hat ein Land bei der Produktion eines Gutes dann, wenn es bei der Herstellung dieses Gutes besonders stark überlegen ist oder die Unterlegenheit vergleichsweise gering ist).

Da sich mit der Zeit die wichtigsten Handelsnationen hinsichtlich der Verfügbarkeit von Kapital und qualifizierter Arbeit einander immer mehr ähneln, gibt es *innerhalb* eines Wirtschaftszweiges häufig keine deutlichen komparativen Vorteile mehr.

Eine von komparativen Vorteilen unabhängige Ursache für Wohlfahrtsgewinne durch Globalisierung sind steigende Skalenerträge im intrasektoralen Welthandel (Handel zwischen gleichen Wirtschaftszweigen verschiedener Länder). Steigende Skalenerträge halten die Länder davon ab, die ganze Produktvielfalt selbst herzustellen. (Die Chemieindustrie im Land A stellt z. B. nur anorganische Grundstoffe her, und die Chemieindustrie im Land B spezialisiert sich auf organische Chemikalien). Je größer die Stückzahlen, desto geringer sind die Grenz- und die Stückkosten. Die Verbraucher haben bei gegenseitigem Handel den Vorteil geringerer Kosten, ohne auf die ganze Produktpalette verzichten zu müssen (Krugman; Obstfeld 2004).

Während früher im System der internationalen Arbeitsteilung die Gütermärkte im Focus waren, sind es heute die **Dienstleistungen.** Nicht zuletzt als Folge der Deregulierung in bedeutsamen Dienstleistungsbereichen (z. B. Finanzdienstleistungen, Telekommunikation, Medien, Verkehrswirtschaft) und vor allem der Revolutionierung der Informations- und Geschäftsbeziehungen durch das **Internet** vollzog sich ein Wandel zum tertiären Sektor (Dienstleistungen), verbunden mit einer Erhöhung der **Markttransparenz.**

Die Summe aller weltweiten Exporte von Dienstleistungen ist wertmäßig bereits jetzt größer als die Summe aller Exporte von Rohstoffen und Agrargütern. Besonders ausgeprägt ist die Globalisierung auf den Finanzmärkten mit vielfältigen, kaum überschaubaren Finanzinnovationen und derivativen Finanzprodukten.

Die internationalen Finanzmärkte evaluieren die Geld- und Finanzpolitik der einzelnen Länder und reagieren z. B. auf Haushaltsdefizite und lockere Geldpolitik mit einer Umlenkung von Geldströmen und verursachen so Zins- und Wechselkursveränderungen.

Erwartungen von Fondsmanagern und Managern großer Kapitalsammelstellen können mit den zur Verfügung stehenden Anlagesummen aber auch Turbulenzen hervorrufen. Fehleinschätzungen, Hebelwirkungen durch hohen Einsatz von Fremdkapital und Lemminge-Effekte (Herdentrieb) können zu Finanzkrisen führen.

Gefahren drohen der Liberalisierung und Öffnung der Märkte vor allem dann, wenn in Zeiten anhaltender wirtschaftlicher Krisen die Marktwirtschaft in Frage gestellt und nach dem Staat gerufen wird, um ökonomische Problem zu lösen. Ob im Einzelnen „Marktversagen" oder „Staatsversagen" vorliegt, wird nicht immer objektiv vermittelt. So waren es in Deutschland vornehmlich staatlich dominierte Banken, die in die Finanzkrise involviert waren.

Die Globalisierung bietet die Chance für eine effizientere Arbeitsteilung und eine Verbesserung der Güterversorgung. Sie ist allerdings besitzstandsfeindlich und für viele Marktteilnehmer unbequem. Gegner betrachten den globalen Wettbewerb nur als Nullsummenspiel, bei dem sich Gewinner und Verlierer die Waage halten, und verteidigen den Status quo. Dagegen hat Douglass North (Nobelpreisträger für Wirtschaftswissenschaften 1993) Gesellschaften, die „erfolgreich" ineffiziente Institutionen gegen Druck von außen verteidigen, als „erfolglose Gesellschaften" definiert.

Wenig Beachtung fand bisher die potenziell friedensstiftende Wirkung der Globalisierung. Durch die Öffnung und Erweiterung der Märkte, die internationale Vernetzung von Kapital und Arbeit, die Verflechtung und die Beziehungsvielfalt zwischen Personen sinkt ceteris paribus die Gefahr kriegerischer Auseinandersetzungen.

Abbildungsverzeichnis

2.1   Produktionskonto I   8

2.2   Produktionskonto II   9

2.3   Produktionskonto III   9

2.4   Stationäre Volkswirtschaft   12

2.5   Volkswirtschaft mit unfreiwilliger Investition   12

2.6   Produktionskonto IV   14

3.1   Der Wirtschaftskreislauf   18

3.2   Das Input-Output-Schema   19

3.3   Wirtschaftszweige   20

3.4   Aufbau der WZ 2008   20

5.1   Indifferenzkurven   28

5.2   Budgetgerade   29

5.3   Haushaltsoptimum   30

5.4   Preissenkung des Gutes 1   31

5.5   Individuelle Nachfragefunktion nach Gut 1   31

5.6   Gesamtnachfragefunktion nach Gut 1 für drei Nachfrager   32

5.7   Gesamtnachfragefunktion nach Gut 1   32

5.8   Absolute Preiselastizität bei linearer Nachfragefunktion   33

5.9   Absolute Preiselastizität bei nichtlinearer Nachfragefunktion   34

5.10 Vollkommen unelastische Nachfrage   35

5.11 Vollkommen elastische Nachfrage   35

5.12 Gewinnmaximierung bei vollständiger Konkurrenz   36

5.13 Individuelle Angebotsfunktion des Mengenanpassers 38

5.14 Kurzfristige individuelle Angebotsfunktion 38

5.15 Gewinnmaximierung bei linearem Gesamtkostenverlauf 39

5.16 Gewinnmaximierung bei linearem Gesamtkostenverlauf 39

5.17 Aggregation der individuellen Angebotsfunktionen für drei Anbieter . . 40

5.18 Gesamtangebotsfunktion 40

5.19 Linear-limitationale Produktionsfunktion 42

5.20 Ertragsgesetz 43

5.21 Durchschnitts- und Grenzertragsfunktion 43

5.22 Ertragsgebirge 44

5.23 Substitutionsgebiet der Isoquanten 45

5.24 Technische Grenzrate der Substitution 45

5.25 Kostenänderung durch Bewegung auf der Isoquante 46

5.26 Isokostenlinie 47

5.27 Expansionspfad 48

5.28 Ertragsfunktion bei proportionaler Faktorvariation 49

5.29 Kostenkurven bei linear-limitationaler Produktionsfunktion 50

5.30 Monetäre Ertragsfunktion und Gesamtkostenfunktion 51

5.31 Marktformen 52

5.32 Preisbildung bei vollständiger Konkurrenz 53

5.33 Konsumentenrente und Produzentenrente 54

5.34 Verschiebung der Nachfrage- und Angebotsfunktion 54

5.35 Höchst- und Mindestpreise 55

5.36 Gewinnmaximierung des Angebotsmonopolisten 57

5.37 Gewinnmaximierung des Angebotsmonopolisten 57

5.38 Deglomerative Marktspaltung 58

5.39 Agglomerative Marktspaltung 59

5.40 Deflationierung 61

6.1 Kreditschöpfungsspielraum (ohne Bargeldabzug) 72

6.2 Kreditschöpfungsspielraum (bei Bargeldabzug) 74

6.3 Inflatorische Lücke 76

7.1 Keynesianische Konsumfunktion 92

7.2 Interner Zinssatz und Marktzinssatz 94

7.3 Änderung des Marktzinssatzes 94

7.4 Keynesianische Investitionsfunktion 95

7.5 *IS*-Kurve – Güterwirtschaftliches Gleichgewicht bei Keynesianischer Konsum- und Investitionsfunktion 96

7.6 Güterwirtschaftliches Gleichgewicht bei linearer Konsumfunktion und autonomer Investition 97

7.7 Erhöhung der autonomen Nettoinvestition 98

7.8 Multiplikatorprozess 98

7.9 Änderung des Gleichgewichtsvolkseinkommens (Multiplikatoreffekt) bei linearer Konsumfunktion und autonomer Investition 99

7.10 Geldnachfrage zu Transaktionszwecken 101

7.11 Geldnachfrage zu Spekulationszwecken 101

7.12 Gesamte Geldnachfrage 102

7.13 Gleichgewichtszinssatz 103

7.14 *LM*-Kurve – Geldwirtschaftliches Gleichgewicht 103

7.15 Gesamtwirtschaftliches Gleichgewicht (Hicks-Diagramm) 104

7.16 *IS*-Kurve – Erhöhung der Investitionsneigung 105

7.17 Verschiebung der *IS*-Kurve 106

7.18 Keynesianisches Modell (Güter- und Geldmarkt) 107

7.19 Keynesianisches Totalmodell (Neoklassische Synthese) 108

7.20 Herleitung der Y_n-Kurve 109

9.1 Verlauf eines Konjunkturzyklus 118

9.2 Geschäftslage und Geschäftserwartung 120

9.3 Durch Konsumänderung induzierte Nettoinvestition 122

9.4 Multiplikator-Akzelerator 123

Index

Abschreibung, 7
Abschwung, 117
Abwertung, 133, 136
Aktien, 64
Aktivgeschäft, 71
Akzelerationsprinzip, 122
Akzelerator, 122
Allokation, 25, 114
Allokationspolitik, 25
Angebot, 22
Angebot, gesamtwirtschaftliches, 64, 75
Angebotsüberhang, 52, 55
Angebotsfunktion, 40
Angebotsfunktion, individuelle, 38
Angebotsmonopol, 56
Angebotsoligopol, 52
Anlageinvestition, 11
Anleihe, 64
Arbeit, 124
Arbeitnehmerentgelt, 15
Arbeitsbeschaffungsmaßnahmen, 115
Arbeitslosengeld, 115
Arbeitslosengeld II, 115
Arbeitslosenstatistik, 112
Arbeitslosigkeit, 112
Arbeitsmarkt, erster, 115
Arbeitsmarkt, zweiter, 115
Arbeitsproduktivität, 79, 113
Arbeitsteilung, 1
Aufschwung, 117
Aufwertung, 133, 136
Ausbringungsmenge, gewinnmaximale,
    37, 40
Außenbeitrag, 95
Außenhandel, 130
Austauschrelation, reale, 136
Austauschrelationen, reale, 80
Autarkie, 130, 144

Bandbreite, 132, 134
Bargeld, 66
Bargeldumlauf, 66
Barreserve, 71, 78
Basel I, 74
Basel II, 74
Basisjahr, 62
Bedarfsstruktur, 27
Bereich, keynesscher, 106
Bereich, klassischer, 106
Beschäftigung, 80, 87
Beschleunigungsprinzip, 122
Betriebsminimum, 37, 39
Betriebsoptimum, 37, 39
Binnenmarkt, 137
Boden, 125
Boom, 117
break-even-point, 37
Bretton-Woods-Abkommen, 132
Bretton-Woods-System, 132
Bruttoinlandsprodukt, 13, 15
Bruttoinvestition, 8
Bruttonationaleinkommen, 10, 13
Bruttowertschöpfung, 8
Buchgeld, 71
Budgetgerade, 28
Bundesagentur für Arbeit, 112
Bundesbank, 65

constant returns to scale, 49
Cournot'scher Punkt, 56, 58

decreasing returns to scale, 49
Deflation, 75, 82, 86
Deflationierung, 61
Deutsche Bundesbank, 65, 132
Devisen, 135
Devisenbilanz, 132

Devisenkassamarkt, 135
Devisenkurs, 135
Devisenmarkt, 135
Devisenswapgeschäfte, 69
Devisenterminmarkt, 135
Dienstleistungen, 131, 144
Dienstleistungsbilanz, 131
Differenzierung, personelle, 59
Differenzierung, räumliche, 58
Differenzierung, sachliche, 58
Differenzierung, zeitliche, 58
Diffusionsindex, 119
Direktinvestitionen, 132
Disinflation, 75, 85
Diskontpolitik, 67
Domar, 125
Durchschnittskosten, 37
Durchschnittskosten, totale, 37, 39
Durchschnittskosten, variable, 37, 39

ECU, 134, 140
Effektivzinssatz, 69, 102
EFTA, 139
EG, 137, 139
Einkommenseffekt, 76, 125
Einkommensverteilung, 79
Einlagenfazilität, 69
Erholung, 117
Ersparnis, 11, 92
Ersparnis, geplante, 12, 13, 96
Ersparnis, ungeplante, 12, 13
Ertragsfunktion, monetäre, 51
Ertragsgebirge, 44
Erwerbs- und Vermögenseinkommen,
    Bilanz der, 131
ESVG, 17
ESZB, 65
EU, 137, 140
Euro, 66, 137, 139
Europäische Freihandelszone, 139
Europäische Gemeinschaft, 137, 139
Europäische Union, 137, 140
Europäische Währungsunion, 138, 139,
    141, 142
Europäische Wirtschafts- und
    Währungsunion, 137, 140
Europäische Wirtschaftsgemeinschaft, 137
Europäische Zentralbank, 61, 65, 137
Europäisches Statistikamt, 61
Europäisches System der Zentralbanken, 65

Europäisches System Volkswirtschaftlicher
    Gesamtrechnungen, 17
Europäisches Währungssystem, 134, 140
European Currency Unit, 134
EUROSTAT, 61
Eurosystem, 65
EWG, 137, 139
EWS, 134, 140
EWS II, 141
EWU, 138, 141, 142
EWWU, 137, 140
Expansionspfad, 48
Export, 13, 15
EZB, 61, 65, 67, 137
EZB-Rat, 65

Faktoranpassungskurve, 42
Fazilitäten, 67, 69
Federal Reserve Bank, 66
Feinsteuerungsoperationen, 68
Finanzinstitute, monetäre, 66
Finanzintermediäre, 64
Finanzmärkte, 64
Finanzsystem, 64
Flächentarifverträge, 113
Frühkapitalismus, 23
Friedman, Milton, 83, 89

Geld, 63
Geldangebot, 102
Geldbasis, 66
Geldmarkt, 64, 67
Geldmarktfonds, 64
Geldmenge, 63, 66
Geldmenge M1, 66
Geldmenge M2, 66
Geldmenge M3, 66, 67
Geldnachfrage, 100
Geldpolitik, Instrumente der, 121
Geldschöpfung, 70, 71
Geldvernichtung, 70, 71
Geldwert, 63, 64, 75
Gesamtangebotsfunktion, 40
Gesamtkosten, 50
Gesamtkostenfunktion, 51
Gesamtnachfragefunktion, 32
Geschäftsbanken, 64
Geschäftserwartung, 120
Geschäftsklima, 119, 120
Geschäftslage, 120

Gewinn, 7
Gewinngrenze, 37
Gewinnmaximum, 37, 40
Gewinnschwelle, 37
Giralgeld, 71
Giralgeldschöpfungsspielraum, 74
Gleichgewicht, 13
Gleichgewicht, güterwirtschaftliches, 96
Gleichgewicht, geldwirtschaftliches, 104
Gleichgewicht, gesamtwirtschaftliches, 104
Gleichgewicht, Totalmodell, 107
Gleichgewichtsvolkseinkommen, 104
Gleichgewichtszinssatz, 102, 104
Globalisierung, 143, 145
Gossen'sches Gesetz, erstes, 27
Gossen'sches Gesetz, zweites, 30
Grenzerlös, 37, 56
Grenzkosten, 36, 56
Grenzleistungsfähigkeit des Kapitals, 93
Grenznutzen, 27, 29
Grenzproduktivität, 46
Grenzproduktivität der Arbeit, 113
Grenzrate der Substitution, 28, 45
Grenzumsatz, 37, 56
Güter, 1
        komplementäre, 34
        öffentliche, 23, 25
        substitutive, 34
Gütersteuern, 14
Gütersubventionen, 14

Höchstpreis, staatlicher, 55
Handelsbilanz, 131
Handelshemmnis, nichttarifäres, 137
Harmonisierter Verbraucherpreisindex, 61,
        62, 67
Hauptrefinanzierungsgeschäfte, 68
Haushalt, öffentlicher, 18
Haushalt, privater, 17
Haushaltsgleichgewicht, 29
Haushaltsoptimum, 29
Hicks, John Richard, 104
Hicksdiagramm, 104
Hochkonjunktur, 117
HVPI-Gesamtindex, 61

Import, 13, 15
increasing returns to scale, 49
Indifferenzkurve, 27
Inflation, 75, 79

Inflation, auslandsnachfrageinduzierte, 77
Inflation, importierte, 77
Inflation, investitionsnachfrageinduzierte, 76
Inflation, konsumnachfrageinduzierte, 76
Inflation, monopolinduzierte, 79
Inflation, staatsnachfrageinduzierte, 77
Inflationsrate, 60, 61
Inflationstypen, 75
Inländer, 13, 130
Input-Output-Rechnung, 19
Instrumente der Fiskalpolitik, 121
Interdependenz, 3
Internet, 144
Investition, 94
Investition, autonome, 121
Investition, geplante, 13
Investition, induzierte, 121
Investition, private, 93
Investition, staatliche, 95
Investition, ungeplante, 12
Investitionsfalle, 110
Investitionsfunktion, Keynesianische, 95
IS-Kurve, 96, 105
Isokostenlinie, 47
Isoquante, 41, 44

Kapazitätseffekt, 76, 125
Kapazitätsgrenze, 40
Kapital, 124
Kapitalbilanz, 132
Kapitalkoeffizient, 125
Kapitalmarkt, 64
Kapitalproduktivität, 125
Kapitalstock, 121
Kartell, 24
Kassakurs, 135
Kassenhaltung, 100
Kassenhaltungskoeffizient, 100
Kerninflationsrate, 61
Keynes, John Maynard, 64, 88
Keynes-Bereich, 106
Keynesianismus, 88
Klassifikation der Wirtschaftszweige, 20
Klassik, 88
Klassischer Bereich, 106
Knappheit, 22
Konjunktur, 117
Konjunkturindikator, 119
Konjunkturmodell, 121
Konjunkturpolitik, 120

Konjunkturzyklen, 117
Konkurrenz, vollkommene, 52
Konkurrenz, vollständige, 36, 52
Konsum, 10, 11, 91
Konsum, privater, 91
Konsum, staatlicher, 95
Konsumentenrente, 53, 60
Konsumfunktion, Keynessche, 91
Konsumfunktion, langfristige, 93
Konsumquote, durchschnittliche, 92
Konsumquote, marginale, 92, 100, 126
Konsumsumme, 28
Konvergenzkriterien, 138
Konzern, 24
Kosten, fixe, 50
Kosten, komparative, 129
Kosten, soziale, 23
Kosten, variable, 50
Kostenfunktion, 40
Kostensteuern, 14
Kreditinstitute, 64, 71
Kreditschöpfungsspielraum, 73
Kreislaufschema, 17
Kreuz-Preiselastizität, 34
Kurs, 102

Lücke, inflatorische, 75
Landeszentralbank, 65
Lasalle, Ferdinand, 21
Laufende Übertragungen, 131
Leiharbeitsfirmen, 114
Leistungsbilanz, 131
Leitkurs, 134
Leitwährung, 133
Leitzins, 68
Liquidität, Nachfrage nach, 100
Liquiditätsfalle, 110
LM-Kurve, 104, 105
Lohn, 113, 115
Lohn-Lohn-Spirale, 79
Lohn-Preis-Spirale, 79
Lohnabstandsgebot, 115
Lohnersatzleistung, 115
Lohnflexibilität, 114
Lohnformel, 113
Lohnquote, 80

Markt, 22, 52
Markt, grauer, 56
Markt, schwarzer, 55

Markt, vollkommener, 35
Marktgleichgewicht, 52
Marktspaltung, agglomerative, 60
Marktspaltung, deglomerative, 60
Markttransparenz, 35, 144
Marktwirtschaft, soziale, 23
Marshall, Alfred, 33
Mengenanpasser, 36
Mengentender, 68
Mindestbietungssatz, 68
Mindestpreis, staatlicher, 55
Mindestreserven, 67, 69
Mindestreservesatz, 69
Minimalkostenkombination, 47, 48
Minimalkostenkurve, 48
Mismatch, 111
Mobilität, 124
Monetäre Basis, 66
Monetäre Finanzinstitute, 64
Monetarismus, 89
Montanunion, 139
Multiplikator, 99
Multiplikatoreffekt, 100
Multiplikatorprozess, 100

Nachfrage, 22
Nachfrage, gesamtwirtschaftliche, 64, 75, 91
Nachfrageüberhang, 52, 55
Nachfragefunktion, 58
Nachfragefunktion, individuelle, 30
Nachfrageinflation, 76
Nachfragemonopol, 52
Nachfrageoligopol, 52
Nachtwächterstaat, 21
Nationaleinkommen, 7, 13
Neoklassik, 88
Nettogütersteuern, 14
Nettoinlandsprodukt, 13, 15
Nettoinvestition, 9, 93
Nettoinvestition, autonome, 97, 100
Nettoinvestition, geplante, 96
Nettoinvestition, induzierte, 122
Nettoinvestition, private, 93
Nettonationaleinkommen, 10, 13, 15
        zu Faktorkosten, 15
        zu Marktpreisen, 15
Nettoproduktionsabgaben, 15
Nettowertschöpfung, 8, 10, 13, 15
Niveauelastizität, 49
Nominallohnsatz, starrer, 110

Nominalzinssatz, 69, 102
Notenbank, 70
Nutzenniveau, maximal erreichbares, 29

Offenmarktgeschäft, 67
Oligopol, zweiseitiges, 52
Ordnungspolitik, 24
Organisation der EZB, 65

Passivgeschäft, 71
Personal-Service-Agenturen, 114
Phillipskurve, 4, 80
Pigou-Effekt, 86
Preis, 22
Preis-Absatz-Funktion, 32, 56, 58
Preisbereinigung, 61
Preisdifferenzierung, 58
Preiselastizität, 33, 56
Preiselastizität der Nachfrage, 32
Preiselastizität, direkte, 34
Preisindex für die Lebenshaltung, 60
Preisindex nach Laspeyres, 62
Preisindex nach Paasche, 62
Preisindizes, 60
Preisniveau, 60, 63, 64
Preisstabilität, 4, 66
Primäreinkommen, 15
Produktions- und Importabgaben, 14
Produktionsabgaben, 14
Produktionsfaktoren, 1
Produktionsfaktoren, limitationale, 41
Produktionsfaktoren, substitutionale, 42
Produktionsfunktion, 41, 49, 51
Produktionsfunktion, homogene, 50
Produktionsfunktion, linearhomogene, 49
Produktionskoeffizient, 41
Produktionsmittel, 1
Produktionswert, 8
Produktivitätszuwachs, 113
Produzentenrente, 53
Profitquote, 80
Protektionismus, 85
Prozesspolitik, 25
Punktelastizität, 33

Quantitätsgleichung, 63

Rationierung, 55
Reagonomics, 90
Real-Business-Cycle-Theory, 90
Realkasseneffekt, 86

Realkonsum, 121
Reallohn, 113
Referenzwert, 67
Refinanzierungsgeschäft, längerfristiges, 68
Rentenpapier, 64
Repogeschäfte, 66
Reserve-Soll, 69
Reservebasis, 69
Restposten, 132
Rezession, 117
Ricardo, David, 129
Robertson-Lag, 93

Samuelson, Paul A., V
Saysches Theorem, 88
Schattenwirtschaft, 127
Scheingewinn, 81
Schnelltender, 68
Schuldner-Deflations-Theorie, 86
Schwarzer Freitag, 82
Sektor, tertiärer, 144
Sektoren, 17
Skalenelastizität, 49
Skalenertrag, 50, 144
Smith, Adam, 21, 88
Sorten, 135
Sozialhilfe, 115
Sozialprodukt, 7, 10
Sparquote, marginale, 100, 126
Spekulationskasse, 101
Spekulationsmotiv, 100
Spitzenrefinanzierungsfazilität, 69
Spread, 68
Staat, 14, 18, 95
Staatsnachfrage, 95
Stabilitätsgesetz, 3, 25, 121
Stagflation, 78, 79
Stagnation, 85, 117
Statistikamt, Europäisches
        (EUROSTAT), 61
Statistisches Bundesamt, 60
Steuern, indirekte, 14
Strukturelle Operationen, 69
Strukturpolitik, 25
Subsidiaritätsprinzip, 26
Subventionen, 14, 55, 113

Tarifautonomie, 25
Tarifverträge, 114
Teilmarkt, 58

Terminkurs, 135
terms of trade, 80, 130, 136
Theorem der komparativen Kosten, 129
Transaktionskasse, 100
Transaktionsmotiv, 100
Turgot, Anne Robert Jacques, 43

Überschussreserve, 72, 73, 78
Übrige Welt, 13, 18
Umlaufsgeschwindigkeit, 63, 81, 83
Umrechnungskurs, 139, 141
Umverteilung, 26
Umwelt, 124
Unternehmen, 18
Unternehmens- und
    Vermögenseinkommen, 15

Verbraucherpreisindex für Deutschland, 61
Verbraucherpreisindex, Harmonisierter,
    61, 62
Vermögensänderungskonto, 19
Vermögensrechnung, 19
Vermögensübertragungen, Bilanz der, 132
Vermögensverteilung, 79
Verteilungspolitik, 25
Volkseinkommen, 7, 15, 87
Volkswirtschaft, geschlossene, 10
Volkswirtschaft, offene, 13
Volkswirtschaft, stationäre, 11
Volkswirtschaftliche Gesamtrechnung,
    17, 19
Vollbeschäftigung, 4
Vorleistung, 8
Vorratsinvestition, 11
Vorsichtsmotiv, 100
Vorteil, komparativer, 129

Währungen, konvertible, 133
Währungseinheit, europäische, 134
Währungsfonds, Internationaler, 133
Währungsreserve, 133
Währungsunion, 137

Wachstum, 80, 117, 123
Wachstum, gleichgewichtiges, 126
Wachstum, Grenzen des, 127
Wachstumsmodell, 125
Wachstumszyklen, 117
Warenkorb, 62
Wechselkurs, 132, 135
Wechselkurs, fester, 132
Wechselkurs, fixer, 77, 132, 134–136
Wechselkurs, flexibler, 78, 135, 136
Wechselkursmechanismus II (WKM II), 141
Weltbank, 118
Weltwährungsordnung, 132
Weltwirtschaftskrise, 82, 88
Wertschöpfung, 8, 9, 13
Wettbewerb, 22, 24, 143
Wettbewerbsbeschränkungen, 24
Wettbewerbspolitik, 24
Wirtschaftsbeziehungen, internationale, 129
Wirtschaftsliberalismus, klassischer, 21
Wirtschaftsordnung, marktwirtschaftlich-
    kapitalistische, 22
Wirtschaftspolitik, angebotsorientierte, 89
Wirtschaftszweige, 20
Wissen, technisches, 124
Wohlfahrt, 3
WZ 2008, 20

Zahlungsbilanz, 130
Zeitverträge, 114
Zentralbank, 65, 69, 70
Zentralbankgeld, 66, 70
Zentralbankgeldmenge, 66
Zielkonflikte, 3
Zinssatz für Hauptrefinanzierungs-
    geschäfte, 68
Zinssatz, effektiver, 69, 102
Zinssatz, interner, 93
Zinssatz, Markt-, 93
Zinssatz, nominaler, 69, 102
Zinstender, 68
Zollunion, 137, 139

Literaturverzeichnis

[1] Altmann, J.; Wirtschaftspolitik, Stuttgart 2007.

[2] Apolte, T., u. a.; Vahlens Kompendium der Wirtschaftstheorie und Wirtschaftspolitik, Bd. 1, München 2007.

[3] Baßeler, D., Heinrich, J.; Utecht, B.; Grundlagen und Probleme der Volkswirtschaft, Köln 2006.

[4] Bender, D., u. a.; Vahlens Kompendium der Wirtschaftstheorie und Wirtschaftspolitik, Bd. 2, München 2007.

[5] Brasche, U.; Europäische Integration, Wirtschaft, Erweiterung und regionale Effekte, München-Wien 2008.

[6] Dornbusch, R., u. a.; Makroökonomik, München-Wien 2003.

[7] Europäische Zentralbank; Die Geldpolitik der EZB, Frankfurt a. M. 2001.

[8] Fehl, U., Oberender, P.; Grundlagen der Mikrookonomie, München 2002.

[9] Franz, W.; Arbeitsmarktökonomik, Berlin 2006.

[10] Gablers Wirtschaftslexikon, 8 Bände, Wiesbaden 2005.

[11] Guckelsberger, U., Kronenberger, S.; Grundzüge der Volkswirtschaftslehre, Ludwigshafen 2006.

[12] Heckman, J. J. (2002); Flexibility and Job Creation: Lessons for Germany, NBER,
Diskussion Paper No. 9194, Cambridge, MA.

[13] Henning, F.-W.; Das industrialisierte Deutschland 1914 bis 1990, Paderborn-
München-Wien-Zürich 1991.

[14] Issing, O.; Einführung in die Geldtheorie, München 2006.

[15] Jarchow, H.-J.; Theorie und Politik des Geldes, Göttingen 2003.

[16] Keynes, J. M.; The General Theory of Employment, Interest and Money, London-
Basikstoke 1936.

[17] Kraus, F., Puhani, P. A., Steiner, V. (2000); Do Public Works Programs Work? Some Unpleasant Results From the East German Experience, Research in Labor Economics 19:275-313.

[18] Krugman, P. R.; Die große Rezession, Was zu tun ist, damit die Weltwirtschaft nicht kippt, Frankfurt-New York 1999

[19] Krugman, P. R., Obstfeld, M.; Internationale Wirtschaft, Theorie und Politik der Außenwirtschaft, München 2004.

[20] Mankiw, N. G., u. a.; Grundzüge der Volkswirtschaftslehre, Grundlagen der Volkswirtschaftstheorie und Volkswirtschaftspolitik, Stuttgart 2008.

[21] Neubäumer, R., Hewel, B. (Hrsg.); Volkswirtschaftslehre, Wiesbaden 2005.

[22] North, D. C.; Institutions, Institutional Change and Economic Performance, Cambridge 1990.

[23] Puhani, J.; Statistik, Einführung mit praktischen Beispielen, Würzburg-Eibelstadt 2008.

[24] Puhani, P. A.; Evaluating Active Labour Market Policies, Heidelberg-New York 1999.

[25] Puhani, P. A.(2008); Transatlantic Differences in Labour Markets, German Economic Review 9:312-338.

[26] Rose, K., Sauernheimer K.; Theorie der Außenwirtschaft, München 2006.

[27] Samuelson, P. A., Nordhaus, W. D.; Volkswirtschaftslehre, Köln 2007.

[28] Schneider, E.; Einführung in die Wirtschaftstheorie, I.–III. Teil, Tübingen 1969, 1972, 1973.

[29] Schumann, J., Meyer, U., Ströbele, W.; Grundlage der mikroökonomischen Theorie, Berlin usw. 2007.

[30] Siebert, H., Lorz, O.; Einführung in die Volkswirtschaftslehre, Stuttgart-Berlin-Köln 2007.

[31] Statistisches Bundesamt (Hrsg.); Volkswirtschaftliche Gesamtrechnungen, Einkommensrechnung, Überblick über die Methoden und Grundlagen in der Bundesrepublik Deutschland, Wiesbaden 2001.

[32] Varian, H. R.; Grundzüge der Mikroökonomik, München-Wien 2007.

[33] Winkel, H. (Hrsg.); Finanz- und wirtschaftspolitische Fragen der Zwischenkriegszeit, Berlin 1973.

[34] Woll, A.; Allgemeine Volkswirtschaftslehre, München 2007.

[35] Zimmermann, K. F. (Hrsg.); Neue Entwicklungen in der Wirtschaftswissenschaft, Heidelberg 2001.

www.ingramcontent.com/pod-product-compliance
Lightning Source LLC
Chambersburg PA
CBHW081107220326
41598CB00038B/7266